지금, 노자를 만날 시간

지금, 노자를 만날 시간

숨 고르기가 필요한 당신에게

석한남 지음

가디언

오늘, 노자와 만나라

"평생직장은 없다.

조직에 충성하지 말고 자신에게 충실하라.

안에서 놀지 말고 밖에서 놀아라.

시간에 늦을까 봐 뛰지 말고 뻔뻔해져라.

네가 좋아하고 잘하는 일을 찾아라."

IMF 구제 금융 사태 당시 유명했던 생존 전략은 대충이랬습니다.

세간에 떠돌던 이 이야기를 제 입사 동기가 어디서 얻어듣고 제게
전했습니다.

40대, 삶의 기반이 송두리째 흔들리고 있을 때, 대수롭지 않게 다가
온 이 말은 저를 '익숙한 것과의 결별'로 내몰았습니다.

젊은 날의 목표는 항상 정상이었습니다. 집 밖을 나서기만 하면 현실은 전쟁터였습니다.

잘나가던 선배는 출근하기 전 넥타이를 매면서 전쟁터로 달려가는 전사의 비장함을 떠올린다고 했습니다. 세일즈맨의 성공 신화를 쓰고 있던 어떤 이는 현관 신발장에 자존심을 유언장처럼 구겨 넣고 출근길을 나선다고 했습니다.

누적된 피로와 술을 좋아한 상사에게 충성을 다한 간밤의 흔적으로 이른 아침 집을 나설 때는 빨개진 토끼 눈에 핏발이 서 있곤 했습니다. 퇴근 시간은 언제나 상사의 스케줄에 맞춰져 있었고, 회의 시간 단 몇 분 지각에 재떨이를 날리는 상사의 야만도 성공을 위해서는 그러려니 했습니다.

어느 날 문득 이대로 살다가는 정말 회사에서 순직하게 될지도 모른다는 공포를 느낀 적도 있습니다. 그리고 실제로 아까운 친구 몇 사람이 젊은 나이로 세상을 떠나는 것도 지켜봤습니다. 우리나라 40대 남성 사망률이 사회의 중요 이슈로 떠오른 것도 아마 그때부터였을 것입니다. 그렇게 우리는 '정상'이라는 허상을 위해 목숨을 걸고 치열하게 직장 생활을 했습니다.

1997년 말, IMF 구제 금융 사태는 우리에게 이전과는 전혀 다른 삶을 요구했습니다. 조직에 충성을 다하면 성공할 수 있다는 사회적 공식은 여지없이 깨졌습니다. 대기업과 은행마저 속수무책으로 망하는 것도 목격했습니다. 이때 많은 벗의 이름이 제 비망록에서 지워져 갔습니다. 누군가는 빈털터리가 되어 낙향했다고도 하고, 누군가는 폐인이 되어 세상과 담을 쌓고 지낸다는 소식만 간간이 들려왔을 뿐입니다.

IMF의 상처가 봉합되기 시작할 때쯤, 안타깝게도 제게 성공 철학을 전해준 친구마저도 그가 철석같이 믿었던 평생직장에서 퇴직을 당하고 소식을 끊었습니다. 무척 힘든 세월을 보내고 있다는 얘기만 어렴풋이 듣고 있습니다.

그 친구가 가볍게 툭 던졌던 이야기는 어떻게 보면 노자의 내용과도 닮았습니다.

대를 이은 충성을 다짐했던 평생직장의 집착으로부터 제가 벗어나게 된 것도 이 이야기와 무관하지 않습니다. 그 이후 저는 음악도 듣고, 운동도 즐기며, 손에서 내려놓았던 문학 책도 다시 읽기 시작했습니다. 제가 하고 싶은 일을 찾아가면서, 건강하고 행복한 인생에 대해 진지하게 고민했습니다. 어릴 적부터 좋아했던 한문 공부를 본격적으로 즐기기 시작한 것도 이때부터였습니다. 제 기억이 틀림없다면, 그때부터 지금까지 제 손에서 한문 책이 떠난 날은 단 하루도 없었다고 정직하게 고백할 수 있습니다.

그래서 저는 이 책의 한문 풀이만큼은 오류가 없을 거라고 당당하게 말씀드릴 수 있습니다. 공자 선생님은 "아는 사람은 좋아하는 사람만 못하고, 좋아하는 사람은 즐기는 사람만 못하다(知之者, 不如好之者. 好之者, 不如樂之者 지지자, 불여호지자. 호지자, 불여락지자)."고 하지 않았습니까.

IMF 구제 금융 사태 이후 10년쯤 지난 2008년 가을 어느 날, 전 세계는 초유의 미국발 금융 위기를 맞았습니다. 주가가 하루아침에 절반 이하로 곤두박질치면서 모두가 패닉에 빠진 그 날, 저는 제가 초대받은 한 대학교 박물관의 기획전에서 전혀 다른 세상을 만났습니다.

노교수 한 분은 바깥세상에서 벌어지고 있는 그 난리를 알지 못하는지 국향 그윽한 캠퍼스의 서정만 거듭해서 읊었습니다. 옛사람의 예술과 묵향에 취한 노학자들의 얼굴에서 금융 위기의 공포와 충격은 찾아볼 수 없었습니다. 제가 맨 명품 넥타이가 천박해지는 데는 그리 오랜 시간이 걸리지 않았습니다. 저는 향기가 느껴지는 그들의 소박한 삶 속으로 빠져들고 싶었습니다.

정상에서 만나자고 다짐했던 벗들은 두 번의 경제위기를 겪으면서 하나둘 사라져 갔습니다. 자기 분야에서 정상에 올랐다고 자만했던 벗들도 어쩔 수 없이 등 떠밀린 듯 내려오고 있습니다. 악을 써가며 억지로 버티려다가 세상을 떠난 벗도 있습니다. 비교적 오래 정상에 머물렀던 친구들의 손에는 약봉지가 가득합니다. 또 무사히 정상에서 내려왔다고 하더라도 그사이 가장이 없는 생활에 적응해버린 가족에게는 이미 이방인에 불과했습니다. 그에게 닥친 것은 독거노인과 별반 다름없는 외로움이었습니다.

정상은 황량하고 쓸쓸합니다. 심지어 언제나 위태롭기조차 합니다. 정상은 잠시 올랐다가 내려가는 곳이지 오래 머무를 곳이 못 됩니다. 무엇보다 정상은 내려오기를 걱정해야 하는 곳입니다. 만약에 제가 다시 그때로 돌아간다면, 애초에 정상을 목표로 하지 않을 것입니다. 그리고 정상을 인생의 목표로 삼았던 제 사랑하는 벗들도 애써 만류했을 것입니다.

하루를 전쟁처럼 치열하게 살아도 성공은커녕 서울 가까운 곳에 아파트 한 채 마련하기가 불가능해진 요즘, 젊은 친구들에게는 저희 세대 이야기가 현실감 없이 들릴지도 모르겠습니다.

그러나 지금, 30대의 내 아들딸과 한 세대를 살아가는 젊은이들을 보고 있자니, 헛된 꿈 때문에 목숨을 걸고 있는 것은 예전과 별반 다르지 않다는 생각이 듭니다. 삶의 목표와 방향은 달라졌지만, 현실의 피로와 삶에서 느끼는 공포는 매양 마찬가지인 것 같습니다. 그래서 그들에게 제 이야기가 자신의 삶을 돌아보는 기회가 되었으면 좋겠다고 생각했습니다.

자기 인생의 주인은 자기 자신이듯, 자신을 행복하게 해줄 존재도 자신뿐이라는 것을 느끼게 해주고 싶습니다.

행복은 상대적 가치라고 합니다. 2011년 유럽의 어느 연구기관이 발표한 '국가행복조사'에서 부탄이 행복지수 1위를 차지했습니다. 이때, 어느 논객은 부탄 사람이 깨끗한 양변기에 1주일만 앉아본다면 그 행복은 여지없이 무너지게 될 것이라고 단언했습니다. 2016년 부탄의 행복지수는 56위를 기록했고 지금도 추락하고 있습니다.

유엔UN 산하 기구에서 발표한 '2019년 세계행복보고서'에서는 핀란드가 1위를 차지했습니다. 그런데 이 나라는 자살률도 덩달아 세계 최상위권입니다. 누구는 '복에 겨워 죽어' 그렇다며 우스개를 부리지만, 이는 대부분 다른 사람과의 비교에 의한 상대적 결핍감에서 온 결과입니다.

불행은 꿈과 현실, 이 '두 값의 차이'에서 생겨난다고 합니다. 불가에서는 욕망과 현상 사이의 격차를 '번뇌'라고 말합니다. 어떤 정신과 전문의는 대놓고 '꿈-현실=스트레스'라고 정의했습니다. 사람들은 행복해지기 위해 단지 현실의 값을 올리려고 노력합니다. 그러나 꿈의 크기를 줄이면 된다는 쉬운 생각은 아예 하지도 못합니다.

제 치열했던 삶을 떠올리며, 오늘을 살아가고 있는 벗들에게 노자의 목소리를 있는 그대로 전하고 싶었습니다.

한자가 어색한 세대를 위해서 한자 옆에 발음도 썼습니다. 이런 책에 발음을 붙여놓으면 품위가 떨어진다는 출판 전문가의 충고를 이번에는 무시하기로 했습니다. 그렇기에 주석도 가능하면 먼저 풀이한 다음에 본문에 끼워 넣었습니다. 아래 칸이나 별첨을 뒤지는 독자의 수고를 덜어드리려고 한 까닭입니다. 줄곧 경어체를 고집한 것은 소중한 벗들에게 조곤조곤 들려드리고 싶은 제 마음을 나타내고자 함입니다.

공자孔子는 제자 자로子路를 시켜 밭을 갈고 있던 은자隱者에게 나루터 길을 물었습니다.

전국 시대의 사상가 양자楊子는 길을 가다가 갈림길이 나오면 울었다고 합니다.

죽림칠현의 한 사람인 시인 완적阮籍은 놀러 나갔다가 막다른 길을 만나자 통곡하고 돌아왔다고 전해집니다.

우리는 종종 갈 길을 못 찾아 헤맵니다.

숨 가쁘게 살아가다 길을 잃고 막막했을 때, 《노자》는 제게 길을 알려주었습니다.

벗들과 그 감동을 함께 하고 싶은 마음으로 이렇게 《노자》를 씁니다.

노자는 정상이 아닌 골짜기의 미학을 말하고 있습니다.

골짜기는 풍요롭고 포근합니다. 골짜기는 넉넉하게 머무를 수 있는 곳입니다.

노자는 '낮고 부드러움'이 '높고 강함'보다 위대하다는 지혜를 말하고 있습니다.

힘들고 지칠 때 노자의 이야기가 큰 위안이 되었으면 좋겠습니다.

아니면 적어도 책을 읽는 즐거움이라도 듬뿍 누렸으면 합니다.

끝으로 이 책이 나오기까지 격려와 도움을 주신 법무법인 율촌의 우창록 대표님께 존경과 감사의 마음을 전합니다.

2021년 4월

동네훈장 석한남

· 차례 ·

노자, 그는 누구인가

"노자는 초楚나라 고현苦縣의 려향厲鄉 곡인리曲仁里사람이다.

성은 이李씨, 이름은 이耳, 자는 담聃이다.

주周나라 장서실을 지키던 관리였다.

…

노자는 도와 덕을 닦았는데, 그의 학문은 스스로를 감추고 이름을
내세우지 않는 것을 덕목으로 삼았다. 그는 주나라에서 오랫동안
살다가 주나라가 쇠하는 것을 보게 되자 바로 주나라를 떠났다. 국
경인 함곡관函谷關에 이르자 관문을 지키는 관리 윤희尹喜가 "선생
님께서는 은둔하려고 하시는군요. 힘드시겠지만 저를 위해 책을 써
주십시오."라고 하였다. 이에 노자는 상·하편의 책을 써서 도덕의
뜻을 담은 5,000여 자를 남기고 떠났으니, 그가 어떻게 죽었는지는
모른다."

18년 동안 심혈을 기울여 무려 52만 자가 넘는 역사서 《사기史記》를 저술한 위대한 역사학자 사마천司馬遷 B.C.145~B.C.87?은 노자에 대한 최초의 기록을 위와 같이 남겼습니다.

또한 사마천은 공자가 주나라에 와서 노자에게 예禮를 물었으며, 그에게서 깊은 감명을 받고 "노자는 마치 바람과 구름을 타고 승천하는 용과 같은 사람이었다." 라고 말했다는 늙은 노자와 젊은 공자孔子 B.C. 551~B.C.479의 그 '유명한 만남'에 대해서도 썼습니다.

그러나 무책임하게도 사마천은 노자가 공자와 같은 시대에 살았던 '노래자老萊子'나, 주나라 태사 '이담李儋'일지도 모른다는 여운을 남겨 놓고 말았습니다.

게다가 함곡관은 사실 전국 시대 진秦나라 효공孝公 B.C.381~B.C.338 시대에 지어졌으므로, 함곡관으로부터 전개되는 이 기록도 애당초 잘못된 시대 설정에서 출발한 것입니다.

덕분에 '노자는 과연 누구인가'에 대한 이 원론적 규명은 중국 철학사에서 가장 악명 높은 명제로 지금까지 남아 있습니다. 수천 년 동안 셀 수 없이 많은 학자들의 추측이 있었으나, 이론은 기껏해야 몇 명의 '노자 혐의자'를 용의 선상에 더 포함한 것에 지나지 않았을 뿐입니다.

게다가 오랜 세월이 지나며 뜬구름 잡는 이야기들도 보태어지면서, 노자는 실존했던 인물이 아니라거나, 심지어 전설 속에 있는 신선이라는 이야기가 꼬리를 물고 전해지고 있습니다.

노자는 과연 누구일까요? 노자는 과연 실존했던 인물이기는 할까요?

《사기》를 읽어보면 눈치채셨겠지만, 사마천 자신도 이 문제에 관한 한 확신이 없었다는 것은 확실합니다.

그러나 사마천이 〈중니제자열전仲尼弟子列傳〉에 '공자가 엄숙히 섬겼던 사람'으로 기록한 거백蘧伯玉, 안평중晏平仲, 노래자老萊子, 자산子産, 맹공작孟公綽 등이 모두 공자와 같은 시대에 살았던 사람이며 선진 시대 문헌에 기록된 실존 인물임을 볼 때, 함께 인용된 노자가 적어도 실재했음은 확실한 것 같습니다.

게다가 《전국책戰國策》에 인용된 제선왕齊宣王 당시 기록에도 노자는 두 차례 인용되어있습니다. 제선왕은 기원전 344년부터 기원전 324년까지 왕위에 있었습니다.

또 기원전 3세기 중·후반에 활약한 장자는 노자에 대하여 숱하게 언급했습니다.

이렇게 다양한 정황들을 바탕으로 볼 때, 노자를 춘추 시대春秋時代 B.C.770~B.C.403 말기에 실존했던 인물로 보는 것이 타당하지 않겠습니까.

노자와 도덕경

노자가 윤희를 위해 써주었다는 5,600여 자로 쓰인 책을 《노자》 또는 《도덕경》이라고 부릅니다.

이 책은 81장의 간결한 운문 형식 문장으로 구성되어 있습니다. 사용된 한자도 다해봤자 기껏 800자를 조금 넘습니다.

첫 장이 "도道라고 말할 수 있는 도는 '참 도'가 아니다(道可道 非常道 도가도 비상도)."로 시작되어, 38장에 가서 "상덕上德은 덕이 있다고 내세우지 않는다. 그렇기 때문에 덕이 있는 것이다(上德不德 是以有德 상덕불덕 시이유덕)."로 연결됩니다.

그래서 첫 장부터 37장까지를 '도경道經'으로, 38장부터를 '덕경德經'으로 분류하고 이를 합쳐서 《도덕경》이라고 명명한 것입니다.

이는 한나라의 유향劉向 B.C77~B.C.6이 당시 《노자》 또는 《노자서》라고 불리던 책을 '도상道上'과 '덕하德下' 두 편으로 나누면서 비롯되었습니다. 그 이후 당나라 왕실이 노자를 '이담'으로 단정하여 자신들의 성씨인 이李씨 선조라고 숭배하면서, 당 현종의 조서에 의해 《도덕경》 상편과 하편으로 나누어져 지금의 형태가 된 것입니다.

이 책의 저술 연대에 관한 논란은 노자의 실체에 대한 문제 못지않게 복잡합니다. 오랫동안 다양한 논리로 무장한 학자들이 이 책이 만들어진 '시점 낮춰 잡기' 경쟁에 앞다투어 뛰어들었기 때문입니다.

실증주의적 사학에 바탕을 둔 고증학은 일단 사마천이 쓴 노자에 대한 기록이 근거 없는 전설이라는 전제에서 출발했습니다.

특히 1920년대부터 1940년대를 풍미한 중국의 소위 '고사변파古史辨派'는 이 책이 진한 시대秦漢時代 B.C.300~A.D.220에 쓰인 것이라고 못 박았습니다. 이 학파는 고서古書에 기록된 거의 모든 사실이 대부분 후대에 위조된 것이라고 결론지으면서 중국의 '신문화운동新文化運動'을 '혁명적'으로 이끌었습니다만, 지금은 현실과 한참 거리가 있는 아카데미즘이라는 평가를 받고 있습니다.

또 심지어 어떤 학자들은 이 책이 한나라漢 B.C.206~A.D.220 초기에 쓰인 것이라고 주장하기도 했습니다.

노자, 돌아오다

1973년 12월 중국의 호남성湖南省 장사長沙에 있는 마왕퇴馬王堆 한묘漢墓 3호분에서 비단에 필사된, 소위 '백서본帛書本《노자》'가 출토되었습니다.

이《노자》는 두 가지 종류로, 글자체의 연대를 기준으로 '갑본'과 '을본'으로 구분되었습니다.

그런데 이 중 '갑본'의 필사 연대가 진시황이 천하를 통일하기 전인 기원전 3세기 중엽으로 확인되면서,《노자》가 한나라 이후 만들어진 위작이라고 주장했던 학자들은 학계에서 흔적도 없이 사라졌습니다.

그로부터 20년이 지난 1993년 겨울, 호북성湖北省 형문시荊門市 곽점촌郭店村의 초楚나라 무덤에서는 대나무 조각에 쓰인《노자》가 세상 밖으로 그 모습을 드러냈습니다.

이 죽간본은 유학의 내용을 담은 804매의 죽간 무더기 속에 포함되어 있었습니다.

《노자》는 그중에서 71매였습니다. 그 71매는 춘추 시대에 쓴 두 가지 유형의《노자》와 전국 시대에 쓴《노자》죽간본 한 종류로 나뉘었습니다.

'초간楚簡《노자》' 또는 '죽간《노자》'로도 불리는 이《노자》를 일반적으로 '곽점본郭店本《노자》'라고 합니다.

물론 이 곽점본《노자》가 지금의《도덕경》과 완전히 일치하지는 않습니다. 그리고 분량도 2,002자에 지나지 않습니다. 이《노자》는 원본의 일부 발췌본인지, 아니면 본래 형태인지 하는 문제로 지금도 논쟁거리가 되고 있습니다. 그러나 적어도 이 《노자》 이전에 다른 형태의 《노자》가 분명히 존재하고 있었다는 사실을 입증하는 데는 충분하고도 남습니다.

이 위대한 발굴은 도덕경에 대한 문헌 비판 방식의 수많은 연구 성과를 한순간에 휴지 뭉치로 만들었고, 기고만장했던 학자들을 학문의 그늘 속으로 내팽개쳤습니다.

《노자》에는 《논어》나 《맹자》에서 볼 수 있는 '공자 왈', '맹자 왈'이라는 표현이 없습니다.

이러한 사실은 이 책이 《논어》나 《맹자》처럼 후대의 제자들이 스승의 어록을 기록하고 편집한 것이 아니라, 노자가 직접 쓴 것으로 볼 수 있는 근거가 되기도 합니다.

선진 시대先秦時代 B.C.770~B.C.221의 여러 문헌에서 노자의 말이 발견되고 있고, 장자 등 몇 사람이 노자의 말을 대놓고 인용하고 있는 것만 보더라도, 춘추 시대 말기 이전에 어떠한 형태였던지 간에 노자가 직접 쓴 것으로 여겨지는 《도덕경》의 원형이 이미 존재했던 것으로 보입니다. 그리고 지금 우리가 읽고 있는 《도덕경》은 이 《노자》의 원형이 오랜 세월 동안 많은 사람의 손을 거쳐 다듬어지고 덧붙여져서 지금의 모습을 갖추게 된 것만은 틀림없습니다.

물론 앞으로 '곽점본 《노자》' 못지않은 충격적인 발굴이 또 이루어진다면, 이 이론도 당연히 폐기되거나 수정되겠지요.

노자가 실제로 어떤 사람인지, 《노자》는 누가 지었는지 하는 원초적인 문제를 우선 규명하고자 한 까닭은 《노자》풀어 읽기와도 직접적인 관계가 있습니다.

2,000년 하고도 수백 년도 더 이전에 쓰인 문장을 제대로 읽어내는 일은 사실상 언어적 능력과 관계없이 어려울 수밖에 없는 법입니다.

따라서 저자의 저술 의도를 파악하는 데 중요한 실마리를 찾기 위해서는 이 책이 쓰인 시대의 사회상과 문화, 사상부터 우선으로 살펴야만 합니다.

앞서 쓴 대로 《노자》에는 《논어》나 《맹자》에서 자주 발견되는 것 같은 고유명사 자체가 존재하지 않습니다. 그래서 《노자》의 특정 구절이 어떤 시대 상황과 연관되는지 추정할 방법은 사실상 없다고 보는 편이 바람직합니다.

《노자》의 문장은 문법적인 기능을 위해 사용하는 조사나 어미 같은 허사虛辭가 대거 생략된 채, 대구對句나 압운을 갖춘 운문 형식으로 이루어져 있습니다. 지극히 절제되고 축약된 문장은 고유명사의 부재와 더불어 많은 이들에게 자의적이고 '창조적인' 해석을 가능하게 하는 빌미를 무한제공하고 있습니다.

《노자》의 다양한 해설서가 《노자》의 글자 수보다 많다는 우스갯소리는 조금도 과장이 아닙니다. 5,600여 자에 불과한 이 책의 해설서는 실제로 수만 종에 이른다고 합니다.

한자 문화권이 아닌 유럽 등지에서도 다양한 번역본과 해설서가 무수히 쏟아져 나왔습니다.

대놓고 이런 말을 하기는 좀 그렇지만, 저는 《노자》가 우후죽순처럼 출간되는 이면에는 다른 경전과 상대적으로 비교가 되지 않을 만큼 적은 한문漢文 원전原典 분량도 어느 정도 영향을 끼쳤을 것으로 생각합니다. 게다가 이 책이 은유, 상징, 함축의 덩어리로 이루어진 탓에 자신의 종교, 사상, 이념을 슬쩍 실어 넣기가 쉽고, 심지어 나르시시즘적인 자기 과시까지 우아하게 풀어놓을 수 있는 '창조적 해석'의 기회를 제공할 수 있기 때문일지도 모른다는 짓궂은 생각도 듭니다.

실제로 특정 종교의 교리나 계급 투쟁류類의 정치적 이념을 합리화하기 위해 과도하게 재단하고 무리하게 풀어낸 어처구니없는 해설서가 난립하고 있는 상황이 오늘의 현실이기도 합니다. 거기에 비교하면 옥편만 가지고 풀이했다는 《노자》로 매스컴을 떠들썩하게 했던 어떤 사람의 허풍은 차라리 가벼운 애교 정도로 여길 만합니다. 솔직히 말씀드리면, 《노자》를 읽으면 읽을수록 그런 '참을 수 없는 가벼움'과 '무책임한 배짱'이 슬쩍 부러워지기도 했습니다.

앞에서 여러 차례 언급한 대로 지금의 《노자》는 노자가 직접 쓴 것으로 여겨지는 원전에 오랜 세월 동안 여러 사람의 첨삭을 통해 오늘의 모습을 갖추게 된 것입니다. 그래서 전반적인 내용이 일관적으로 '무위無爲'사상을 그 근간으로 하고 있음에도 불구하고, 군데군데 다양한 사상의 조각들을 남겨 놓고 말았습니다. 《노자》를 읽을 때 전체적으로 아우르는 시각을 갖지 않고 단편적인 문맥의 해석에 매달리게 되면 필연적으로 혼란을 초래할 수밖에 없는 이유가 여기에 있습니다. 선입견에 사로잡혀 성급하게 결론을 내려놓고 읽어가는 것은 정말 바람직하지 않습니다.

사실 《노자》의 독자들이 저지르는 결정적 오류는 이 책의 결론을 한 가지로 못 박아 놓고, 거기에 맞추어 억지스럽게 하나의 색깔로 짜 맞추어 가며 읽어내는 데서 비롯된다고 보아도 과언이 아닙니다.

《노자》를 읽을 때는 우선 결론에 대한 선입견부터 내버린 다음, 원문의 직역과 객관적인 풀이만으로 편하게 읽기 시작하는 것이 효과적입니다. 그러다가 막히는 부분이 생기면 그때 가서 주석을 약간 곁눈질해도 무리가 없을 것입니다. 이렇게 하고서도 이해는 고사하고 의문만 더 증폭된다고 하더라도 답답해할 필요가 없습니다. 언젠가 세월이 지나면 저절로 이해될지도 모릅니다. 설사 영원히 이해되지 않는다고 하더라도, 의문이 늘어가는 것만큼 내공은 더 쌓여간다고 믿으시면 오히려 정신건강에 좋을 것입니다. 이렇게 집착에서 벗어나는 일도 노자의 양생 비결과 다르지 않습니다.

《노자》는 2,000년도 더 이전에 쓰인 책입니다. 그런데도 마치 며칠 전 얘기처럼 그 뜻을 읽을 수 있다면 그것이 오히려 이상한 것입니다.

어차피 《노자》에 대한 완벽한 풀이는 세상 어디에도 존재하지 않습니다. 있다고 해도 누군들 옳고 그름을 제대로 알 수 있겠습니까?

잊지 마십시오. 노자는 《노자》 첫머리에 이렇게 못 박아 놓았습니다.

道可道 非常道　　　　　　도가도 비상도
도道라고 말할 수 있는 도는 '참 도'가 아니다

《노자》의 심오함은 바로 여기서 출발합니다. 《노자》를 읽는 내내 이 글의 의미를 잊지 않는다면 나름대로 무리 없이 읽어내는 데 버팀

목이 될 것입니다.

여러 사람의 해설서를 읽으면서 잘 이해가 되지 않는다고 자책할 필요도 없습니다. 해설서를 쓴 사람들의 이론도 한 시절, 한 세상에서 터득한 견해 중 한 가지일 뿐입니다.

한문이 생활 언어였던 옛 학자들의 이해력도 지금보다 그리 특별하지도 않았습니다. 제가 옛 문집 등의 데이터베이스를 오랫동안 살펴보고 확인했습니다. 아무래도 그 당시에는 광범위한 문헌을 참고할 만한 인터넷과 같은 도구가 없었기에, 극히 제한적인 학습 정보가 학통과 가문을 따라 유전되었을 뿐입니다. 그래서 유명한 문집 등의 내용 속에서도 편향된 시각에서 일방적으로 쓰인 글들을 쉽게 발견할 수 있습니다. 심지어 스승의 글을 베끼다시피 인용하거나, 중국의 명문장을 한 뭉텅이 옮겨온 글도 허다합니다. 예전에는 표절 시비 같은 것은 아예 존재하지 않았을뿐더러 이런 글이 오히려 공부를 많이 한 사람의 글로 칭송받기도 했습니다.

《노자》 주석 사용법

경전의 문장은 일반적으로 난해하고, 낱말은 생경합니다.

따라서 의미를 더 정확히 파악하기 위해서 주석에 의존할 때가 많습니다.

그런데 아이러니하게도 오히려 주석 자체가 경서를 읽을 때 방해 요소가 되는 경우도 허다합니다. 저는 《맹자》를 처음 읽었을 때 원문보다 복잡하고 난해한 주석 때문에 하마터면 책을 덮을 뻔했습니다. 본문의 뜻을 알기 쉽게 풀이하기 위해 쓴 주석이 본문보다 훨씬 더 어려웠기 때문입니다. 심지어 여러 사람의 주석을 한데 모아놓은 소위 '집주集註'를 살펴볼 때면, 현학적인 학자들이 그 잘난 지식을 호기롭게 토해놓은 경연장에 온 듯한 착각마저 들었습니다. 그 무시무시한 주석을 살피면서 저는 종종 숨이 턱 막히는 중압감을 느끼곤 했습니다.

이런 주석의 그늘에서 벗어나기 위해 한때 제가 선택한 학습 방법은 반복해서 읽고, 통째로 암기하는 것이었습니다. 일찍이 천재 문학가 무애 양주동无涯 梁柱東 1903~1977 선생이 역설하였던, 이른바 '눈빛이 종이를 뚫을 정도의 집중, 즉 안광지배철眼光紙背撤'의 방식으로 문리文理를 터득해보려고 시도한 것입니다. 그러나 눈을 부릅뜨고 보든, 째려보든 아무리 애를 써도 종이는 꿈쩍도 하지 않고 쓰라린 눈에 애꿎은 눈물만 고였습니다. 그래서 결국 제가 채택한 방법은 일단 원문의 자의字義를 우선 파악하여 직역한 후, 외워질 정도로 열심히 읽은 다음에 주해들을 곁눈질하여 도움을 받는 것입니다. 그렇게 시간이 어느 정도 흘러 주석을 다시 보게 되면, 여러 대학자들의 혜안이 하나둘씩 눈에 들어오면서 머리가 절로 숙여지는 감동과 공감이 저를 찾아왔습니다.

《노자》 주석은 전한 시대서한 시대 B.C.206~A.D.8에 12종이 나온 이래로 청나라 시대까지 중국에서 공식적으로만 371종이 출간되었습니다. 《노자》 주석은 원문의 글과 관련이 있는, 일종의 판본 역할을 했으므로 주석과 판본을 겸했다는 의미로 '주본註本 또는 注本'으로 불리기도 합니다.

《노자》 주본을 시대적으로 분류해보면, 전한 시대에는 '무위지치無爲之治 사상'에 기반을 둔 통치술에 초점이 맞춰져 있었습니다.

후한 시대동한 시대 25~220 중기에 들어서는 장생술에 치중한 양생론養

生論으로 무게 중심이 옮겨갔습니다. 그리고 이 이론은 후일 도교의 성립에 결정적인 역할을 하게 됩니다. 그러다가 위·촉·오나라 세 나라가 정립鼎立하여 중원의 패권을 다투던 삼국 시대 이후로는 '현학玄學'으로 굳혀졌습니다. 3세기에서 6세기에 성행한 현학은 노장사상을 바탕으로 유가의 경서들을 해석하며 형이상학적인 철학 논변을 전개하는 학파를 일컫는 말입니다.

도사와 천재

《노자》 주석의 주류는 단연 하상공河上公 ?~?과 왕필王弼 226~249입니다.

하상공은 노자만큼이나 신비에 싸인 인물입니다. 어떤 책에서는 전국 시대戰國時代 B.C.453~B.C.403 말기의 인물인 하상장인河上丈人이라고 하고, 또 어떤 책에서는 한漢나라 문제文帝 시대에 활약한 도사로 나오기도 합니다. 참고로 한나라 문제는 기원전 180년부터 기원전 157년까지 왕위에 있었습니다. 어떻든 간에 그가 쓴 《노자》의 주본, 즉 '하상공본河上公本'은 후한 시대 이전에 쓰인 것이라고 결론을 내려도 무리가 없습니다. 하상공본이 불로장생의 양생술을 줄기차게 클리셰cliche로 삼고 있는 것도 이러한 시대적 배경과 무관하지 않은 듯합니다.

왕필은 조조의 둘째 아들인 위문제 조비曹丕 187~226의 재위 기간에 태어났습니다. 그리고 서기 249년, 사마의司馬懿 179~251가 쿠데타를 일으켜 정권을 잡았을 때 쫓겨나서 그해 가을, 24세의 나이에 병으로 죽었습니다. 그는 10살 때부터 《노자》를 좋아해 18세에 주석을 썼으며,

24세에는 《주역》 주석서를 완성한 불세출의 천재였습니다. 심지어 그 젊은 나이에 《노자》의 사상이 《주역》과 일맥상통한다는 것을 밝혀내기까지 했습니다. 그래서 그의 《노자》는 주로 현학의 바탕 위에서 전개되었습니다.

송나라에 들어와서 성리학이 유행하게 되면서 그의 주본, 즉 '왕필본王弼本'은 당연히 《노자》의 교과서와 참고서 역할을 아울러 해냈습니다. 그리고 이 경향은 지금까지도 계속되고 있습니다. 고백하자면, 저의 《노자》 독서에 가장 많은 영향을 끼친 주본도 '왕필본'입니다.

하상공본과 왕필본을 두고 오랫동안 정통성을 따지는 논쟁이 이어졌습니다. 그리고 《노자》가 무위지치의 치국治國과 양생술로 상징되는 치신治身 중 어느 쪽에 비중을 더 두고 있는지에 대한 골라잡기 시비가 끊이지 않고 있습니다. 저는 이런 행위 자체가 아무짝에도 쓸모없는 일이라고 생각합니다. 앞에서도 밝혔지만, 성급하게 결론부터 내려놓고 《노자》를 읽기 시작하면 책을 덮을 때까지 스트레스만 받게 됩니다. 제가 경험해 봤습니다.

하상공본에서는 각 장마다 제목을 붙였습니다.

본래 제목이란 각 장의 내용을 요약하여 명확한 정의를 내리는 역할을 합니다.

작가는 일반적으로 본문의 내용을 미리 짐작할 수 있는 실마리를 제공하기 위해 제목을 정합니다. 그리고 독자는 제목이 본문 내용의 요점 정리에 가까울 것이라는 기대를 하고 글을 읽기 시작합니다.

심지어 우리는 제목만으로 일단 결론부터 내려놓고 읽어가는 학습 방법에 오랫동안 익숙해져 있습니다. 그러다 보니 제목에 맞추어 본문을 읽어야만 하는 의무감에 발목 잡히기도 합니다. 적어도 이 독서 방식은 지금까지 우리가 경험으로 알게 된 꽤 효율적인 학습 방법인 것은 분명합니다.

그런데 이러한 독서 방식으로 《노자》를 읽는다면 낭패를 겪을 수 있습니다. 각 장에 붙여놓은 하상공본의 소제목이 그 자체만으로도 만만하지 않기 때문입니다. 저런 내용에 이런 제목을 어떤 이유로 붙였는지 한참 고민하고 있으면 생각만 어지러워지는 일도 생길 수 있습니다.

심지어 17장과 57장은 제목이 모두 '순풍淳風', 즉 '순박한 풍속'으로 똑같아 혼란스러운데 둘 다 딱히 설득력이 있어 보이지도 않습니다.

하상공본을 제외하고 왕필본을 포함한 해설서 대부분은 구태여 각 장의 제목을 붙이지 않고 있습니다. 그래서 저도 각 장의 제목을 붙이지 않았습니다.

중국 후한의 유학자 중장통仲長統 179~220은 〈낙지론樂志論〉, 즉 '행복하게 사는 법을 논하는 글'에 이렇게 썼습니다.

安神閨房　　　　　　　안신규방
思老氏之玄虛　　　　　사노씨지현허
안방에서 정신을 평안히 하고 노자의 '현허玄虛 심오한 비움'를 생각한다.

노자는 편한 마음으로 읽어야 합니다.

꼭 제목이 있어야 한다고 생각하신다면 독자 여러분께서 스스로 붙여놓고 즐기십시오.

道可道　非常道

名可名　非常名

無名天地之始

有名萬物之母

故常無欲以觀其妙

常有欲以觀其

此兩者同

出而異名

同謂之玄

玄之又玄

眾妙之門

1장 - 10장

道可道 非常道 도가도 비상도

도道라고 말할 수 있는 도는 '참 도'가 아니다.

名可名 非常名 명가명 비상명

이름이라고 지은 이름은 '참 이름'이 아니다.

無 名天地之始 무 명천지지시 무無는 천지의 시작이며

有 名萬物之母 유 명만물지모 유有는 만물의 어머니다.

故常無 欲以觀其妙 고상무 욕이관기묘

그러므로 항상 무로서 도의 오묘함을 보고

常有 欲以觀其徼 상유 욕이관기요 유는 항상 도의 끝을 관조하게 한다.

此兩者同 차량자동 이 두 가지, 유와 무는 그 근원이 같은 것이나

出而異名 출이이명 밖으로 나타나면서 서로 다른 이름을 가지게 되는데

同謂之玄 동위지현 모두 매우 심오하다고 할 수 있다.

玄之又玄 현지우현 심오하고 또 심오하니

眾妙之門 중묘지문 모든 신묘함의 문이 된다.

마음먹고 《노자》를 읽으려는 사람
들은 이 첫 장부터 난관에 부딪히게 됩니다. 1장은 《노자》 전체의 내
용을 대표한다고 해도 과언이 아닙니다. 본문에 나와 있는 것처럼 '심
오하고 또 심오한' 노자 철학은 바로 여기에서 출발합니다.

'상도常道'를 저는 '참 도'로 번역하겠습니다. '항상 된 도', '불변의
도', 등 다른 책에 쓰인 대로 상투적인 표현을 쓸 수도 있지만, 그렇게
하면 다음에 등장하는 다른 장의 내용을 풀이하는 데 낭패를 겪기 때
문입니다.

14장 등에서 도는 '형이상적 실존'으로서의 도를 말합니다. 그리고
40장 등에 나오는 도는 '자연과 인생의 법칙'으로 쓰이지만, 많은 곳에
서 도는 '생활준칙' 같은 내용으로 사용되기도 합니다.

도는 《노자》 전체에 무려 73차례나 나오는데 그 의미와 내용은 이
렇게 모두 다릅니다.

이름이란 사물이나 현상 따위에 붙어서 부르는 말입니다. 이름은
정체성과 상징성을 함축합니다.

시인 김춘수는 그의 시 〈꽃〉에서 이렇게 썼습니다.

내가 그의 이름을 불러 주기 전에는

그는 다만 하나의 몸짓에 지나지 않았다.

내가 그의 이름을 불러 주었을 때

그는 나에게로 와서 꽃이 되었다.

　　　　　　　　　　　　　　　— 김춘수, 〈꽃〉 중에서

　이렇듯 《노자》는 이름이 본질을 완벽하게 정의하는 것은 아니라고 한 것입니다.

　여기서 인용하기는 좀 그렇지만, 한갓 생선에 불과한 명태도 어린 새끼일 때는 노가리, 얼리면 동태, 말리면 북어이지만 얼렸다 말리기를 반복하면 황태가 되고 반만 건조 시키면 코다리가 되는 등 형태와 쓰임에 따라 이렇게 변하고 또 변합니다.

　심지어 연애할 때 상대 남성의 호칭인 오빠라는 말도 인연의 조화에 따라 남편의 별칭인 아빠가 되기도 하고 '원수 같은 놈'이 되기도 하지 않습니까.

　인생사에서는 어떤 이름으로 남을 것인가 하는 명제들이 모여 윤리와 역사가 되고, 나아가 인문학이 되어 자리를 차지합니다.

　3, 4번째 구절은 왕필의 견해와는 달리 '무無·유有'를 '명名'과 띄워서 풀이했습니다.

　일찍이 노자를 계승한 장자는 "노자가 상무유常無有를 세웠다."라고 썼습니다. 6, 7번째 구절에서 '상무常無'와 '상유常有'를 반드시 끊어 읽어야 하는 것처럼 여기서도 이렇게 끊어 읽는 것이 타당하다고 생각합니다.

적어도 이렇게 해야 40장의 "온 세상 모든 것은 있음有으로부터 생겨나고, 있음은 없음無에서 생겨난다(天下萬物生於有 有生於無 천하만물생어유 유생어무)."를 해석할 수 있습니다.

왕안석王安石, 소철蘇轍, 왕초王樵, 유월兪樾 등 많은 대학자들의 의견도 이와 같습니다.

말로써 모든 사물과 상황을 다 설명할 수 없습니다. 표현할 수 없는 슬픔이 있고, 백지에 수천 번 반복해 써보아도 다할 수 없는 그리움이 있다는 것을 우리는 너무도 잘 알고 있습니다. '어머니의 사랑' 같은 지순한 가치를 어떻게 말로 표현할 수 있겠습니까.

저는 봄만 되면 여지없이 듣게 되는 어느 가수의 〈꽃구경〉이라는 노래에 분노합니다.

이 노래는 우리 역사에는 존재하지 않는 '고려장'이라는 패악한 풍속을 그 배경으로 하고 있습니다. 늙은 어머니를 산에 버리려고 가는 길에 지게 위의 어머니는 아들의 돌아갈 길이 걱정되어 꽃을 뿌린다는 내용입니다. 그런데 이런 패륜은 1982년에 개봉된 '이마무라 쇼헤이今村昌平' 감독의 일본 영화 〈나라야마 부시코楢山節考〉에서 보듯 일본에서나 있었던 풍속입니다.

눈에 불을 켜고 살펴보았지만, 이런 몹쓸 일에 대한 기록은 우리 역사에 단 한 줄도 나오지 않았습니다. 고려나 조선 사회를 통틀어 노인에 대한 공경과 효는 조금도 흔들린 적이 없는 절대 윤리요, 가치였습니다. 그런데도 이렇게 알려지게 된 데에는 우리나라에 단 한 번도 온 적 없는 미국인 '그리피스William Elliot Griffis'가 쓴 《은자의 나라 조선

Corea the Hermit Nation)》이라는 책 때문입니다. 고려 시대 무덤의 부장품에 눈독 들였던 일본인들의 이야기만 듣고 무책임하게 쓴 책이 이런 무례를 자행恣行한 것입니다. 돌아가신 이의 다음 생을 위하여 그 아름다운 고려청자를 함께 묻었던 우리 선조들의 효심을 당시 일본 사람들이 어떻게 이해할 수 있었겠습니까. 언젠가 기회가 주어진다면 저는 저의 알량한 애국심으로 〈꽃구경〉이란 노래에 대한 방송금지가처분 신청이라도 낼 계획을 갖고 있습니다.

저의 '지적知的 오지랖'으로 속절없이 길게 썼습니다. 앞으로는 간결하게 쓰도록 하겠습니다.

2장

天下皆知美之爲美 斯惡已 천하개지미지위미 사악이

천하 모든 사람이 아름다움이 아름다움임을 알게 되면 추함도 생겨난다.

名皆知善之爲善 斯不善已 명개지선지위선 사불선이

모두 선함을 선함으로 알게 될 때, 선하지 않음이 있다는 것도 알게 된다.

有無相生 유무상생 있음과 없음이 함께 생겨나고

難易相成 난이상성 어려움과 쉬움도 더불어 일어나며

長短相形 장단상형 길고 짧음이 같이 형성되고

高下相盈 고하상영 높고 낮음이 서로 함께 존재한다.

音聲相和 음성상화 음音과 성聲은 화음을 이루고

前後相隨 전후상수 앞과 뒤는 서로 따른다.

是以聖人 處無爲之事 시이성인 처무위지사

이에 성인은 무위無爲로써 세상일을 처리하고

行不言之敎 행불언지교 말 없는 가르침을 행한다.

萬物作而不爲始 만물작이불위시

만물을 만들었지만, 내가 일으켰다고 하지 않고

生而不有 생이불유 낳고도 소유하지 않으며

爲而不恃 위이불시 키웠지만 기대려고 하지 않고

功成而弗居 공성이불거 공을 이루고도 스스로 뽐내지 않는다.

夫唯弗居 부유불거 공을 자랑하지 않으므로

是以不去 시이불거 그 공은 사라지지 않는 것이다.

이번 장은 앞의 두 구절이 참 난해
합니다. 뒷부분에 나오는 내용은 무시한 채 딱 이 두 구절만 해석하면
"천하가 모두 아름다움이 '아름다움이 됨'을 알게 되면, 곧 추한 것으로
변하게 된다."등으로 읽을 수 있습니다. 실제로 많은 사람이 이 두 구
절을 이렇게 해석했습니다.

그런데 이 장은 각 구절이 대구對句형식으로 서로 반대되는 단어
들을 대립시켰다는 것을 알고 나면 해석이 쉬워집니다. 즉 아름다움
美과 추함醜, 선善과 불선不善으로 상반된 개념을 설정해놓은 다음, 이
어 나오는'유무상생有無相生' 등 여섯 구절로 그 대칭 관계를 나열한 것
입니다. 그런 의미에서 첫 번째 구절에 대한 명나라 학자 진의전陳懿典
1554~1638의 해석은 참으로 명쾌합니다.

"아름다움이 '아름다움이 됨'을 알고 나면, 곧 아름답지 않은 것도
있게 된다(但知美之爲美 便有不美者在 단지미지위미 편유불미자재)."

춘추 시대 전설적인 미인 서시西施는 오吳나라 왕 부차夫差를 유혹하
여 망하게 한 월越나라 여인입니다. 그녀는 무척 가냘픈 여인이었다고
합니다. 속이 아파 늘 가슴 아래 손을 갖다 대고 얼굴을 찡그렸는데 그
모습이 너무 아름다워 고기가 헤엄치는 것을 잊고 호수 바닥에 가라앉
을 정도였다고 합니다. 당시 뭇 여인들이 그녀의 이런 모습을 따라 하

게 되어 '서시가 아닌 못생긴 동시東施가 서시의 찡그린 얼굴을 흉내 낸다.'라는 뜻의 '동시효빈東施效顰'이라는 말이 나왔습니다. 이 시대에는 마르고 병약한 여인이 대세였습니다.

당나라 현종을 사로잡은 절세의 미녀 양귀비는 풍만한 몸매의 소유자로 알려져 있습니다. 그렇기에 서시가 살던 당시 춘추 시대 사람들 눈에 양귀비는 그리 예쁜 여인이 아니었을 것입니다. 마찬가지로 양귀비가 살던 시대의 사람들 눈에 서시는 그저 그런 연약한 여성에 지나지 않았을지도 모를 일입니다.

일곱 번째 구절에 나오는 '음音'과 '성聲'을 어떻게 번역해야 정확할지 확신이 없어서 원문을 그대로 옮겼습니다. 여러 번역본을 살펴보았습니다만, 소리를 음으로, 울림을 성으로 풀이한 것도 그럴듯하고, 악기의 소리를 음으로, 사람의 소리를 성으로 한 번역도 괜찮아 보입니다. 무엇보다 인간의 소리를 음이라고 하고 자연의 소리를 성이라고 한 풀이는 다분히 설득력이 있습니다. 이 부분의 해석은 독자 여러분의 몫으로 남겨두겠습니다. 다만 두 글자의 뜻은 반드시 상대적이어야 함을 기억하십시오.

개인적으로 저는 "낳고도 소유하지 않고 키웠지만 기대려고 하지 않는다生而不有 爲而不恃."라는 구절이 참 좋습니다. 거창한 의미는 차치하고서라도 적어도 자식을 낳고 키우는 일의 기본 전제가 되어야 한다는 생각을 했습니다. 이 구절은 51장에 다시 나옵니다.

이번 장에는 다섯 번째 구절의 '형形'이 왕필본에 '교皎'로 되어있는 등, 몇 곳에서 다른 글자를 쓴 여러 가지 판본이 보입니다. 그러나 본문의 내용에는 크게 영향을 미치지 않습니다. 구태여 문제 삼지 않고 그냥 지나치겠습니다.

3장

不尚賢 使民不爭 불상현 사민부쟁

뛰어난 인재를 치켜세우지 않음으로써 백성들을 다투지 않게 하고

不貴難得之貨 使民不爲盜 불귀난득지화 사민불위도

얻기 힘든 재물을 귀하게 여기지 않아서 백성들이 도둑질하지 않도록 하며

不見可欲 使民心不亂 불현가욕 사민심불란 탐낼 만한 것을 보여주지

않음으로 백성들의 마음을 혼란스러워지지 않게 하라.

是以聖人之治 시이성인지치 그러므로 성인의 다스림은

虛其心 허기심 마음은 비우게 하고

實其腹 실기복 배는 든든하게 하며

弱其志 약기지 의지는 유연하게 하고

强其骨 강기골 몸은 강건하게 한다.

常使民無知無欲 상사민무지무욕

백성들로 하여금 삿된 지식과 욕망을 버리게 하고

使夫智者不敢爲也 사부지자불감위야

영리하다는 자들이 헛된 행위를 함부로 못 하게 한다.

爲無爲則無不治 위무위칙무불치

무위無爲의 원칙으로 행하니 다스려지지 않음이 없는 것이다.

2장에 이어 성인聖人에 대한 이야기를 계속 이어가고 있습니다.

노자의 성인에 대한 개념은 유가儒家의 그것과는 다릅니다. 잘 아시다시피 유가에서 성인은 윤리적이고 도덕적인 인간을 말합니다.

공자의 제자 자공子貢이 공자를 성인이라고 칭하자 공자는 이렇게 말합니다. "내가 어찌 성인을 자처할 수 있겠는가. 나는 배우기를 싫어하지 않고 가르치기를 게을리하지 않았을 뿐이다(聖則吾不能 我 學不厭而教不倦也 성즉오불능 아 학불염이교불권야)." 이에 자공은 "배우기를 싫어하지 않는 것은 지知요, 가르치기를 게을리하지 않음은 인仁이니, 인仁과 지知를 겸비한 선생님은 이미 성인이십니다(學不厭 智也 教不倦 仁也 仁且智 夫子旣聖矣 학불염 지야 교불권 인야 인차지 부자 기성의)."라고 칭송합니다. 《맹자》 '공손추公孫丑'에 나옵니다.

그러니까 공자는 어질고 지혜로워 성인이라는 겁니다. 이 부분은 솔직히 좀 억지스럽기도 합니다.

《노자》에서 말하는 성인은, 자연에 몸을 맡기고 모든 속박에서 벗어나 자유롭게 생명의 세계를 펼쳐나가는 이상적인 인간을 의미합니다. 즉 무위를 실천하는 사람을 말하는 것입니다. 무위란 쉽게 정의하면 자연, 즉 사물의 본성에 어긋나지 않는 일을 말합니다. 실사구시적

實事求是的 학문의 선구자였던 박세당朴世堂 1629~1703은 "이른바 '무無'란 공허하다는 뜻이 아니라 겸허하다는 뜻이며, '무위無爲'란 일을 일삼지 않는다는 뜻이 아니라 조급하고 어지럽게 함부로 작위하지 말라는 뜻"이라고 정의한 적 있습니다. 성인에 대한 구체적인 이야기는 앞으로 계속 이어집니다.

'불귀난득지화不貴難得之貨'라는 구절은 당나라 문신 '장온고張蘊古'가 천자天子를 위하여 지은 글 〈대보잠大寶箴〉에 고스란히 베껴 썼습니다. 천하의 명문장이어서 몇 구절 옮깁니다.

勿內荒於色	물내황어색
勿外荒於禽	물외황어금
勿貴難得貨	물귀난득화
勿聽亡國音	물청망국음
內荒伐人性	내황벌인성
外荒蕩人心	외황탕인심
難得之貨侈	난득지화치
亡國之音淫	망국지음음

안으로는 여색에 빠지지 마시고
밖으로는 사냥에 빠지지 마시며
얻기 힘든 재물을 귀하게 여기지 마시고
나라를 망치는 음악을 듣지 마소서.
안으로 여색에 빠지면 사람의 본성을 해치게 되고

밖으로 사냥에 빠지게 되면 사람의 마음이 방탕하게 됩니다.
얻기 어려운 재물은 사치하게 하고
나라를 망치게 하는 음악은 음란하기 때문입니다.

12장에는 "말달려 사냥하는 것은 사람을 미치게 하며(馳騁畋獵令人心發狂 치빙전렵령인심발광)", "얻기 힘든 재물이 사람의 행실을 헤살놓는다 (難得之貨 令人行妨 난득지화 영인행방)."라는 구절이 있어 이 내용을 한 번 더 강조하고 있습니다.

일곱 번째 구절의 '약기지弱其志'를 '의지를 약하게'로 읽는다면, 어릴 적부터 훌륭한 사람이 되기 위해서는 굳센 의지를 지녀야 한다고 배운 우리들은 당황스러울 수밖에 없습니다. 여기서는 자기중심적인 생각에서 벗어나 스스로를 낮추는 자세라는 의미로 이해해야 합니다.

직장 생활에서 최악의 상사는 '무식하지만 강한 신념으로 부지런을 떠는' 그런 사람입니다. 저도 직장 생활 할 때 그런 상사 밑에서 일한 적 있습니다. 그는 부하 직원들에게 회사를 위해 목숨 걸고 일해야 한다고 입버릇처럼 떠들고 다녔습니다. 그리고 자신의 꿈은 사장이라고 단호하게 선언했습니다. 그의 불타는 의지 때문에 애먼 부하들은 청춘의 뜨거운 꿈을 식혀갔습니다. 그러나 그는 남들이 다 하는 임원 근처에도 못 가고, 만년 부장으로 장렬하게 회사를 떠났습니다.

국가를 향한 과도한 신념은 극단적 국가주의를 낳고, 자기 자신에 대한 비정상적인 자만심이 나르시시즘narcissism을 넘어 소시오패스 sociopath를 만듭니다.

요_堯임금 때 한 노인이 이런 시를 읊었습니다.

> 日出而作　日入而息　　일출이작 일입이식
>
> 耕田而食　鑿井而飲　　경전이식 착정이음
>
> 帝力何有于我哉　　　　제력하유우아재

> 해 뜨면 일하고 해지면 쉬네.
>
> 농사지어서 먹고 우물 파서 마시니
>
> 임금의 힘이 나에게 무슨 소용인가.

백성들이 그 누구의 간섭도 받지 않고 스스로 일하고, 먹고, 쉬는, 이른바 무위지치無爲之治는 이런 것입니다. 노자는 바로 이런 세상을 꿈꾸었습니다.

모든 국민이 정치에 목숨을 거는 나라가 과연 행복한 나라일까요?

道沖而用之 或不盈 도충이용지 혹불영

도는 비어 있어서 쓰임이 있으며, 어떤 경우에도 채워지지 않는다.

淵兮 似萬物之宗 연혜 사만물지종

심연처럼 깊어라. 만물의 근원인 듯하구나.

挫其銳 좌기예 날카로움을 꺾고

解其紛 해기분 엉킴을 풀며

和其光 화기광 빛을 부드럽게 하여

同其塵 동기진 세속과 섞인다.

湛兮 似或存 담혜 사혹존

깊고 맑아라. 마치 늘 존재하는 듯하구나.

吾不知誰之子 오불지수지자

나는 그것이 어디에서 생겨났는지 모르지만

象帝之先 상제지선 천지가 생겨나기도 전에 앞서 존재하였다.

4장의 키워드는 충沖입니다. '충沖'은 '충盅' 자의 가차자假借字로 그릇이 '비어있는 상태虛 허'를 표현한 글자입니다. 45장에는 '가득 찬 것은 마치 그릇이 비어 있는 것과 같다.'라는 뜻의 '대영약충大盈若沖'이라는 구절도 나옵니다.

또 충에는 깊다深는 뜻이 있고, 조화롭다和는 뜻도 포함합니다. 그래서 다음에 나오는 '연혜淵兮', '담혜湛兮'로 이어집니다. 중국의 가장 오랜 문자학 서적인《설문해자》에서는 충을 '용요야涌繇也'라고 했습니다. '용涌'은 '물이 솟구친다'라는 뜻이며, '요繇'는 '움직이고 요동칠 요搖' 자의 뜻으로 쓰였습니다.

42장에는 "만물은 음陰을 등지고 양陽을 껴안아, 충沖의 기운으로 조화를 이룬다(萬物負陰而抱陽 沖氣以爲和 만물부음이포양 충기이위화)."고 했습니다. 그러니까 충은 음기와 양기 사이에서 솟아나 요동치는 기운으로 보아야 합니다.

첫 구절의 해석은 참으로 어렵습니다. 왕필은 '텅 빈 상태에서 쓰면 아무리 해도 가득 차지 않으니 그 무궁함이 지극하다.'라고 풀이했습니다. 다른 번역을 봐도 '도는 비어 있는 것이고 늘 가득 차지 않는 것 같다.' 정도에서 대충 고만고만합니다. 이러한 풀이들은 한때《논어》·《맹자》·《중용》·《대학》을 통째로 외운 — 그렇다고 해서 이해하고 읽었다는 얘기는 절대 아닙니다. ― 저로서도 무슨 말인지 도통 이해할 수 없습니다.

이 대목을 제대로 이해하려면 《노자》 전체에 걸친 '비움'의 의미를 살펴보아야 합니다. 특히 11장을 읽고 나면 이해가 쉽습니다. 노자는 도의 본질을 수레바퀴, 그릇, 방 등의 빈 공간에 비유했습니다. 수레바퀴는 바큇살로 지탱되고, 바큇살은 중앙으로 모여들어 한 바퀴 통을 공유합니다. 이 바퀴 통의 빈 가운데로 굴대가 들어가야 수레를 움직이게 할 수 있습니다. 마찬가지로 그릇의 효용 가치는 음식을 담기 위한 빈 공간에 있으며, 방을 만들 때는 비워놓은 공간이 있어야 방으로서 쓸모가 있다는 논리입니다. '그 빈 공간'들을 11장에서는 '당기무當其無'라고 표현했습니다. 있음有이 이로울 수 있는 것은 없음無이 쓰임用이 되기 때문이라는 심오한 철학적 통찰을 쓴 것입니다. 도의 작용은 이렇게 바로 빈 공간, 즉 충沖에서 시작됩니다.

혹시 저의 풀이도 어려우신가요?

자신의 뛰어난 덕과 재능을 나타내지 않고 세속을 따른다는 뜻의 '화광동진和光同塵'이라는 유명한 글귀는 바로 여기 '화기광和其光·동기진同其塵'을 함께 묶어 만들어졌습니다.

그런데 '좌기예挫其銳'부터 '동기진同其塵'까지 이 네 구절은 56장에 그대로 또 나옵니다. 그래서 예로부터 많은 학자들은 이 부분이 잘못 뒤섞여 나온 것이 아닌지 의심했습니다. 흐름을 보더라도 연혜淵兮로 시작되는 구절 뒤에 바로 담혜湛兮로 이어져야 문장이 억지스럽지 않으면서 부드러워지는 건 확실합니다.

그 말도 많은 '상제지선象帝之先'에 대한 해석은 하상공의 견해를 그대로 따랐습니다.

5장

天地不仁 以萬物爲芻狗 천지불인 이만물위추구

천지는 불인不仁하여 만물을 추구芻狗로 삼고

聖人不仁 以百姓爲芻狗 성인불인 이백성위추구

성인도 불인不仁하여 백성을 추구芻狗로 여긴다.

天地之間 其猶橐籥乎 천지지간 기유탁약호

하늘과 땅 사이가 풀무와 같지 않겠는가.

虛而不屈 動而愈出 허이불굴 동이유출

비어있으나 다함이 없고 움직일수록 더 많이 내어놓는다.

多言數窮 不如守中 다언삭궁 불여수중

말이 많으면 자주 궁해지는 법이니, 중도를 지키는 것만 못하다.

하늘과 땅이 불인不仁 하고 성인도 불인하다는 구절은 우리를 당황스럽게 합니다. 《노자》 전체를 흐르고 있는 사상을 간과하고 읽는다면 이 구절은 다분히 충격적이기조차 합니다. 인간관계에서 앞뒤 다 잘라내고 편집한 말이 상대를 역적으로 만들 수 있고 파렴치한으로 몰고 갈 수도 있듯이, 전체를 아우르는 이해가 전제되지 않으면 《노자》 특유의 이런 문장은 해석할 도리가 없습니다.

성리학에서 인仁은 사랑愛이라고 읽습니다. 성리학의 기초를 닦은 주돈이周敦頤는 '애愛가 인'이라고 했습니다. 주돈이의 학설을 이어 성리학을 집대성한 주희朱熹 주자는 "인은 마음의 덕이요 사랑의 이치(仁者心之德 愛之理 인자 심지덕 애지리)"라고 풀이했습니다. 이렇게 거창하게 인용하지 않더라도, 인이 사랑의 어떤 형태인 것만은 분명합니다.

인류의 조상인 아담과 하와를 만든 신은 그들을 지상 낙원 에덴동산에서 살게 했습니다. 그리고 동산의 각종 열매는 마음대로 먹어도 되지만 선악과라는 과일은 절대로 먹지 못하도록 했습니다. 그러나 그들은 결국 그 과일을 먹고 맙니다. 하와는 뱀의 유혹을 뿌리치지 못했고, 아담은 하와의 강요를 이겨내지 못했기 때문입니다. 인류 최초 비극인 실낙원失樂園 Paradise Lost의 전말은 이렇습니다.

전지전능한 신이 그들이 선악과를 따 먹게 될 줄을 어떻게 모를 수 있었을까 하는 회의는 성경의 오랜 미스터리였습니다. 그리고 이 신성 모독에 가까운 명제에 대해 전 세계의 성경 학자들은 '신은 인간을 자유 의지를 지닌 인격체로 만들었다.'라는 이론에 일단 합의한 것 같습니다. 인간은 그들의 운명을 스스로 생각하고, 선택하고, 결정할 수 있도록 창조되었다는 것을 골자로 하는 이 신학 이론은 창조론의 딜레마를 한 번에 해결했습니다.

《노자》의 불인은 성경 신학의 '자유 의지론'과 소름 끼치게 닮았습니다. 천지는 만물을 생성生成하고 화육化育함에 있어 절대적이고 조건 없는 사랑을 베푸는 것이 아니라, 그저 자연 그대로 행할 뿐이라는 것입니다. 성인도 마찬가지로 백성이 자신의 의지에 따라 살아가도록 내버려 두었다가 쓸모가 없게 되면 추구처럼 버린다는 내용입니다.《장자》'천운天運'에 등장하는 '추구'는 옛날 중국에서 고사를 지낼 때 사용했다가 제사가 끝나면 땅에 버리는, 풀로 만든 강아지를 말합니다.

79장의 '천도무친天道無親'과 《장자莊子》'경상초庚桑楚'에 나오는 '지인무친至仁無親' 등은 이와 유사한 맥락으로 불인에 대한 이해를 돕는 데 참고가 될 것입니다.

천지와 성인의 불인을 부잣집 아버지를 예로 들어 설명하자면, 돈을 산더미처럼 물려주고 과잉 사랑으로 일거수일투족 간섭해대는 것이 아니라, 사업체를 하나 물려주고 벌어먹든지 말아먹든지 알아서 하도록 내버려둔 다음, 결과에 대한 책임을 스스로 지도록 한다는 의미쯤으로 생각하면 무리가 없을 것입니다.

덧붙여서, 말이 많으면 자주 궁해진다는 뜻의 '다언삭궁多言數窮'은 가장 절묘하게 가슴을 파고드는 구절입니다. 제 경험으로 본다면, 매사 무덤덤하거나 다소 음흉한 사람은 말 때문에 후회할 일이 적었지만, 밝고 친화력 뛰어난 사람은 꺼져가는 분위기를 혼자 살리려다가 말로 낭패를 당하는 경우가 많았습니다. 조직 생활에서도 모두가 어려워서 말을 꺼내지 못할 때 비장하게 나서는 사람이 꼭 있습니다. 이런 일을 전문 용어로 '총대 메다'라고 합니다. 그리고 그 결과는 대부분 '총대 멘' 사람의 비극으로 끝납니다.

꼭 제 이야기를 하려는 것은 아닙니다.

6장

谷神不死 是謂玄牝 곡신불사 시위현빈

골짜기의 신神은 죽지 않으니, 이것을 현빈玄牝이라 한다.

玄牝之門 是謂天地根 현빈지문 시위천지근

현빈玄牝의 문, 이것을 천지의 근원이라고 일컫는다.

縣縣若存 用之不勤 면면약존 용지불근

끊어지지 않고 이어져 아무리 써도 다함이 없다.

구약성서 《에스겔Ezekiel》에 나오는 '골짜기'는 흩어져 있던 마른 뼈가 살이 붙으며 소생했던 생명의 장소입니다.

당나라 대문호 '한유韓愈'의 〈송이원귀반곡서送李愿歸盤谷序〉에 등장하는 '골짜기'는 "샘물은 달고 토지는 비옥하여 … 마시고 먹으며 건강하게 장수하는(泉甘而土肥 … 飮且食兮 壽而康 천감이토비 … 음차식혜 수이강)" 그런 곳입니다. 골짜기는 이렇게 낳고生, 기르는養 곳을 상징합니다.

《노자》의 '곡신谷神'은 마치 텅 빈 골짜기처럼 아무 형체도 그림자도 없는 현묘玄妙한 도를 은유하고 있습니다. 왕필은 "곡신은 골짜기 가운데 텅 빈 곳으로 골짜기를 이루고 있으나 그 모습이 잘 보이지 않는다. 노자는 이로써 오묘한 도를 비유하였다(谷神 谷中空虛之處 谷以之成 而不見其形 老子以喻道妙也 곡신 곡중공허지처 곡이지성 이불현기형 노자이유도묘야)."라고 했습니다.

그런데 곡신에 대한 주자의 풀이는 참으로 난해합니다. "곡谷은 단지 비어있어서 받아들일 수 있고 신神은 응하지 않는 바가 없음을 말한다(谷只是處而能受 神謂無所不應 곡지시처이능수 신위무소불응)."

잘 이해되십니까? 저는 안 됩니다.

'빈牝'은 암컷 또는 모성을 일컫는 글자입니다.

'현빈玄牝'은 일반적으로 만물을 생성하고 기르는 오묘하고 깊은 모성으로 번역됩니다. 좀 진부하지만 '대지의 어머니'라는 표현을 생각하면 이해가 쉬울 것입니다. 어떤 이들은 이 부분을 선정적인 섹슈얼리티sexuality와 연관 지어 풀이하기도 합니다. 어떻게 읽어도 크게 문제는 없겠지만, 그렇게 읽으면 뒤에 나오는 '천지의 근원天地根'과 연결하려면 아무래도 설득력이 좀 떨어지지 않겠습니까.

곡신, 현빈, 모母, 근根 등은 모두 도의 은유입니다. 은유는 직접적으로 말하기 어려운 것을 표현하는 다른 방식입니다. 《노자》에는 이렇게 특별히 여성에 빗대어 쓴 은유가 많이 나옵니다. 그렇다고 해서 마구잡이로 에로티시즘과 페미니즘으로 몰고 가는 방식의 풀이는 민망하고 무례합니다. 그런데 현재 유통되고 있는 호화 양장본의 《노자》는 그 정도가 너무 심합니다. 남성과 여성의 생식기를 노골적으로 표현하는 번역으로 독자를 당혹스럽게 하고 있습니다. 점잖은 체면에 차마 원문을 옮기지는 못했습니다. 지식을 조금 더 아는 것이 뭐 그리 대수겠습니까. 허나 노자의 깊고 깊은 철학의 바닥까지 완전히 이해하지 못한다고 하더라도, 읽는 이를 존중하는 마음으로 기본 예의는 갖춰야 하는 것이 글 쓰는 이의 기본 자세라고 저는 믿습니다. 좋은 말만 듣고, 좋은 것만 보고 살아도 짧은 인생입니다.

7장

天長地久 천장지구

하늘과 땅은 장구長久하다.

天地所以能長且久者 以其不自生 천지소이능장차구자 이기부자생

하늘과 땅이 오래갈 수 있는 까닭은 자기만 살려고 하지 않기 때문이다.

故能長生 고능장생

그래서 장생長生할 수 있는 것이다.

是以聖人 後其身而身先 시이성인 후기신이신선

이에 성인은 자신을 뒤에 두어 오히려 앞서게 되었고

外其身而身存 외기신이신존

자신을 돌보지 않음으로써 오히려 자신을 보존하였다.

非以其無私邪 비이기무사야

이것은 그가 사사로움이 없었기 때문이 아니겠는가?

故能成其私 고능성기사

그러므로 오히려 스스로를 이룰 수 있었다.

여기서 '천지'는 시공時空의 개념을 아우릅니다. '천天'은 시간을 나타내고, '지地'는 공간을 뜻하는 개념으로 쓰였습니다.

《회남자淮南子》'천문훈天文訓'에 "사시는 하늘의 관리요, 일월은 하늘의 사신이다(四時者 天之吏也 日月者 天之使也 사시자 천지리야 일월자 천지사야)."라는 말이 나옵니다. 《예기》'중니연거仲尼燕居'에는 "하늘에는 사시가 있으니, 봄과 가을, 겨울과 여름이다(天有四時 春秋冬夏 천유사시 춘추동하)."라고 했습니다.

여기서 천지를 우주宇宙로 바꾸면 얘기는 더 간단합니다.

우주에서 '우宇'나 '주宙'는 모두 집이라는 뜻이지만, 우는 공간의 개념이고 주는 시간의 개념입니다. 공간과 시간이 상호 밀접한 관계를 맺고 있다는 아인슈타인의 상대성 이론이나 웜홀wormhole류의 주장 등과 꼭 일치하지는 않겠지만, 고대 동양 철학의 통찰은 가히 놀랍습니다.

자신의 이해를 앞세우지 않는 사람은 자연히 모두의 총애를 얻을 수 있고, 나아가 스스로를 완성할 수 있다는 구절은 우두머리가 된 사람이 명심해야 할 덕목으로 회자되고 있습니다.

"탕왕湯王이나 무왕武王은 스스로 서서 천자가 되었지만, 그 자손은 멸절滅絶하고 말았다. 이것은 그들이 손에 넣은 이익이 너무 컸기 때문이 아니겠는가(湯武 立爲天子 而後世絶滅 非以其利大故邪 탕무 입위천자 이후세절멸 비이기리대고야)." 장자는 성군으로 일컫는 탕왕과 무왕도 사사로움을 추구하여 그 후손이 모두 끊어지고 멸망했다고 역설했습니다. 《장자》 '도척盜跖'에 나옵니다.

이번 장에서 노자는 성인은 그 행위가 '천지天地'와 같이 사사로움이 없었으므로 '스스로를 이룰 수 있었다成其私.'라고 썼습니다. '성기사成其私'는 자신의 정신과 생명을 완성한다는 의미입니다.

8장

上善若水 상선약수 가장 훌륭한 선善은 물과 같다.

水善 利萬物而不爭 수선 리만물이부쟁

물은 만물을 이롭게 하면서도 만물과 다투지 않으며

處衆人之所惡 처중인지소오 모두가 싫어하는 낮은 곳에 머무르니

故幾於道 고기어도 거의 도에 가깝다.

居善地 거선지 머물 곳을 잘 선택하고

心善淵 심선연 마음은 깊고 고요하며

與善仁 여선인 다른 사람과 사귈 때는 어진 마음으로 하고

言善信 언선신 말 속에는 믿음을 담아야 한다.

政善治 정선치 정치를 함에 있어서는 올바르게 잘 다스리고

事善能 사선능 일을 할 때는 능력을 다하며

動善時 동선시 때를 좇아 움직여야 한다.

夫唯不爭 故無尤 부유부쟁 고무우

오로지 다투지 않으므로 허물이 없는 것이다.

'상선약수上善若水' 이 구절은《노자》에서 가장 유명한 구절에 속합니다. 우스꽝스럽게도 '윗물이 맑아야 아랫물도 맑다.'라고 잘못 해석되어 쓰이기도 합니다. 이 구절은 물의 성질을 인용하여 덕이 높은 사람의 인격을 표현하는 말로 쓰입니다. 물처럼 부드럽고, 낮은 곳에 머물며, 만물을 윤택하게 하지만 다투지 않는 미덕을 비유한 것입니다.

'만물을 이롭게 하면서도 만물과 다투지 않는다.'는 '부쟁不爭'은 백서본에 '유정有靜'으로 되어 있습니다. '만물을 이롭게 하여 고요하게 한다.'는 의미인데 이렇게 읽어도 맛이 있습니다.

'거선지居善地'부터 '동선시動善時'에 이르는 7가지 덕목은, 공통으로 쓰인 '선善' 자를 따서 이른바 '칠선七善'으로 부릅니다. 여기서 '선善'은 '잘 … 하다.'로 읽어야만 이 구절들을 이해하는 데 헷갈리지 않습니다.

거선지居善地는 거할 곳을 잘 선택하라는 말입니다. 공자는 "어진 곳을 가려서 거처하지 않는다면 어찌 지혜롭다 할 수 있겠는가(擇不處仁 焉得知 택불처인 언득지)."라고 했습니다.《논어》'이인里仁'의 첫머리에 나옵니다. 또《논어》'태백泰伯'에는 "위험한 나라에는 들어가지 말고, 어지러운 나라에는 거하지 말아야 한다(危邦不入 亂邦不居 위방불입 난방불거)."라는 말이 있습니다. 신개념의 풍수학은 부자가 되고 싶으면 땅값, 집값 잘 오를만한 곳으로 이사하고, 건강하게 살고 싶다면 공기 좋고, 운동 환경 좋은 곳으로 가서 살 것을 추천하고 있습니다. 저는 개인적으로 무엇보다도 물과 공기가 맑고 마음 편히 지낼 수 있는 곳에서 살아야 한다고 생각합니다.

'심선연心善淵'에서 '연淵'은 앞서 4장과 마찬가지로 '심연처럼 깊다.'로 풀이했습니다. 마음의 깊고 고요한 상태를 형용합니다.

'여선인與善仁'의 '여與'는 다른 사람과 사귀는 일을 말합니다.

'언선신言善信'은 말에 신용을 지키라는 뜻입니다. "말 속에는 충忠과 신信이 있어야 한다(言忠信 언충신)." 는 《논어》 구절을 포함하여, 이와 비슷한 내용은 《사서》에 많이 등장합니다. 그러나 《노자》를 이해하기 위해 꼭 필요한 경우가 아니라면, 앞으로 《사서》의 내용을 애써 인용하지는 않으려고 합니다. 저 또한 '이유석로以儒釋老 유학 이론을 통해 노자를 해석함'의 우愚를 범하지 않으려고 하는 까닭입니다.

'정선치政善治'의 '정政'은 왕필본을 포함한 여러 판본에 '정正'으로 되어있습니다. 여기서 '正'은 '政'의 가차假借로 통용자입니다. 58장에 "정치가 너그러우면 백성이 순박해지고, 정치가 엄하면 백성이 못되게 된다(其政悶悶 其民淳淳 其政察察 其民缺缺 기정민민 기민순순 기정찰찰 기민결결)."에서의 '정政'도 백서본 등에서는 '정正'으로 되어 있습니다.

‘사선능事善能’은 일을 할 때는 가지고 있는 능력을 최대한 발휘하라는 뜻입니다.

‘동선시動善時’는 상황에 맞는 적절한 판단과 행동을 하라는 의미입니다. 이렇게 하는 것을 ‘시중지도時中之道’라고 합니다. 사마천은 “때를 좇아 옮겨가며, 만물에 응하여 변한다(與時遷徙 應物變化 여시천사 응물변화).”라고 하여 동선시動善時의 뜻을 적절하게 풀어내었습니다.

9장

持而盈之 不如其已 지이영지 불여기이

가지고 있으면서 넘치도록 채우려는 것은 적당할 때 그만두느니만 못하다.

揣而銳之 不可長保 추이예지 불가장보

벼리고 갈아서 너무 날카롭게 만들면 오래도록 보존할 수 없다.

金玉滿堂 莫之能守 금옥만당 막지능수

금과 옥이 집안에 가득하면 이를 지킬 수 없고

富貴而驕 自遺其咎 부귀이교 자유기구

부귀하여 교만해지면 스스로 허물을 남기게 된다.

功遂身退 天之道也 공수신퇴 천지도야

공을 이루고 나면 물러나는 것이 하늘의 도리이다.

'추이예지揣而銳之'에서 '헤아릴 췌揣'
는 여기서 쇠를 벼리고 두드린다는 뜻이므로 '주로 읽어야 합니다. 한
자의 음은 그 뜻에 맞추어 읽어야 합니다. 예를 들자면, '자주 난다'는
뜻의 '數飛'를 '자주 삭數'의 뜻을 살려 '삭비'로 읽어야 하는 것처럼 말
입니다. 한자의 기본이 좀 부족한 분들이 쓴 다양한 《노자》들을 보면
문장의 끝에 오는 의문 부정의 뜻을 가진 어조사 '아邪'가 '간사할 사邪'
발음으로 표기된 경우도 허다합니다.

고서화 풀이를 직업으로 하다 보니 종종 난처한 일을 마주하곤 합
니다. 그중에 한 가지가 바로 '금옥만당金玉滿堂'이라는 화제가 붙어있
는 모란 그림입니다. 이 그림을 선물한 사람은 받는 사람의 집안에 금
과 옥이 가득 넘치는 복을 기원했을 것입니다. 그런데 보시다시피 이
글의 본래 의미는 금과 옥이 집안에 가득하면 지킬 수 없으니 비우라
는 뜻입니다. 물론 제가 이 내용까지는 구태여 알려주지는 않습니다
만, 이럴 때는 왠지 마음 한구석이 찜찜합니다.

'공수신퇴功遂身退'는 주로 '공성신퇴功成身退'로 씁니다.
앞서 경국지색의 미인 서시西施에 대해 잠시 언급한 적이 있습니다.
서시를 오나라 왕에게 보낸 이가 바로 범려范蠡입니다. 범려는 대부 문

종文種과 함께 월왕越王 구천勾踐을 도와 월나라가 오나라를 멸망시키는 데 절대적인 역할을 했습니다. 천하를 평정한 후, 그는 구천에게 작별을 고한 뒤 일엽편주一葉扁舟에 몸을 싣고 오호五湖로 떠났습니다. 그리고 다시 돌아오지 않았습니다. 말 만들기 좋아하는 사람들은 이때 서시를 데리고 갔다고도 하고, 오호를 건너 제나라로 가서 큰 부자로 살았다고도 합니다. 제나라에서 부호로 살았다는 얘기는 사마천의 《사기》에도 나오니까 완전히 뜬금없는 이야기는 아닐 것입니다.

범려는 제나라에서 자신과 절친했던 문종文種에게 편지를 썼습니다. 그는 이 편지에 "토끼 사냥이 끝나면 사냥개는 삶아 먹히고 만다(狡兎死 走狗烹 교토사 주구팽)."라고 썼습니다. 그 유명한 '토사구팽兎死狗烹'이란 말은 여기서 나왔습니다. 결국 문종은 비참한 최후를 맞았습니다.

한고조 유방劉邦이 항우項羽를 꺾고 천하를 차지하게 된 배경에는 장량張良과 한신韓信의 눈부신 활약이 있었습니다. 흔히 똑똑한 참모의 대명사인 '장자방'은 장량의 자를 따서 부르는 칭호입니다. 그는 전쟁이 끝난 후 은거하여 인생을 즐기며 천수天壽를 누렸습니다.

그러나 권력의 그늘에서 벗어나지 못한 한신은 결국 참수형을 당하고 말았습니다. 그는 "과연 사람들의 말처럼 교활한 토끼가 죽으면 좋은 사냥개는 삶기는 법(果若人言 狡兎死 良狗烹 과약인언 교토사 양구팽)"이라고 탄식하며 파란만장한 생에 종지부를 찍었습니다. 토사구팽이란 말은 여기에 한 번 더 등장합니다.

인류 역사에서 공功을 이루고 난 후에 스스로 초연超然히 물러난 사람은 그리 흔치 않습니다. 물러날 때를 외면한 사람의 추잡한 욕망은 필연적으로 자기를 포함한 많은 사람을 불행하게 합니다.

물러날 때를 아는 사람의 발자취는 아름답습니다.

손뼉 칠 때 떠나십시오.

10장

載營魄抱一 能無離乎 재영백포일 능무리호

영백營魄을 하나로 합하여 분리되지 않도록 할 수 있겠는가?

專氣致柔 能(如)嬰兒乎 전기치유 능(여)영아호

정기를 모아 부드러움에 이르러 갓난아이 같은 상태로 될 수 있겠는가?

滌除玄覽 能無疵乎 척제현람 능무자호

현묘한 마음의 거울을 깨끗이 씻어내어 흠이 없게 할 수 있겠는가?

愛民治國 能無爲乎 애민치국 능무위호

백성을 사랑하고 나라를 다스림에 '무위'로 할 수 있겠는가?

天門開闔 能爲雌乎 천문개합 능위자호

천문天門을 여닫음에 암컷처럼 할 수 있겠는가?

明白四達 能無知乎 명백사달 능무지호

밝게 사방으로 통달하면서 무지無知의 경지를 이룰 수 있겠는가?

生之畜之 생지축지 낳아 기르지만

生而不有 생이불유 낳고도 소유하지 않고

爲而不恃 위이불시 키웠지만 기대려고 하지 않으며

長而不宰 장이부재 길렀지만 부리려 하지 않으니

是謂玄德 시위현덕 이를 일컬어 현덕玄德이라 한다.

'지적 오만'으로 비칠까 봐 이런 얘기를 쓰는 것이 망설여지지만, 저는 제가 읽어서 이해되지 않는 글은 잘못 쓰인 글이라는 믿음을 가지고 있습니다. 심지어 저는 그 글을 쓴 작가가 자기가 쓴 글을 과연 이해하고는 있는지 의구심을 갖기도 합니다.

10장은《노자》에서 가장 추상적이고 난해한 문장으로 알려져 있습니다. 내로라하는 분들이 쓴 책을 여러 권을 살펴봤는데, 역시나 깊은 이해를 바탕으로 번역된 책은 별로 없었습니다. 대부분 결론을 미리 못 박아 놓고, 한자 사전에서 그 뜻을 찾아 억지로 끌어다 붙이는 서술 방법을 쓰고 있습니다. 확신이 없으면, '이 부분에 대해서는 이러이러한 학설이 있으나 내 생각은 이렇다.'라는 겸손한 고백 정도는 할 수 있으면 좋겠습니다.

이번 장을 풀이하면서 참고할 수 있는 자료는 최대한 활용했습니다. 다양한 견해 중에서 납득이 되는 부분을 참고했고, 제 생각은 최소한으로 했습니다. 그리고 제가 납득할 수 없는 풀이는 넣지 않았습니다.

'재영백포일 능무리호載營魄抱 · 能無離乎'에서 '재載'를 '부夫'의 뜻인

어조사로 보는 학자도 많습니다. 그런데 기원전 3세기경에 활약한 중국의 대표적 시인 굴원屈原의 《초사楚辭》 '원유遠遊'에 "영백을 싣고 노을에 오르다(載營魄而登霞 재영백이등하)."라는 표현이 있는 것을 보아 '싣다'라는 본래 뜻으로 해석해도 좋을 듯합니다.

'영백營魄'은 '혼백魂魄'이라는 뜻입니다. 《주역》에 '혼魂은 기氣이며 백魄은 정精으로 구분하여, 혼은 양陽, 백은 음陰의 기운'으로 보았습니다. 주희 또한 '혼魂은 양陽으로서 동적動的이며, 백魄은 음陰으로서 정적靜的'이라고 나누어 인식했습니다.

'포일抱一'은 여기서는 '합일合一', 즉 '하나로 합치다.'라는 의미로 봅니다. 39장의 "옛날 한 가지, 즉 도를 얻은 것은(昔之得一者 석지득일자)"라는 구절에서 '일一'은 도道를 가리킵니다. 여기서는 혼과 백이 합쳐져서 하나가 되는 것을 도라고 본 것입니다.

'전기치유專氣致柔'는 《노자》의 유명한 글귀입니다.

여러 학자들은 '능영아호能嬰兒乎'의 '영아' 앞에 '같이'라는 뜻의 '여如' 자가 있어야 한다고 생각했습니다.

그렇게 하면 이 구절을 해석하기가 더욱 쉬워집니다. 노자는 갓난아이를 정기精氣가 충만하고 화기和氣가 지극한 최고선의 경지로 보았습니다.

갓난아이에 대한 노자의 찬미는 55장에서 제대로 만날 수 있습니다.

'척제현람滌除玄覽'도 많이 인용되는 《노자》의 명구名句입니다.

물론 '람覽'은 '감鑑'과 통용되는 글자로 '거울'이라는 뜻입니다. 저는 현람의 뜻을 더 살리기 위해 '마음의'를 삽입했습니다. 그래서 '척제滌除'가 마음속 욕망을 씻어 없앤다는 뜻을 강조했습니다.

'애민치국 능무위호愛民治國 能無爲乎'에서 왕필본은 '위爲'를 '지知'로 썼습니다. 여기서 '지'는 계략이나 술책 같은 부정적 의미로 쓰였습니다. 따라서 무위나 무지나 깊은 뜻은 비슷합니다. 나라를 다스리는 일을 무위로 한다는 것은 무리하게 억지로 다스리지 않고 순리에 맡긴다는 의미입니다. 성군으로 평가되고 있는 우禹임금이 치수治水 물을 다스림하고 치국治國한 원칙은 행기소무사行其所無事였습니다. 즉 '일이 아닌 것처럼 억지로 하지 않고 자연의 순리에 따라 행한' 것입니다.

이 구절에 대한 왕안석의 풀이는 절묘합니다. "사랑하지 않는 것처럼 사랑하고, 다스리지 않는 것처럼 다스린다."

'천문天門'이 무엇을 의미하는지에 대한 고금의 여러 학자들의 의견은 너무나 판이하게 다양합니다. 하상공의 주석에서는 '감각기관'이라고 했고, 소동파의 동생 소철蘇轍은 '태평함과 어지러움을 폐하고 흥興함이 나오는 곳'이라고 했습니다. 저는 천문을 '천지간 자연의 이치'로 풀이한 송대宋代 학자 임희일林希逸의 설에 깊이 공감합니다.

'암컷처럼 한다能爲雌'는 구절을 하상공은 '편안하고 고요하며 부드럽고 가냘픈 모습安靜柔弱 안정유약'으로 이해했습니다. 여러 차례 언급한 대로 《노자》는 갓난아이와 여성의 속성에 대해 지나칠 정도로 집착합니다.

《노자》에서 말하는 여성의 미덕은 더 말할 것도 없이 부드러움과 따스함에 있습니다.

'생이휵지生之畜之' 이하의 다섯 구절은 51장에 다시 나옵니다. 51장에서 읽겠습니다.

寵辱若驚

貴大患若身

何謂寵辱若驚

寵為下

得之若驚

失之若驚

是謂寵辱若驚

何謂貴大患若身

吾所以有大患者

為吾有身

11장 - 20장

三十輻 共一轂 삼십폭 공일곡

서른 개 바큇살이 하나로 모여 바퀴 통이 되면

當其無 당기무 그 가운데 빈 공간으로 말미암아

有車之用 유거지용 수레의 쓸모가 생겨난다.

埏埴以爲器 선식이위기 흙을 빚어 그릇을 만들 때,

當其無 당기무 그 가운데 빈 공간이 있어

有器之用 유기지용 그릇의 쓸모가 생겨난다.

鑿戶牖以爲室 착호유이위실 문과 창을 뚫어 방을 만들면

當其無 당기무 그 가운데 빈 공간 때문에

有室之用 유실지용 방의 쓸모가 생겨난다.

故有之以爲利 고유지이위리 그러므로 '있음'은 이로움이 되지만

無之以爲用 무지이위용 '없음'은 그 쓸모를 생겨나게 한다.

이미 4장에 썼듯이 노자는 도의 본
질을 수레바퀴, 그릇, 방 등의 빈 공간으로 비유했습니다. 그리고 도의
실천은 빈 공간, 즉 비움에서 비롯된다고 했습니다.

　　노자는 있음有과 없음無이 서로 의존하는 상호관계라는 것을 역설
하면서 없음無의 유용함을 강조한 것입니다.

　　불가佛家의 경전인《마하반야바라밀다심경摩訶般若波羅蜜多心經》에는
"색은 공과 다르지 않고 공은 색과 다르지 않으니, 색이 곧 공이요 공이
곧 색이다(色不異空 空不異色 色卽是空 空卽是色 색불이공 공불이색 색즉시공 공즉시
색)."라는 널리 알려진 구절이 있습니다.

　　일체 형질形質과 모양이 있는 것을 '색'이라 이르는데 색의 본질은
사실 '아무것도 없는 상태'인 공과 같다는 것입니다. 그 깊고 오묘한 뜻
을 알지는 못하지만 제 생각이 그리 틀리지는 않았을 것입니다.

　　반야심경에서 말하는 색色과 공空을 구태여 비교해본다면, 형이상
학적이라고 표현되는《노자》의 유有, 무無의 개념이 오히려 좀 더 구체
적이고 현실적인 면이 있다고 볼 수 있습니다.

　　'폭輻'은 수레바퀴 안으로 방사선 모양으로 뻗은 바큇살 나무를 뜻
합니다. '곡轂'은 수레바퀴 한복판에 있는 둥근 구멍으로 수레 축, 즉 굴

대를 끼우는 곳입니다.

　'선식埏埴'은 도자기 원료인 흙을 개는 일을 말합니다. '땅의 가장자리'라는 뜻의 '연埏'을 여기서는 흙을 이기고 반죽한다는 뜻에서 '선'으로 발음해야 합니다.

　'호유戶牖'는 문과 창문입니다. '들창 유牖' 자는 좀 낯선 글자처럼 보일지 모르지만, 옛 문장에는 평범하게 자주 등장하는 글자입니다.

　우리나라에서 가장 많이 팔린 《노자》 책 가운데는 '옥편 하나면 한문을 해독할 수 있다.'고 주장하는 분이 쓴 책이 있는데 이 책에는 '유牖' 자를 '있을 유有' 자로 잘못 입력하여, 원문을 '착호유이위실鑿戶有以爲室'로 써놓는 실수를 저질러버리고 말았습니다. 그리고는 이 글자에 해석을 애써 맞추려 '벽을 뚫어 문을 만든다.'라고 번역했습니다. 이외에도 한자 입력 실수가 여러 군데에서 더 발견됩니다만, 그때마다 놀라운 임기응변을 발휘하여 그럴듯하게 해석해놓고 있습니다. 이런 능력이 없는 저는 혹시라도 입력의 오류가 생기지나 않을까 신경을 곤두세우며 한자 변환 작업에 몰입하게 됩니다.

　쉬어가며 읽으시라고 재미있는 해프닝을 조금 끼워 넣었습니다.

12장

五色 令人目盲 오색 령인목맹

오색五色은 사람을 눈멀게 하고

五音 令人耳聾 오음 령인이롱

오음五音은 사람을 귀먹게 하며

五味 令人口爽 오미 령인구상

오미五味는 사람의 입맛을 상하게 한다.

馳騁畋獵 令人心發狂 치빙전렵 령인심발광

말달려 사냥하는 것은 사람의 마음을 미치도록 하며

難得之貨 令人行妨 난득지화 령인행방

얻기 힘든 재물은 사람의 행실에 해를 끼친다.

是以聖人爲腹 不爲目 시이성인위복 불위목

이런 까닭으로 성인은 배를 위하지 눈을 위하지 않는다.

故去彼取此 고거피취차

그러므로 눈을 위하는 삶을 멀리하고 배를 위하는 삶을 택한다.

'오색_{五色}'은 청_靑·적_赤·황_黃·백_白·흑_黑, 다섯 가지 색을 말합니다. 여기서는 미색, 여색 등 매혹적인 색채를 두루 뜻하고 있습니다. 눈부시게 화려하고 휘황찬란_{輝煌燦爛}한 광채_{光彩}는 사람의 눈을 어지럽게 합니다. 노자는 이 거부하기 힘든 오색에 미혹되어 욕망의 수렁에 빠지는 것을 경고하고 있습니다.

'오음_{五音}'은 동양음악의 다섯 음계인 궁_宮·상_商·각_角·치_徵·우_羽로 음악을 뜻합니다. 그렇다고 해서 모든 장르의 음악을 의미하지는 않습니다. 그 당시 음악에 대해 잘 알지는 못합니다만, 노자 당시에도 사회 풍속을 해치는 금지곡 같은 것들이 있었던 것은 확실합니다.

공자는 음악 마니아였습니다. 그는 "제나라에 있을 때 '소_韶' 음악을 듣고 석 달 동안 고기 맛을 몰랐다(在齊聞韶 三月 不知肉味 재제문소 삼월 부지육미)."고 했습니다. 또 그는 "소_韶는 아름다움과 선의 끝판왕(韶 盡美矣 又盡善也 소 진미의 우진선야)"이라고 했고, 심지어 사람은 "음악에서 완성을 이룬다(成於樂 성어락)."라고 하며 음악을 삶의 최고 경지로 삼았습니다.

그러한 그가 정_鄭나라의 음악인 '정성_{鄭聲}'은 지나치게 혐오했습니다.

정성은 민간음악인 속악_{俗樂}으로 알려져 있습니다. 공자는 이를 '음란한 음악'으로 정의했습니다. 이에 대해 다산 정약용은 "그 소리가 간사하고 문란해 광대들의 잡극으로 전해졌다."라고 주석을 달았습니다.

공자와 같은 시대를 산 노자가 말한 이 '오음五音'은 공자의 견해와 크게 다르지 않을 것입니다. 오늘날 힙합hiphop 가수들이 본능적인 자유분방함이나 자기 과시 등 소위 스웩swag을 담아 건들거리며 내뱉는 욕설 섞인 랩rap 정도로 생각하면 이해가 쉬울 것입니다. 물론 이러한 제 음악 취향에 동의하지 못하는 분들도 계실 것입니다. 그렇지만 온몸에 문신을 새기고 말하기 민망한 곳에까지 닥치는 대로 피어싱을 해 가며 대중 앞에서 욕을 내뱉는 소리까지 감당하기엔 제 정서는 너무 고전적입니다.

이래서 '꼰대'라는 소리를 듣게 된대도 할 수 없습니다.

'오미五味'는 신맛酸 신·쓴맛苦 고·단맛甘 감·매운맛辛 신·짠맛鹹 함을 가리킵니다.

현대적 의미로 쉽게 풀이하자면, 구하기 어려운 비싼 식재료에 귀한 향신료를 듬뿍 넣어 조리한 미식을 일컫습니다. 중국 주나라 왕실과 전국 시대 각국의 제도를 기록한 《주례周禮》에 의하면, 왕의 식단에는 6종류의 곡물, 6종류의 고기, 6종류의 음료, 120종의 채소가 쓰였습니다. 심지어 왕의 입맛에 맞추기 위해 무려 120종의 육장肉醬 단지를 늘어놓았다고 썼습니다. 이렇게 무분별한 산해진미의 추구는 결국에는 입맛을 버리는 상태로 끝이 나고 맙니다.

춘추오패의 한 사람인 제齊나라 환공桓公은 천하의 미식에 물려 입맛을 잃게 되자 급기야 인육人肉을 탐하게 됩니다. 이에 환공의 신하로 전설적인 요리사인 역아易牙는 출세를 위해 자기 아들을 요리하여 바치는 반인륜적 행위를 서슴지 않았습니다. 어처구니없게도 오래지 않아 대人미식가 환공은 차가운 방에 갇혀 굶어 죽었습니다. 그리고 역아는 '역아증자易牙蒸子 역아가 아들을 삶다'라는 비정한 고사성어를 만들어 낸, 역사상 가장 사악한 간신으로 기록되었습니다.

'고전 프랑스 요리의 아버지'로 불리는 마리 앙뜨완 카렘Marie-Antoine Careme 1784~1833에게 영국의 조지 4세가 했다는 말이 생각납니다. "너는 언젠가 나를 과식으로 죽일 것이다."

음식의 맛에 관한 이야기는 63장에도 나옵니다. "맛이 없음을 맛있게 여긴다味無味."라는 유명한 구절이 바로 이 장에 있습니다. 나머지 얘기는 63장에 이어 쓰겠습니다.

'전렵畋獵 사냥'과 '난득지화難得之貨'에 대해서는 3장에서 이미 언급했습니다.

'위복爲腹'은 '배를 위한다.'라는 말로 안을 충실히 한다는 의미가 있습니다. 헛된 명리를 추구하지 않고 내적으로 충실한 삶을 구한다는 뜻입니다.

'위목爲目'은 '눈을 위한다.'라는 뜻으로 위복과 반대되는 의미로 쓰였습니다. 관능적인 자극에 빠져들고 출세욕에 사로잡혀 겉만 보기 좋게 꾸며내는 일을 말합니다.

왕필은 "배를 위하는 자는 사물로 자신을 기르고, 눈을 위하는 자는 사물로 인해 자신이 부림을 당한다(爲腹者 以物養己 爲目者 以物役己 위복자 이물양기 위목자 이물역기)."라고 절묘한 주석을 달았습니다.

노자는 여기서 외부 세계의 명예와 이익을 좇는 탐욕적인 생활에서 벗어나 내면의 안정과 평화를 찾고 천진한 본성을 지켜나갈 것을 역설하고 있습니다.

《장자》'천지편天地篇'에는 마치 이번 장을 부연 설명하는 듯한 문장이 나옵니다. 함께 비교해가면서 읽으시면 색다른 맛을 느낄 수 있을 것입니다.

失性有五	실성유오
一曰, 五色亂目 使目不明	일왈 오색란목 사목불명
二曰, 五聲亂耳 使耳不聰	이왈 오성란이 사이불총
三曰, 五臭薰鼻 困惾中顙	삼왈 오취훈비 곤수중상
四曰, 五味濁口 使口厲爽	사왈 오미탁구 사구려상
五曰, 趣舍滑心 使性飛揚	오왈 취사골심 사성비양
此五者 皆生之害也	차오자 개생지해야

본성을 잃게 되는 경우는 다섯 가지가 있는데
첫째는 오색五色이 눈을 어지럽혀 밝게 보지 못하게 하는 것이고,
둘째는 오성五聲이 귀를 어지럽혀 밝게 듣지 못하게 하는 것이며,
셋째는 오취五臭가 코를 그을러 코가 막혀 머리를 아프게 하는 것이고,
넷째는 오미五味가 입을 흐리게 하여 입맛을 버리게 하는 것이고,
다섯째는 취사선택의 판단이 마음을 어지럽혀 사람의 본성을 터무니없이 흩어버리게 하는 것이다.
이 다섯 가지는 모두 본성을 해치는 것들이다.

13장

寵辱若驚 총욕약경

총애를 받거나 치욕을 당하면 놀라 어쩌할 바를 모르지만

貴大患若身 귀대환약신

큰 환란을 자신의 몸같이 중요하게 여겨야 한다.

何謂寵辱若驚 하위총욕약경

총욕약경寵辱若驚은 무슨 말인가?

寵爲下 총위하

총애는 하잘것없는 것이지만

得之若驚 득지약경

그것을 얻게 되면 놀라서 불안한 듯하고

失之若驚 실지약경

잃게 되면 놀라 어쩔 줄을 모른다.

是謂寵辱若驚 시위총욕약경

이것을 일러 총욕약경寵辱若驚이라고 한다.

何謂貴大患若身 하위귀대환약신

귀대환약신貴大患若身은 무슨 말인가?

吾所以有大患者 오소이유대환자

내가 큰 환란을 당하는 까닭은

爲吾有身 위오유신

내가 몸을 가지고 있기 때문이다.

及吾無身 급오무신

내게 몸이 없다면

吾有何患 오유하환

나에게 무슨 환란이 있겠는가?

故貴以身爲天下 고귀이신위천하

그러므로 자기 몸을 천하보다 더 귀하게 여긴다면

若可寄天下 약가기천하

천하를 부탁할 수 있고,

愛以身爲天下 애이신위천하

자신을 천하만큼 아낀다면

若可託天下 약가탁천하

천하를 맡길 수 있는 것이다.

'총욕약경寵辱若驚'은 총애를 받거나 치욕을 당했을 때, 놀라서 어쩔 줄 모르는 듯한 마음 상태로 이해하면 무리가 없을 것입니다.

왕필은 '귀대환약신貴大患若身'을 풀이하면서 '귀대환약신'과 '총욕약경'을 대구對句로 보았습니다. 즉 '총寵'은 '귀貴', '욕辱'은 '대환大患'과 대칭되는 개념으로 본 것이지요. 이렇게 하면 '귀대환貴大患'은 '영예와 우환' 두 가지로 나누어 해석됩니다. 문장의 구조로 본다면 왕필의 이 견해는 무척 합리적으로 보입니다.

그러나 이렇게 '귀貴'와 '대환大患'을 두 가지로 놓고 풀이하면, 뒤따라오는 '오소이유대환자吾所以有大患者'에서 '대환大患'은 반드시 '귀대환貴大患'이 되어야 합니다.

그러므로 '귀대환貴大患'은 '큰 환란을 … 중요하게 여겨야 한다.'로 읽어야 한다고 믿습니다.

저는 아주 오래전 미국에서 발간된 시사 주간지의 칼럼을 강의한 일이 있습니다. 한번은 칼럼 내용 중에 이해되지 않는 단어가 있었습니다. 저는 전체 문맥에는 영향을 주지 않으리라고 판단하여 대충 의역하고 지나갔습니다. 그런데 그때 어느 분이 제가 간과하고 지나간 그 단어가 가진 중요한 의미를 지적하면서 저의 무성의한 강의에 따끔

한 일침을 가했습니다.

그때 일은 지금까지 제게 트라우마로 남아있습니다. 그래서 저는 제가 이해하지 못하는 단어나 문장은 다른 사람의 견해를 소개하는 방식을 쓰는 소심한 태도를 버리지 못하고 있습니다. 제 해석에 직역의 비중이 높은 것도 바로 이 때문입니다.

'귀이신위천하貴以身爲天下'의 해석도 무척 논란이 많았던 부분입니다. 예로부터 많은 학자들이 자신들의 창의력을 과시하며 다양한 해석을 내놓았습니다. 그러나 이 구절의 해석은 1973년 마왕퇴馬王堆에서 발굴된 백서본의 등장으로 새로운 전기를 맞이했습니다.

백서본에는 '귀이신위천하貴以身爲天下'가 '귀이신어위천하貴爲身於爲天下'로 되어있었습니다. 그렇게 되면 이 구절은 "자신을 위하는 일을 천하를 위함보다 더 귀하게 하다."라는 뜻이 되면서 해석이 매끄러워지게 됩니다.

이렇게 해석하면, "그러므로 자기 몸을 천하를 돌보는 것보다 중시하는 사람에게 천하를 맡길 수 있다(故貴以身於爲天下 則可以託天下 고귀이신어위천하 즉가이탁천하)."라고 한《장자》'재유在宥'의 구절과도 일맥상통하게 됩니다.

또 한나라 초, 기원전 120년경에 편찬된《회남자淮南子》'도응훈道應訓'에 "그러므로 노자는 '자기 몸을 천하를 위하는 것보다 중시하면 천하를 맡길 수 있고, 자기 몸을 천하를 위하는 것보다 아끼면 천하를 맡길 수 있다.'고 말했다(故老子曰 貴以身爲天下 焉可以託天下 愛以身爲天下 焉可以寄天下矣 고노자왈 귀이신위천하 언가이탁천하 애이신위천하 언가이기천하의)."라고 한 내용과도 정확히 일치합니다.

자기 몸을 귀하게 여기고 아낀다는 말은 무슨 뜻일까요?

노자는 무절제하고 탐욕적인 생활에서 벗어나 맑고 건강한 삶을 사는 것을 의미한 것 같습니다.

노자의 이러한 사상은 '양주楊朱 양자'의 자기중심적 '위아사상爲我思想' 속에 고스란히 녹아들었습니다.

14장

視之不見 名曰夷 시지불견 명왈이

보려 해도 보이지 않는 것을 이夷라 하고

聽之不聞 名曰希 청지불문 명왈희

들으려 해도 들리지 않는 것을 희希라 하며

搏之不得 名曰微 박지부득 명왈미

잡으려 해도 잡히지 않는 것을 미微라 한다.

此三者 不可致詰 차삼자 불가치힐

이 세 가지는 확실하게 말로 규명할 수 없다.

故混而爲一 고혼이위일

그러므로 뒤섞여 하나가 되는 것이다.

其上不曒 기상불교

그 위라고 밝은 것도 아니고

其下不昧 기하불매

그 아래라서 어둡지도 않다.

繩繩兮 不可名 승승혜 불가명

끊임없이 이어져 있구나. 그 이름을 붙일 수도 없으며,

復歸於無物 복귀어무물

결국 '물질이 존재하지 않는 상태無物'로 돌아가니

是謂無狀之狀 無物之象 시위무상지상 무물지상

이것을 일러 '형상 없는 형상無狀之狀', '물질이 아닌 형상無物之象'이라고 한다.

是謂惚恍 시위홀황

이를 '홀황惚恍 황홀'이라 부른다.

迎之不見其首 영지불견기수 앞에서 마주쳐도 그 머리를 볼 수 없고

隨之不見其後 수지불견기후 좇아가도 그 뒤를 볼 수 없다.

執古之道 집고지도 옛날의 도로써

以御今之有 이어금지유 '지금 실재하는 바有'를 받아들이면

能知古始 능지고시 '옛 시작'을 알 수 있게 되는데

是謂道紀 시위도기 이를 '도기道紀 도의 실마리'라 일컫는다.

'이真·희希·미微' 이 세 가지는 명확하게 정의할 수 없는 도道를 형용하는 데 사용되었습니다. 2장에서 말씀드린 대로, 여기서 도는 '형이상적 실존'으로서의 도입니다.

 도는 분명히 존재하고 있지만, 현실 세계의 경험적 사물과는 다르며, 구체적인 형상이 있는 것도 아니라는 것을 이真·희希·미微로 비유한 것입니다.

 결국 '형形' 위에 존재하는 사물의 근원적인 본모습이 도라는 것입니다.

 《주역》 '계사전繫辭傳'에는 "형이상을 도라 한다(形而上者 謂之道 형이상자위지도)."라고 하여 도를 '형이상形而上'으로 표현했고, 다산 정약용을 비롯한 많은 학자들은 이를 바탕으로 도를 '형상이 없는 사물의 이치', 즉 '무형지리無形之理'로 풀이했습니다.

 우리가 흔히 말하는 '형이상학形而上學 metaphysics'의 한문 용어는 바로 여기서 나왔습니다.

 도는 보려 해도 보이지 않고, 들으려 해도 들리지 않으며, 잡으려 해도 잡히지 않는 것이라고 했습니다. 또 앞에서 마주쳐도 그 머리를 볼 수 없을 뿐만 아니라 뒤를 좇아가도 그 뒷모습을 볼 수 없다고도 했습니다. 이는 사람의 감각 기관으로 인식할 수 없는 도의 속성을 묘사한 것입니다. 노자는 이를 '불가치힐不可致詰'로 규정했습니다. '치힐致詰'은 깊이 생각하고 논의하여 자세하게 설명한다는 뜻으로, '사의(思議 생각하고 헤아리다)'라는 의미로 쓰였습니다. 불가치힐은 '불가사의不可思議'와 같은 말입니다.

《장자》'지북유知北遊'에서 장자는, 도는 "보려고 해도 형체가 없고, 듣고자 해도 소리가 없다(視之無形 聽之無聲 시지무형 청지무성)."라고 했습니다. 노자의 말을 부연한 것으로 보입니다.

공자도 이와 비슷한 이야기를 한 적 있습니다. "눈에 보이지 않고 귀에 들리지도 않지만, 사물의 본체로 엄연히 존재하므로 빠뜨릴 수 없다(視之而弗見 聽之而弗聞 體物而不可遺 시지이불견 청지이불문 체물이불가유)."

그런데 공자는 《중용》에서 이 표현을 "귀신의 덕(鬼神之爲德 귀신지위덕)"을 표현하기 위해 썼습니다.

공자는 혹시 도를 귀신의 덕과 같은 것으로 여긴 것은 아닐까요.

15장

古之善爲士者 고지선위사자 옛날 훌륭한 선비는

微妙玄通 미묘현통 미묘한 경지에 이르도록 진리를 깊이 깨달아

深不可識 심불가식 그 깊이를 알 수 없다.

夫唯不可識 부유불가식 잘 알 수 없으므로

故强爲之容 고강위지용 억지로라도 이같이 형용하려고 한다.

豫兮 若冬涉川 예혜 약동섭천

예豫와 같아라. 겨울 개울을 건너듯 조심하고

猶兮 若畏四隣 유혜 약외사린

유猶와 같아라. 사방 이웃을 두려워하듯 하라.

儼兮 其若客 엄혜 기약객

엄숙하여라. 마치 손님처럼,

渙兮 其若(氷之將)釋 환혜 기약(빙지장)석

세차게 흘러라. 녹아 흐르는 얼음같이,

敦兮 其若樸 돈혜 기약박

순박하여라. 질박한 통나무같이,

曠兮 其若谷 광혜 기약곡

탁 트여라. 마치 빈 골짜기처럼,

混兮 其若濁 혼혜 기약탁

섞여라. 마치 흐린 것처럼 하여라.

孰能濁以靜之徐淸 숙능탁이정지서청

누가 탁한 것을 고요히 안정시켜 서서히 맑아지게 할 수 있을까?

孰能安以久動之徐生 숙능안이구동지서생

누가 가만히 있던 것을 계속 움직여 서서히 생동하게 할 수 있을까?

保此道者 보차도자

이 도를 지닌 사람은

不欲盈 불욕영

채우려고 하지 않는다.

夫唯不盈 부유불영

채우려고 하지 않는 까닭에

故能蔽不新成 고능폐불신성

그 도를 덮어버리고, 새롭게 이루려고도 하지 않는다.

15장은 도인의 인품과 덕목을 묘사한 내용으로 이루어져 있습니다.

다른 장도 종종 그러하지만, 이번 장은 특히나 여러 판본 간에 큰 차이가 있습니다. 그래서 저는 각기 다른 판본을 비교하여 문맥이 가장 매끄럽게 이어지는 판본의 내용을 찾아서 직역에 가깝게 풀이했습니다. 그런데도 마지막 부분처럼 논란이 많은 구절에서는 독자 여러분의 판단을 구하겠습니다.

'선위사자善爲士者'는 백서본을 위시한 여러 판본에서 '사士'를 '도道'로 쓰고 있습니다. 그래서 이 구절은 《노자》 주석의 주류인 하상공본과 왕필본에 '사士'로 되어있음에도 불구하고, 백서본의 권위에 힘입어 오랫동안 '도를 체득한 훌륭한 옛사람'으로 풀이되어왔습니다. 그러나 백서본보다 더 오래된 곽점본이 출토되면서 상황은 역전됐습니다. 물론 도인의 덕성을 갖춘 사람을 선비라고 한다면, 이렇게 따지는 것도 무의미한 일이 될 것입니다만….

'손님처럼'의 '객客'은 왕필본에 '용容'으로 되어 있습니다만, 여러 정황을 볼 때 이는 글씨가 비슷하게 생긴 탓에 초래된 오기가 확실합니다. 이어 '약석若釋'을 '녹아 흐르는 얼음처럼'이라고 풀이한 것은 왕필본의 '약빙지장석若氷之將釋' 이 의미를 분명하게 해주는 것 같아서 이를 바탕으로 했습니다. 그래서 저는 괄호를 치고 그 속에 모자라는 부분을 채워놓았습니다.

'혼혜混兮' 이하 구절은, 4장에서 "빛을 부드럽게 하여 세속과 섞인다(和其光 同其塵 화기광 동기진)."와도 뜻이 통하므로, '혼混', '탁濁'을 '섞이다', '흐리다'로 풀이한 것입니다.

마지막 부분의 '고능폐불신성故能蔽不新成' 구절에 대한 논쟁은 그 정도가 심각합니다.

하상공본과 왕필본에는 당당히 "불신성不新成"이라고 기록되어 있습니다. 그런데도 많은 주류 학자들은 여기서 '이而'가 글자 모양이 비슷한 '불不' 자로 잘못 쓰인 것이라고 주장합니다. 그들은 22장의 '폐즉신蔽則新 낡으면 새로워 짐'을 근거로 내세웁니다. 그래서 '폐이신성蔽而新成'이라는 억지 사자성어까지 등장했습니다.

그런데 저는 아무리 읽어도 이런 논리를 펴는 까닭을 이해할 수 없습니다. 채우려고도 하지 않는데 뭘 또 새롭게 이루어야 한단 말입니까. 하상공의 주석에는 '폐蔽'와 '불신성不新成'의 숨겨진 목적어로 '공명功名'을 두어 그 뜻을 명백히 밝혔습니다.

독자 여러분의 생각은 어떠신지요?

'예혜豫兮', '유혜猶兮' 이하의 구절은 우리에게 친숙합니다.

1800년 정조가 승하하고 고향 마제마을로 돌아온 다산 정약용은 당호堂號를 '여유당與猶堂'으로 지었습니다. '여與'는 '예豫'와 같은 뜻입니다. '여興', '유猶'는 모두 동물의 이름으로, 《설문해자》에 '여興'는 '큰 코끼리象之大者 상지대자'라고 했습니다. '유猶'는 원숭이의 한 종류입니다. 이 두 짐승은 모두 겁이 많은 탓에 경계심이 유달라 신중하게 망설이는 습성을 가지고 있습니다.

다산은 "여興처럼 겨울에는 개울을 건너듯 조심하고(與兮若冬涉川 여혜약동섭천)", "유猶와 같이 신중하기를 사방의 이웃을 두려워하듯(猶兮若畏四隣 유혜약외사린)" 조심하며 살아가려는 마음을 담아 '여유당'을 당호로 삼았습니다. 그 이듬해 다산은 그의 이런 마음과 관계없이 '황사영 백서사건帛書事件'에 연루되어 강진으로 귀양을 가게 됩니다. 황사영은 다산의 조카사위입니다.

그러나 그는 18년의 귀양살이와 귀향 후 18년 세월 동안 '여유興猶'의 삶을 실천하며 세상에 가르침을 펼치고 떠나갔습니다.

16장

致虛極 치허극 비움을 지극하게 하고

守靜篤 수정독 고요함을 돈독하게 지키라.

萬物竝作 만물병작 만물이 앞다투어 자라났다가

吾以觀復 오이관복 다시 돌아감을 나는 본다.

夫物芸芸 부물운운 만물이 무성해졌다가

各復歸其根 각복귀기근 모두 본래의 뿌리로 되돌아가게 되니

歸根曰靜 귀근왈정 그 뿌리로 되돌아감을 고요함, 즉 '정靜'이라 하고

是謂復命 시위복명 이를 본성으로 돌아감, 즉 '복명復命'이라 한다.

復命曰常 복명왈상 '복명復命'은 '상常 불변의 이치'이며

知常曰明 지상왈명 '상常'을 아는 것이 '밝음明'이다.

不知常 妄作凶 부지상 망작흉 '상常'을 모르고 경거망동하면 흉하다.

知常容 지상용 '상常'을 알면 일체를 포용하게 되고,

容乃公 용내공 일체를 포용하게 되면 공평해진다.

公乃全 공내전 공평해지면 두루 미치게 되고,

全乃天 전내천 두루 미치게 되면 자연에 부합할 수 있게 된다.

天乃道 천내도 자연에 부합할 수 있게 되면 도를 체득하게 되고,

道乃久 도내구 도를 체득하게 되면 영원하게 되니

沒身不殆 몰신불태 생명이 다하도록 위태롭지 않다.

16장에서는 '치허致虛, 수정守靜, 귀근歸根, 복명復命, 지상知常' 등 노자 사상의 기본을 담은 대표적인 키워드를 정리하고 있습니다.

저는 이번 장의 주제를 '치허수정致虛守靜'으로 삼았습니다.

치허수정을 줄여서 흔히 '허정虛靜 텅 빈 고요함'이라고도 씁니다. 노자는 이것을 사물의 참된 모습으로 보았습니다. 만물은 활기차게 생겨났으나 결국은 허정으로 돌아가는 것을 보게 될 뿐이니, 허정은 만물의 뿌리라고 한 것입니다. 《장자》 '재유在宥'에도 "만물이 성대하게 자라나 제각기 근본으로 돌아간다(萬物云云 各復其根 만물운운 각복기근)."고 한 내용이 있습니다.

마음을 수양하는 행위는 '마음을 비우는 것'에서 출발한다고 합니다. 《노자》를 최초로 우리말로 풀이한 유영모는 이를 '맘놓이'로 번역했습니다.

비우는 것을 내려놓는 것과 같이 여긴 것입니다.

왕필본에는 '공내전 전내천公乃全 全乃天'이 '공내왕 왕내천公乃王 王乃天'으로 되어있습니다. 통행본은 이를 기준으로 삼았습니다. 저는 오래 전《노자》를 읽으면서 몇 군데 난데없는 '왕王의 등장'에 적지 않게 당황한 적이 있습니다. 저는 지금도 왕王 자를 그대로 두고서는 이 구절을 이해할 수 없습니다. 심지어 이 '왕王' 한 글자는《노자》를 오직 통치 철학서로 규정하려는 이론의 중심에 서 있습니다.

정통성 있는 노자 연구가들은 여기에 있는 왕王 자는 '전全' 자의 윗부분이 훼손되어 생긴 오자라고 결론 내렸습니다. 여러 정황과 운율까지 골고루 살펴보면 이는 상당히 설득력이 있습니다.

《장자》'전자방田子方'에 "나는 천지의 크게 미침을 모를 뻔하였구나(吾不知 天地之大全也 오부지 천지지대전야)."라는 내용이 있습니다. 여기서는 천지의 속성을 '대전大全'으로 표현했습니다.

심지어 왕필조차 '왕王' 부분을 '두루 미치다周普 주보'로 풀이한 것으로 보면, '전全'으로 읽어야 할 근거가 더욱 확실해집니다.

저는 당연히 '전全' 자로 읽었습니다.

太上 不知有之 태상 부지유지

가장 훌륭한 지도자는 사람들이 그의 존재를 알지도 못하는 지도자이고

其次 親而譽之 기차 친이예지

그다음은 친근하게 여기고 칭송받는 지도자이며

其次 畏之 기차 외지 그다음은 백성들이 두려워하는 지도자이고

其次 侮之 기차 모지 그다음은 백성들의 업신여김을 받는 지도자이다.

信不足焉 신부족언 신의가 부족하면

有不信焉 유불신언 사람들은 그를 믿지 않게 된다.

悠兮 其貴言 유혜 기귀언 아, 그 뜻이 깊구나. 이 귀한 말이여.

功成事遂 공성사수 공을 이루고 일을 마치고 나면

百姓皆謂 我自然 백성개위 아자연

백성들은 모두 '우리 스스로의 힘으로 된 것'이라 말한다.

저는 십여 년 동안 '직장 내 교육'을 하면서 정치·종교에 관한 대화를 금기 사항으로 못 박았습니다. 멀쩡하게 잘 유지되던 관계도 이 문제만 개입되면 하루아침에 절단 나는 일이 허다하기 때문입니다. 굳은 우정이 깨어지는 경우는 말할 것도 없고, 하물며 이혼 같은 불행을 불러오기도 합니다.

제가 사는 동네에는 구청에서 운영하는 헬스장이 있습니다. 이곳은 서민을 위해 세금으로 지원하는 복지시설입니다. 그런데 놀랍게도 이곳에서 정치 평론가들의 열띤 토론장이 매일같이 벌어집니다. 정계나 학계에 종사하는 분은 단 한 사람도 없지만, 여기 모인 사람들은 모두 신념이 넘치는 정치 고수들입니다. 택시 안에서 운전기사와의 정치적인 논쟁이 심한 폭력 사태로 이어졌다는 뉴스가 더 이상 새삼스럽지도 않습니다.

주변에 동창회 등 모임이 중도에 불미스럽게 파하게 되면, 거의 정치에 관련된 논쟁 때문이라고 봐도 틀림없습니다. 저도 결코 자유로울 수는 없겠지만, 우리나라 중·장년층은 모두 자기 생계와 관계없는 정치 문제에 목숨을 걸고 있는 것처럼 보입니다. 하긴 요즈음은 남녀노소도 따로 없는 것 같습니다만.

공자가 살았던 시대에도 그랬던 것 같습니다. 오죽하면 공자가 "그 자리에 있지 않으면 그 정치를 논하지 말라(不在其位 不謀其政 부재기위 불모

지정)."고 했을까요?《논어》'태백泰伯'에 나옵니다.

이러한 경향은 아무래도 지도자의 성향과 능력이 민중들의 삶과 직접 연결되어 있기에 나타나는 자연스러운 현상입니다.《중용》에도 "사람의 도道는 정치에 민감하다(人道敏政 인도민정)."고 했습니다.

우리는 반듯한 국가 지도자를 만나본 경험이 많지 않습니다. 그래서 민중의 삶은 고달프기 그지없었습니다. 공과 과를 따지지 않고 한마디로 단정 짓는 것은 위험한 논리라는 것을 알고 있습니다. 하지만 적어도 조선 시대 이후부터 오늘에 이르기까지 국가 통치자들의 도덕적 성향과 정치적 역량은 대체로 기준 이하라고 보면 틀림없습니다.

정조 임금을 문예 부흥을 이끈 위대한 개혁 군주라고 합니다.

그러나 제가 아는 정조는 조선이 근대화할 수 있었던 첫 기회의 문을 닫아버린 임금입니다. 생사를 넘나든 우여곡절 끝에 왕위에 오른 그는 절대 군주를 꿈꾸며 스스로 '만천명월주인옹萬川明月主人翁'을 자처했습니다.

정조가 왕위에 오른 1776년은 미국이 독립한 해입니다. 그 해 영국의 경제학자 애덤 스미스는《국부론》을 출간하여 자본주의와 자유 무역에 대한 이론을 주창했습니다.

바로 이런 시기에 그는 절대 권력을 휘둘러 중국에서 들어오는 새로운 사상과 지식을 철저히 막았습니다. 최초의 천주교 박해 사건인 '신해사옥'은 정조 15년에 일어났습니다. 새로운 문예 사조를 배척하기 위해서 '문체반정'을 일으킨 그는 중국 서적 수입 금지령까지 내렸습니다. 그러면서 정조는 청나라에서 은화 2,000냥을 주고《고금도서집성 기기도설》이라는 책을 사 그 속에 수록된 도르래 원리를 다산 정약용에게 주어 거중기를 만들게 했습니다. 즉 그는 당대 최고의 천재 지식인으로서 모든 지식을 독점하면서 선진 기술이 조선 사회로 유입되는 것을 완전히 차단한 것입니다. 아시는 대로 정조가 왕위에 오르기 1년 전인 1775년, 영국의 제임스 와트는 증기 기관을 발명했습니다. 그리고 정조의 재임 기간에 유럽 사회는 산업 혁명을 진행하고 있었습니다.

제 논리가 다소 치우친 생각에서 비롯되었다고 생각하셔도 할 수 없습니다. 그러나 조선 시대를 통틀어 위대하다고 손 꼽는 임금이 이 정도였다면, 우리 민족에게 정치적 이슈는 전통적으로 민감할 수밖에 없지 않겠습니까.

장자는 《응제왕應帝王》에서 "훌륭한 왕의 정치는 그의 공덕이 온 세상에 미치지만 자기에 의한 것이 아닌 것처럼 한다(明王之治 功蓋天下 而似不自己 명왕지치 공개천하 이사부자기)."고 하는 등, 그의 글 여러 군데에서 노자가 꿈꾼 지도자의 덕목에 살을 붙였습니다.

노자가 말한 무위지치 사상의 전형은 아무래도 순舜임금을 꼽아야할 것 같습니다.

공자는 "무위로 다스린 사람은 순임금이다(無爲而治者 其舜也與 무위이치자 기순야여)."라고 단언했습니다.

이어서 순임금이 실천한 무위지치의 구체적 내용으로 "몸을 공손히하고 바르게 '남면南面'하셨을 뿐이다(恭己正南面而已矣 공기정남면이이의)."라고 썼습니다. 《논어》'위령공衛靈公'에 나옵니다.

'남면^{南面}'은 임금이 자리하는 원칙을 일컫는 말입니다. 임금은 남쪽을 향해 앉고 신하는 북쪽을 향한다는 말이 여기에서 유래되었습니다. 순임금은 공손하고 바르게 제 자리를 지키고 있었다는 말이 됩니다. 예나 지금이나 누구든 반듯한 자세로 제자리를 지키는 것은 쉬운 일이 아닙니다. 하물며 나라의 통치자가 되어 제 자리에 걸맞은 행위를 한다는 것은 참으로 어려운 일일 것입니다.

제 자리를 지키지 않고 사리사욕과 당리당략에 빠져 백성과 나라를 혼란과 절망의 구렁텅이로 몰아넣는 못된 지도자들을 우리는 언제까지 지켜보고 있어야 할까요.

우리에게 지도자가 누군지 모르고도 잘 살 수 있는 날이 언제쯤이나 올까요?

18장

大道廢 대도폐

큰 도가 사라지고 나면

有仁義 유인의

인仁, 의義라는 것이 생겨난다.

六親不和 육친불화

부모, 형제, 아내와 자식 간에 불화가 생기면

有孝慈 유효자

효孝니 자慈니 하는 말이 나오게 된다.

國家昏亂 국가혼란

나라가 어지러워지고 나서야

有忠臣 유충신

충신이 나타난다.

이번 장은 38장을 먼저 읽으면 이해
가 쉽습니다.

失道而後德   실도이후덕
失德而後仁   실덕이후인
失仁而後義   실인이후의
失義而後禮   실의이후례

도가 사라진 뒤 덕이 있게 되고, 덕을 잃자 인이 있게 되고, 인이 없
어지니 의가 있게 되고, 의를 잃어버리고 난 후에야 예가 있게 된다.

  노장사상에서의 인仁과 의義를 이해하기 위해서는《장자》를 참고할
필요가 있습니다.
  장자는 '인·의'를 '옳고是·그름非'같은 사회적 가치와 마찬가지
로 간주했습니다. 즉 '자연의 가치'인 도가 사라지면서 인간의 행동을
속박하기 위해 나타난 인위적인 질곡桎梏으로 본 것입니다.

夫堯 既已黥汝以仁義   부요 기이경여이인의
而劓汝以是非矣   이의여이시비의

"저 요임금이 이미 인·의로 묵형을 가했고,

시·비로 코를 베는 형벌을 행했다."

《장자》'대종사大宗師'에 나옵니다.

심지어 장자는 세상이 서로 의심하게 되고, 계급으로 나누어지게

된 까닭도 인仁과 의義 때문이라고 못 박았습니다.

聖人蹩躠爲仁	성인별설위인
蹋跂爲義	지지위의
而天下始疑矣	이천하시의의
澶漫爲樂	단만위락
摘僻爲禮	적벽위례
而天下始分矣	이천하시분의

성인이 억지로 노력하여 인을 행하고 힘써 의를 행함으로 천하가 서

로 의심하게 되었고, 질펀하게 음악을 연주하고 번거롭게 예를 시행

하게 되면서 천하가 비로소 위아래 계급으로 나누어졌다.

《장자》'마제馬蹄'에 나옵니다.

노자는 '인仁·의義·효孝·자慈'를 자연을 벗어난 '인위人爲'로 봤습니

다.

하늘로부터 부여받은 천성天性을 자연이라고 하고, 도를 '자연의 가

치'로 본다면, '인·의·효·자' 같은 덕목은 도가 상실된 자리에 인간의 의도로 만들어진 사회 규범 같은 것이라고 본 것입니다.

장자의 설명은 이 경우에 참 적절하고 기발합니다. 그는 천성과 인위를 이렇게 비유했습니다.

牛馬四足是謂天　　　　　우마사족시위천
絡馬首穿牛鼻是謂人　　　　낙마수천우비시위인

소와 말에 네 개의 발이 있는 것을 일러 천성이라 하고, 말의 머리에 낙인烙印을 찍고 소의 코뚜레를 뚫는 것을 인위라 한다.

《장자》 '추수秋水'에 나옵니다.

통행본에는 '유인의有仁義'와 '육친불화六親不和' 사이에 "지혜가 생겨나면 큰 거짓도 생겨난다(慧智出 有大僞 혜지출 유대위)."라는 구절이 있습니다. 곽점본에는 이 구절이 나오지 않습니다. 그리고 앞 구절의 인仁·의義, 효孝·자慈와도 균형이 맞지 않는 것으로 보입니다. 이 구절은 전국 시대 중·후기에 끼워 넣은 것으로 보는 편이 맞을 듯합니다.

19장

絶聖棄智 절성기지 '성聖'을 끊고 '지智'를 버리면

民利百倍 민리백배 사람에게 이로움이 백 배나 더할 것이고

絶仁棄義 절인기의 '인仁'을 끊고 '의義'를 버리면

民復孝慈 민복효자 사람은 '효孝'와 '자慈'를 회복할 것이며

絶巧棄利 절교기리 기교를 끊고 이익을 좇는 마음을 버리면

盜賊無有 도적무유 도적이 생기지 않을 것이다.

此三者 以爲文不足 차삼자 이위문부족

성지聖智, 인의仁義, 교리巧利 이 세 가지는 글로 꾸미기엔 부족하다.

故令有所屬 고령유소속 그러므로 마음이 머물 곳은

見素抱樸 현소포박 소박함을 보이고 품으며

少私寡欲 소사과욕 사욕을 줄이는 데 있다.

저는 앞서 《노자》를 읽을 때 생기는
결정적 오류는 이 책의 내용을 한 가지 색깔로 일관되게 읽으려는 데
서 비롯된다고 썼습니다. 《노자》는 결론에 대해 기대를 하지 않고 읽
는 것이 바람직합니다. 각 장이 서로 어긋나는 내용을 품고 있는 경우
도 허다할뿐더러, 게다가 이 책의 서술 방식 자체가 한 가지 주제를 향
한 기승전결의 구조와는 한참 거리가 있기 때문입니다. 어떠한 형태
로든 원문은 존재했었겠지만, 어마어마한 세월을 거치며 다양한 사람
들의 의도가 들어가고 나가면서 여러 가지 버전으로 오늘에 이르게 된
것입니다. 그래서 저는 한 장, 한 장을 '완전한 내용'으로 인정하고 가
능한 가벼운 마음으로 읽는 독서 방식을 강력히 추천합니다.

지금까지 발굴된 판본 중에서 가장 오래된 곽점본은 기원전 300년경
에 쓰인 것으로 고증되고 있습니다. 《장자》의 저작 시기도 대충 이때쯤
으로 보아도 무리가 없을 것입니다. 갖가지 의도를 가진 학자들의 자의
적인 첨삭을 통해 오늘날의 《장자》가 되었다고 본대도 할 말은 없습니
다. 그러나 저는 노자와 장자의 궁극적인 사상이 꼭 일치하는 것은 아
님에도 불구하고 《장자》에서 인용하고 풀이한 《노자》는 그 신빙성에
있어 곽점본에 비교해 절대로 뒤떨어지지 않는다고 생각합니다. 솔직
히 말씀드려 《노자》를 풀이하다가 도저히 이해할 수 없는 부분과 만날

때《장자》가 기가 막힌 해결의 실마리가 되는 경우는 많고도 많습니다. 이러한 사례는 정통성 있는《노자》의 연구가들이라면 누구나 공감하는 일입니다.

'성聖'을 끊고 '지智'를 버린다는 의미의 '절성기지絶聖棄智'는 곽점본에 '절지기변絶智棄辯'으로 되어 있습니다.《장자》의 '거협胠篋', '재유在宥' 두 군데서나 '절성기지絶聖棄知'라는 표현이 나오고 있고, 또 바꾼다고 해서 전체의 뜻도 크게 달라지지 않기 때문에 구태여 따져야 할 필요는 없다고 생각합니다.

참고로 후자의 '지知'는 '알다'라는 뜻의 동사, 전자의 '지智'는 '지혜(롭다)'는 뜻의 명사 또는 형용사로 알려졌지만, 사실 이 두 글자는 사서삼경 등 많은 책에서 함께 통용되었습니다.

'절인기의絶仁棄義' 이후의 구절은 무척 당황스럽습니다.

앞 장에서 노자는 '인仁·의義·효孝·자慈' 이 네 가지가 모두 자연을 벗어난 '인위人爲'라며 각각을 같은 개념으로 보았습니다. 그런데 곧바로 그다음 장인 이번 장에서는 인仁을 끊고 의義를 버려야 효孝와 자慈를 회복할 것이라고 합니다. 게다가 곽점본에서는 이 구절이 '절위기려絶僞棄慮'로 되어있습니다. 즉 거짓과 의심을 버린다는 의미로 쓰였습니다. 이 부분은 원래의 원문이 세월 속에 변형되어 전해진 전형적인 예라고 생각합니다. 이 구절의 해석은 독자 여러분의 몫입니다.

'이위문以爲文'은 꾸밈, 문식文飾 말로 꾸며놓은 예법 등 다양하게 풀이되고 있습니다. 저는 직역에 가깝게 번역했습니다.

'현소포박見素抱樸', '소사과욕少私寡欲'은 선비 정신을 얘기할 때 자주 인용되는 덕목으로 너무나 잘 알려져 있습니다.

20장

絶學無憂 절학무우 학문을 끊으면 근심이 없어질 것이니,

唯之與阿 유지여아 '예'라는 대답과 '응'이라는 대답이

相去幾何 상거기하 얼마나 차이가 있겠는가?

善之與惡 선지여악 선善과 악惡 사이에

相去若何 상거약하 거리는 얼마나 되겠는가?

人之所畏 인지소외 남들이 두려워하는 바를

不可不畏 불가불외 두려워하지 않을 수 없구나.

荒兮 其未央哉 황혜 기미앙재 아득하여라. 그 다함이 없구나.

眾人熙熙 중인희희 많은 사람들이 즐거워하는 것이

如享太牢 여향태뢰 마치 성대한 잔치에 참석한 것 같고

如春登臺 여춘등대 봄날 누각에 올라 즐기는 듯하네.

我獨泊兮 其未兆 아독박혜 기미조

나 홀로 담박하여라, 아무렇지도 않은 채

如嬰兒之未孩 여영아지미해

마치 아직 웃을 줄도 모르는 갓난아이 같구나.

儽儽兮 若無所歸 래래혜 약무소귀 고달파라. 돌아갈 곳 없는 것 같네.
衆人皆有餘 중인개유여 많은 사람 모두 여유로우나
而我獨若遺 이아독약유 나 홀로 마치 부족한 것 같으니
我愚人之心也哉 아우인지심야재
이 내 '우인愚人 어리석은 사람'의 마음이여.

沌沌兮 돈돈혜 어리석기만 하구나.
俗人昭昭 속인소소 세상 사람들은 사리에 밝은데
我獨昏昏 아독혼혼 나 홀로 어둡고,
俗人察察 속인찰찰 세상 사람들은 잘도 살피는데
我獨悶悶 아독민민 나 홀로 어리석네.

澹兮 其若海 담혜 기약해 고요하여라. 마치 바다와 같고
飂兮 若無止 료혜 약무지 산들바람 같아라. 멈추지 않고 부는 듯하구나.

衆人皆有以 중인개유이 많은 사람들은 제각기 살아가는 요량이 있지만
而我獨頑且鄙 이아독완차비 나 홀로 완고하고 비루하네.
我獨異於人 아독이어인 나 홀로 세상 사람들과는 다르니
而貴食母 이귀식모 '키워주는 어머니'를 귀히 여기는 것이다.

노자는 학문을 끊으라고 합니다. 학문을 끊어야 근심이 사라진다고 합니다.

공자는《논어》'학이편學而篇'에서 "배우고 때로 익혀야 기쁨이 온다(學而時習之 不亦悅乎 학이시습지 불역열호)."고 했습니다.

그렇다면 노자는 일체의 배움을 끊으라는 얘기를 한 것일까요?

저는 사진가입니다. 한학을 하는 백면서생이지만, 지금도 사진을 가르치고 있습니다.

저는 촬영의 기본은 '프레이밍framing 화면구성'에서 출발한다고 생각합니다. 그리고 프레이밍을 '뺄셈의 미학'으로 정의합니다. 카메라 뷰파인더에 어떤 피사체를 더 포함시킬 것인가 하는 고민보다 어떤 것을 더 뺄 것인지를 제대로 알아차려야만 주제가 뚜렷한 사진을 찍을 수 있습니다.

어느 인생 멘토는 '인간관계人間關係 human relations'에도 '가지치기'가 필요하다고 역설했습니다. 저도 행복한 인생을 위해서는 좋은 기운을 빼앗기게 되는 비생산적 만남은 가급적 멀리해야 한다고 생각합니다.

인생도 사랑도 모두 뺄셈의 미학이 적용된다고 믿습니다.

학문에 대한 생각은 노자와 공자가 차이가 있습니다. 공자의 학문은 '성인의 도'로 돌아가는 것을 목적으로 하고 있습니다. 그는 "나 자신을 이기고 예禮를 회복하면 천하가 인仁으로 돌아간다(克己復禮 天下歸 仁 극기복례 천하귀인)."라고 주장했습니다.

그러나 노자는 공자와는 반대로 소위 '성인의 학문'을 버리라고 합니다. 나 자신을 왜 이겨야만 하는지 노자는 묻습니다. 그는 이러한 학문을 잘못된 배움으로 간주했습니다.

노자의 사상은 이렇게 인위적인 '도그마dogma'를 거부하는 데서 비롯합니다. 그러므로 노자의 시각에서 도를 닦는 일은 바로 인위의 학문을 날로 덜어내는 것입니다.

'유아唯阿'는 공손한 대답인 '유唯'와 공손치 못한 대답인 '아阿'의 의성어를 쓴 것입니다. 우리 식으로 표현하면 '네'와 '응'으로 보면 되겠습니다.

노자는 잘못된 배움을 끊으면 근심이 없어지며, '네'와 '응', '선善'과 '악惡'과 같은 개념도 본질적으로 차이가 크지 않다고 말합니다.

이번 장은 글자의 뜻과 해석으로 논쟁이 많았던 부분들이 대거 등장합니다. 그래서 부득이 정통성 있는 주석들을 두루두루 참고해서 가장 무리가 없는 내용을 선택하여 풀이했습니다.

'황荒'은 넓고 아득함廣漠 광막, 또는 까마득히 먼 모양遙遠 요원을 나타내는 글자입니다.

'미앙未央'은 끝이 없다未盡 미진는 뜻으로 쓰였습니다. 한漢나라 와당瓦當에서 발견된 '장락미앙長樂未央'은 '오랜 즐거움, 끝이 없어라.'라는 뜻입니다.

'태뢰太牢'는 나라 제사에 통째로 바치던 소를 말합니다. 여기서는 '성대한 잔치'라는 뜻으로 보는 편이 적절합니다.

'미조未兆'는 '움직일 기미(징조나 조짐)'가 없다는 뜻입니다만, 딱히 시원하게 풀이할 말이 없어서 '아무렇지도 않은 채'로 번역하고 말았습니다.

'미해未孩'의 '해孩'는 고문에서 '해咳'와 같은 말입니다. 어린아이의 웃음을 뜻합니다.

'우인愚人 어리석은 사람'의 '우愚'는 순박하고 진실한 상태를 의미합니다. 노자가 우인을 최고 수양의 경지로 삼았다는 것은 더 말하지 않아도 될 것 같습니다.

'담혜 기약해 료혜 약무지澹兮 其若海 飂兮 若無止'도 해석이 참 어려운 구절입니다. 왕필은 '아무 데도 얽매인 곳이 없는無所繫繫 무소개집' 마음의 경지로 풀이했습니다. 어쩔 수 없이 동의할 수밖에 없습니다.

특히 '식모食母'의 풀이로 '만물의 어머니', '도道로 양육함', '만물을 키워주는 도' 등 여러 해석이 대립하고 있습니다. 이 단어에 대한 역대 주석가들의 의견은 지나치리만큼 분분했습니다. 왕필은 식모를 '삶의 근본生之本也 생지본야'으로, 하상공은 '도의 쓰임'으로 풀었습니다. 어쨌든 정통성 있는 노자 연구가들의 주석은 대체로 식모를 '사람을 키우는 도'라고 하는 데에서 그리 벗어나지는 않았습니다.

曲則全

枉則直

窪則盈

敝則新

少則得

多則惑

是以聖人抱一

爲天下式

不自見 故明

不自是 故彰

不自伐 故有功

21장 - 30장

孔德之容 惟道是從 공덕지용 유도시종 큰 덕의 모습은 도만을 따른다.

道之爲物 惟恍惟惚 도지위물 유황유홀 도는 오직 '황慌'하며 '홀惚'하다.

惚兮恍兮 其中有象 홀혜황혜 기중유상

홀하고 황하지만, 그 속에 형상이 있고,

恍兮惚兮 其中有物 황혜홀혜 기중유물

황하고 홀하지만, 그 안에 물체가 있다.

窈兮冥兮 其中有精 요혜명혜 기중유정

요窈하고 명冥하지만, 그 속에는 정수精髓가 있고,

冥兮窈兮 其中有信 명혜요혜 기중유신

명하고 요하지만, 그 안에는 믿음이 있다.

自古及今 자고급금 예로부터 지금에 이르도록

其名不去 기명불거 그 이름이 없었던 적은 없다.

以閱衆甫 이열중보 이로써 우리는 중보衆甫 만물의 시원를 살필 수 있다.

吾何以知衆甫之狀哉 오하이지중보지상재

내가 무엇으로 중보를 알 수 있는가?

以此 이차 바로 이 때문이다.

21장에서는 덕과 도의 관계를 정리하고 있습니다. 오직 도를 따라 큰 덕이 형성된다고 하여, 덕을 '도의 드러남과 작용'으로 정의합니다.

그리고 도의 모습을 '홀惚', '황恍', '요窈', '명冥'으로 묘사했습니다.

홀惚, 황恍은 둘 다 '어슴푸레하다', '마음이 멍하다'로 의미가 거의 일치합니다.

황홀이라는 말이 여기서 나왔습니다.

14장에서 이미 도를 '형상 없는 형상無狀之狀', '물질 없는 형상無物之象'이며, '홀황惚恍 황홀'이라고 했습니다. 그리고 도를 '형形' 위에 존재하는 사물의 근원적인 본모습, 즉 형이상적 실존으로 정의했습니다.

'홀혜황혜惚兮恍兮' 이후의 네 구절은 대구 형식으로 되어 있어서 그 운율을 한 번 살려보려고 애써 풀어쓰지 않았습니다.

'요窈'는 고요하고 그윽함으로, '명冥'은 어둡고 아득함의 뜻으로 읽으시면 됩니다. 헤아릴 수 없이 깊은 이치를 '요명窈冥'이라고 하는 것이 여기에서 온 표현인 듯싶습니다.

여행가들의 버킷 리스트에서 빠지지 않는 것이 '오로라aurora 보러 가기'라고 합니다. 아무래도 인간이 볼 수 있는 자연현상 중 황홀의 극치를 꼽자면, 오로라를 빼놓을 수는 없기에 그럴 것입니다. 오죽하면 오로라를 '여신의 드레스'라고 했을까요.

과학적으로 얘기하자면, 오로라는 태양풍과 함께 지구대기로 들어온 플라스마plasma, 즉 '대전입자'가 공기 분자와 충돌하면서 발생한 빛 중 가시광선에 불과하다고 합니다. 제가 잘 이해하지 못하는 과학적 설명이라 이쯤에서 덮겠습니다.

이 오로라가 노자가 말한 실체가 있는 황홀과는 그 차원이 다르다는 것은 확실합니다.

'황홀'은 은하수銀河水를 빼놓고 얘기할 수 없습니다. 저는 산동네에서 유년 시절을 보냈기에, 한여름 밤하늘에서 종종 은하수를 볼 수 있었습니다. 하도 오래된 일이라 그 당시의 기억들은 가물가물하지만, 한여름 밤 황홀했던 은하수의 향연은 제 가슴 속에 또렷이 감동으로 남아있습니다.

은하수는 '은빛 강물'이라는 뜻으로, 강물처럼 펼쳐져 있는 별 무리를 일컫는 말입니다.

제주도 방언의 '미리내'는 용龍이라는 뜻의 '미르'와 냇물이라는 뜻의 '내'가 합쳐져서 만들어졌다고 합니다. 은하수의 영어인 '밀키웨이milkyway'는 그리스 신화에 나오는 여신 헤라의 젖이 내뿜어져 만들어졌다고 해서 붙여졌습니다. 은하수를 볼 수 있는 지구상의 모든 나라에서 은하수는 이렇게 하나같이 신비스러운 전설로 전해집니다.

이 은하수는 태양계가 속해있는 '우리 은하'로, 최소 2천억에서 4천억 개에 달하는 별들의 모임이라고 확인되고 있습니다. 황홀의 내면에 어마어마한 실체가 자리 잡은 셈입니다.

노자가 말한 도는 은하수를 똑 닮았습니다.

어떻든 간에 저는 은하수를 다시 보고 싶고, 무엇보다도 오로라를 꼭 한 번 보고 싶습니다. 은하수를 제대로 보려면 이제는 몽골 초원까지 가야 한다고 합니다. 오로라는 북유럽 정도는 가야 볼 수 있을 것입니다. 여행은 가슴이 두근거릴 때 가야 한다는데, 계속 이렇게 꿈만 꾸다가 다리가 후들거릴 때 가게 생겼습니다.

22장

曲則全 곡즉전 굽히면 온전해지고

枉則直 왕즉직 구부리면 곧아지며

窪則盈 와즉영 우묵하면 채워지고

敝則新 폐즉신 헐리면 새로워진다.

少則得 소즉득 적으면 얻게 되고

多則惑 다즉혹 많으면 미혹에 빠진다.

是以 聖人抱一 爲天下式 시이 성인포일 위천하식

그러므로 성인은 '하나'를 지켜 세상의 본보기가 된다.

不自見 故明 불자현 고명 스스로 드러내지 않아 밝게 빛나고

不自是 故彰 불자시 고창 스스로 옳다고 하지 않으므로 드러난다.

不自伐 故有功 불자벌 고유공 스스로 자랑하지 않아서 공로가 있고

不自矜 故能長 불자긍 고능장 스스로 위대하다고 여기지 않으므로

오래갈 수 있다.

夫唯不爭 故天下莫能與之爭 부유부쟁 고천하막능여지쟁

무릇 다투려고 하지 않기에 세상이 그와 싸우지 못한다.

古之所謂曲則全者 豈虛言哉 고지소위곡즉전자 기허언재 옛말에 이르
기를, 굽히면 온전할 수 있다고 하였는데, 이것이 어찌 빈말이겠는가?

誠全而歸之 성전이귀지 참으로 온전히 하여 돌아가리라.

22장은 《노자》의 그 유명한 '역설逆說의 논리'를 담고 있습니다.

《노자》는 사물을 상대적인 관계로 파악했습니다.

굽은 것 속에 온전함이 있고, 구부림 속에 곧음이 있다고 본 것입니다.

우묵하면 채워지게 되고, 헐리면 새로워지며, 적으면 얻게 되고, 많으면 미혹에 빠지게 된다고 생각했습니다.

그리고 온전함을 구하는 최상의 도는 다투지 않는 것이라고 했습니다. 노자는 이번 장에서 스스로 드러내지 않고, 스스로 옳다고 하지 않으며, 스스로 자랑하지 않고, 스스로 위대하다고 여기지 않는 것을 다투지 않는 방법론으로 제시하고 있습니다.

여기서 '포일抱一'을 '하나를 지킨다'로 풀이했습니다.

백서본에는 '집일執一'로 되어있습니다. 어찌 되었건 모두 하상공이 '수일守一'로 주석을 단 것과 그 뜻이 별반 차이가 없습니다. 그러나 10장의 '재영백포일載營魄抱一'에서 '포일抱一'을 '합일合一', 즉 '하나로 합치다'로 해석한 것과는 약간 다른 의미로 보았습니다.

물론 여기서 '하나一'는 39장에 나오는, "옛날에 '하나'를 얻은 것은

(昔之得一者 석지득일자)"이라는 구절과 마찬가지로 도道를 가리킨다고 보는 데는 이견이 없습니다.

'성전이귀지誠全而歸之'의 '귀지歸之'에 대해서는 다양한 견해가 있습니다. 혹자는 '천하의 백성이 그에게 돌아온다.'로 해석하여 이 장 전체를 통치자의 덕목으로 몰아가기도 하고, 혹자는 '장생長生'으로 귀결되는 양생술로 보기도 합니다.

저는 직역으로만 옮겼습니다. 판단은 독자 여러분의 몫입니다.

23장

希言自然 희언자연 말이 별로 없는 것이 자연이다.

故飄風不終朝 驟雨不終日 고표풍부종조 취우부종일 회오리바람도 아침나절을 넘기지 못하고, 세찬 소낙비도 하루 온종일 내릴 수는 없다.

孰爲此者 天地 숙위차자 천지 누가 이렇게 하는가? 하늘과 땅이다.

天地尚不能久 而況於人乎 천지상불능구 이황어인호 하늘과 땅도 오래 지속하지 못하는데, 하물며 사람이야 더 말할 나위가 있겠는가?

故從事於道者 同於道 고종사어도자 동어도 그러므로 도를 따르는 사람은 도와 같아지고

德者 同於德 덕자 동어덕 덕을 따르는 사람은 덕과 같아지며

失者 同於失 실자 동어실 도와 덕을 잃은 사람은 모든 것을 잃어버린 것과 같다.

同於德者 道亦得之 동어덕자 도역득지 덕과 하나가 되면, 도 역시 그와 함께하고

同於失者 道亦失之 동어실자 도역실지 잃음과 하나 된 사람은 도 역시 그를 버리게 된다.

信不足焉 有不信焉 신부족언 유불신언 신의가 모자라면 불신이 따르기 마련이다.

"자연은 말이 없다." 이 유명한 구절은 바로 여기서 나왔습니다.

자연은 말이 없지만 준엄하므로, 말을 삼가고 겸허해지는 것이 자연의 이치에 부합한다는 의미로 풀이합니다.

'화무십일홍 권불십년(花無十日紅 權不十年)'

꽃은 피어야 열흘을 넘지 못하고, 권력은 10년 이상 지속되지 않는다는 뜻으로 잘 알려진 글입니다. 그런데 사실 '화무십일홍'의 뜻은 이 글의 유래가 되는 시의 내용과는 정반대입니다. 이 글은 중국 송나라 시인 '양만리楊萬里'의 시, 〈월계月桂〉에 나옵니다.

꽃은 피어야 열흘이라고들 하는데,	只道花無十日紅
	지도화무십일홍
이 꽃은 봄날, 봄바람이 따로 없구나.	此花無日無春風
	차화무일무춘풍

이 시에서 양만리는 일 년 사철 내내 붉은 꽃이 핀다는 월계수를 예찬하고 있습니다.

그러나 제가 확인해보니, 우리나라에서 4월에서 5월 사이에 피는 월계수 꽃은 기껏해야 며칠 정도만 핀다고 합니다.

꽃이 100일 동안 핀 채로 있다는 나무가 백일홍 나무입니다. '백일홍'을 빨리 읽다 보면 발음이 '배롱'이 되어 배롱나무라고도 합니다. 이 꽃은 한여름부터 가을까지 정말 100일 정도 피어있습니다.

그런데 이 꽃도 자세히 보면 한 꽃이 100일 동안 피어있는 게 아니고, 꽃 하나하나가 이어 핍니다. 원뿔 모양의 한 꽃대 위에서 잇달아 피기 때문에 100일 동안 피어있는 것으로 보일 뿐입니다.

《노자》는 단호합니다. 회오리바람도 아침나절을 넘기지 못하고, 세찬 소낙비도 온종일 내릴 수 없는 것이 하늘과 땅의 이치인데 사람의 인생은 오죽하겠냐고 말입니다.

'권불십년' 제아무리 막강한 권력도 10년을 넘기지 못하는 법입니다. 조금 더 해 먹는다면, 수십, 수백 배 더 아픈 대가를 치르면서 끝장나는 것이 정치사의 공식인 것도 우리가 오랫동안 목격해온 일입니다.

준엄한 자연 앞에서 도와 덕을 따르지 않으면, 오래지 않아 그 대가를 반드시 치르게 된다고 노자는 경고합니다. 이런 말 쓰기는 좀 그렇지만, 천지도 모르고 까불면 큰코다치게 되는 법입니다.

'동어덕자同於德者'부터 '도역실지道亦失之'까지의 구절은 판본에 따라 크게 다릅니다. 저는 백서 을본이 가장 논리적이라고 생각되어 이를 선택했습니다.

마지막 구절, '신부족언 유불신언信不足焉 有不信焉'은 17장에서 이미

본 구절입니다. 백서 갑·을본 모두 이 구절이 없습니다. 아마 필사 과정에서 잘못 들어간 구절로 보입니다. 그러나 이 장의 마지막에 자리하고 있다고 해도, 어울리지 않는 구절은 아니라고 생각합니다.

24장

企者不立 기자불립 발끝으로 서는 사람은 제대로 설 수 없고
跨者不行 과자불행 걸터앉은 사람은 걸을 수 없다.

自見者不明 자현자불명
자신을 드러내려는 사람은 밝게 빛날 수 없고
自是者不彰 자시자불창
혼자 옳다고 하는 사람은 돋보일 수 없다.
自伐者無功 자벌자무공
스스로 자랑하는 사람은 그 공로를 인정받지 못하고
自矜者不長 자긍자부장
자만에 빠진 사람은 오래가지 못한다.

其在道也 기재도야
도의 관점에서 보자면
曰餘食贅行 왈여식췌행
이런 일은 먹다 남은 음식과 군더더기 같은 행동으로
物或惡之 물혹오지
모두가 싫어하는 것이다.
故有道者不處 고유도자불처
그러므로 도를 지닌 사람은 이와 같이 하지 않는다.

모두 어릴 때 높이, 멀리 보기 위해 까치발을 해본 경험이 있을 것입니다. '기企'는 바로 그 까치발입니다. 어릴 적의 까치발은 성장 욕구와 호기심의 표현이었습니다. 그런데 여기서는 욕심이 앞서서 높이 보고, 넘겨보고 싶어 하는 '출세 지향적 모습'을 묘사한 것으로 보입니다.

'과跨'는 '타고 넘다', '걸터앉다'라는 뜻입니다. 허균許筠 1569~1618의 문집《성소부부고惺所覆瓿稿》에 "나는 놈 위에 타는 놈(飛者上有跨者 비자상유과자)"이라는 표현이 있고, 허목許穆 1595~1682은 〈목우도기牧牛圖記〉에서 소를 타고 있는 사람을 '과자跨者'로 썼습니다. 하상공은 이 '과자'를 '교만한 사람'으로 보았습니다. 모두 일맥상통한 것으로 보아도 무난할 것 같습니다.

왕필은 인간 사회의 바람직한 모습을 '각득기소各得其所'에서 찾았습니다. 제각기 마땅한 자리, 자신의 능력에 걸맞은 자리에 있어야 한다는 것입니다. 이런 의미에서 기자企者와 과자跨者는 도를 추구하는 사람이라면 누구든 경계해야 할 만합니다.

'자현자불명自見者不明' 이후 네 구절은 22장에 이미 나왔던 내용입니다.

'물혹오지物或惡之'에서 '물物'은 물건이라는 뜻으로 주로 쓰이지만, 여기서는 사람이라는 의미로 쓰였습니다. 이 표현은 31장에도 나옵니다.

"무기는 상서롭지 못한 물건으로 많은 사람들이 미워한다(夫兵者 不祥之器 物或惡之 부병자 불상지기 물혹오지)."

25장

有物混成 유물혼성 혼돈 속에서 뒤섞여 이루어진 것이 있으니

先天地生 선천지생 하늘과 땅보다 먼저 생겨났다.

寂兮 寥兮 적혜 요혜 소리도 없고 형체도 없구나.

獨立不改 독립불개 홀로 우뚝 서서 변하지도 않고

周行而不殆 주행이불태 두루 움직이지만 위태롭지도 않으니.

可以爲天下母 가이위천하모 가히 천하의 어머니라 하겠다.

吾不知其名 오부지기명 나는 그 이름을 모른다.

强字之曰 道 강자지왈도 억지로 부르자면, 도道라 하겠다.

强爲之名曰 大 강위지명왈 대 구태여 이름하라면, 대大라 하리라.

大曰逝 대왈서 '대大 크다'는 '서逝 나아가다'이고,

逝曰遠 서왈원 '서'는 '원遠 멀리 뻗어 가다'이며,

遠曰反 원왈반 '원'은 '반反 되돌아오다'이다.

故道大 고도대 그러므로 도는 크고

天大 천대 하늘도 크며

地大 지대 땅도 크고

人亦大 인역대 사람도 크다.

域中有四大 역중유사대 우주 가운데 네 가지 큰 것이 있으니

而人居其一焉 이인거기일언 사람도 그 가운데 하나이다.

人法地 인법지 사람은 땅을 본받고,

地法天 지법천 땅은 하늘을 본받으며,

天法道 천법도 하늘은 도를 본받고,

道法自然 도법자연 도는 자연을 본받는다.

'도법자연道法自然', '도는 자연을 본받는다.'로 풀이되는 이 짧은 구절은 《노자》에서 가장 널리 알려진 유명한 구절입니다. 노자의 정신세계를 한마디로 정의하고 있다는 평가를 받기도 합니다.

이 구절을 포함하고 있는 25장은 《노자》의 '하이라이트highlight'라고 해도 손색이 없습니다. 이 한 장에 노자 철학의 진수가 모두 담겨 있다고 얘기하는 학자들도 적지 않습니다.

그런데도 이번 장은 《노자》의 성격에 관한 주요 쟁점의 한가운데에 자리하고 있습니다.

'인역대人亦大'와 '이인거기일언而人居其一焉' 두 구절이 곽점본, 백서본 등에는 각각 '왕역대王亦大', '이왕거기일언而王居其一焉'으로 되어 있기 때문입니다. 앞에서 말씀드린 바와 같이 《노자》를 전적으로 제왕학이나 통치 철학으로 못 박아 놓은 학자들은 이 구절들을 자신들의 이론을 뒷받침하는 명백한 근거로 제시합니다.

공자는 만년에 《주역》을 좋아하여 "죽간竹簡을 묶은 가죽끈이 세 번이나 떨어질(韋編三絶 위편삼절)" 정도로 탐독했습니다. 그는 "내가 몇 년을 더 살아서 마침내 《주역》을 배운다면 큰 허물은 없을 것(加我數年 五十

以學易 可以無大過矣 가아수년 오십이학역 가이무대과의)"이라고 고백했습니다. 《논어》'술이述而'에 나옵니다.

　노자와 공자의 시대에 《주역》은 철학과 윤리의 기본이었습니다.

　《주역》의 이치는 '하늘의 도天道', '사람의 도人道', '땅의 도地道'에 바탕을 두고 있으며, 이를 '삼재지도三才之道'라 했습니다.

　하상공본, 왕필본과 더불어 《노자》의 3대 고본古本 중 하나인 부혁본傅奕本에서는 '왕王'을 '인人'으로 썼습니다. 북송北宋의 학자 범응원范應元을 포함한 정통성 있는 많은 학자들은 "옛날 군주를 존중하던 누군가가 함부로 이렇게 고쳤을(古之尊君者 妄改之 고지존군자 망개지)" 것이라고도 했습니다.

　게다가 뒤에 이어지는 문장이 "사람은 땅을 본받고, 땅은 하늘을 본받으며, 하늘은 도를 본받는다."입니다. 이것만 보더라도, 앞에 놓인 '하늘도 크며, 땅도 크고, 왕도 크다.'든지 '우주 가운데 네 가지 큰 것이 있으니 왕도 그 가운데 하나'라고 하는 구절은 어색하기 짝이 없습니다. 합리적 추론으로 생각하더라도, 왕이라는 단어가 갑자기 등장하는 것은 너무 뜬금없지 않습니까?

　제가 앞에서 이미 지나치리만큼 강조했습니다만, 저는 어떤 의도를 가지고 노자를 한 가지 색깔로 읽는 자체가 잘못이라고 믿습니다.

26장

重爲輕根 중위경근

중重 무거움은 경輕 가벼움의 뿌리이고

靜爲躁君 정위조군

정靜 고요함은 조躁 시끄러움의 주인이다.

是以君子終日行 不離輜重 시이군자종일행 불리치중

그러므로 군자는 종일토록 다녀도 진중함에서 벗어나지 않는다.

雖有榮觀 燕處超然 수유영관 연처초연

비록 영화로운 자리에 있다 하여도 한가로이 지내며 초연할 뿐이다.

奈何萬乘之主 而以身輕天下 내하만승지주 이이신경천하

어찌하여 만 대의 수레를 갖춘 군주가 세상에서 가볍게 처신할 수 있겠는가?

輕則失本 경즉실본

경輕하면 그 근본을 잃게 되고

躁則失君 조즉실군

조躁하면 군주의 자리를 잃게 될 것이다.

"부자가 천국에 가는 것은 낙타가 바늘귀 통과하기보다 어렵다."

이 신약 성경 구절을 두고 적지 않은 논쟁이 있습니다. 신약 성경이 원래 아람어로 기록되었다고 믿는 학자들은 '낙타ᵃⁿᵃᵏᵉˡ'와 '밧줄ᵃⁿᵃᵏᵉˡ'이 같은 문자여서 생긴 오역이라고 말합니다. 그래서 '부자가 천국에 가는 일은 바늘귀에 밧줄이 통과하는 것만큼 어렵다.'라고 수정해야 한다고 강변합니다. 그러나 반면에 신약 성경의 원본이 헬라어라고 주장하는 정통 학자들은 헬라어 성경에 '낙타κάμηλον'라고 정확히 기록되어 있으므로 이는 잘못된 논리라고 단언합니다.

그런데 어느 쪽의 주장이 옳든 간에, 이 구절은 부자가 천국 가는 일이 불가능하다는 데에는 일치합니다. 밧줄이 바늘귀에 들어가는 편이 조금 나은 것처럼 보이기는 하겠지만, 그렇다고 해서 결론이 달라질 가능성은 전혀 없습니다. 아무튼, 부자가 아닌 제가 천국에 들어갈 가능성이 아주 조금은 있을 것 같아 위안이 됩니다.

'치중輜重'은 군대의 여러 가지 군수 물품을 말합니다.

그런데 앞서 '중重과 경輕, 정靜과 조躁' 같은 상대적 개념의 이야기가 전개되다가, 갑자기 치중이라는 단어가 등장하면서 노자를 읽는 사람들을 당황스럽게 합니다. 하기야 《노자》에는 이런 억지 같은 일이 다반사이긴 합니다만….

치중이라는 이 단어는 수천 년 동안 학자들 간에 논쟁의 불씨가 되었습니다.

낙타와 바늘은 어차피 결론에 가면 합의할 수밖에 없는 사항이지만, 이번 경우는 완전히 얘기가 다릅니다.

다행히도 하상공과 왕필의 견해는 비슷합니다.

그리고 일단 '치輜'가 필사 과정에서 잘못된 것이라는 데에서 많은 정통적인 《노자》 연구가들의 학설과도 일치합니다.

하상공은 치중을 '정중靜重'으로, 왕필은 '이중위본以重爲本 무거움을 근본으로 삼음'으로 풀었습니다. 그래서 저는 '진중鎭重'으로 옮깁니다.

'영관榮觀'은 화려한 생활을 의미합니다. 여기서 '관觀'은 누대와 같이 높고 화려한 건물을 뜻합니다.

'연처燕處'는 한가히 거하다는 뜻으로 보면 무난합니다. 《논어》 '술이述而'에 "공자가 한가히 거처할 적에는 마음이 활짝 풀어진 듯하고 즐거운 듯하였다(子之燕居 申申如也 夭夭如也 자지연거 신신여야 요요여야)."라는 글이 있습니다. 연처燕處는 '연거燕居'와 같은 말입니다.

27장

善行 無轍迹 선행 무철적

걷기를 잘하면 다닌 흔적을 남기지 않고,

善言 無瑕謫 선언 무하적

말을 잘하면 흠이나 허물이 없다.

善數 不用籌策 선수 불용주책

계산을 잘하면 주산이 필요 없고,

善閉 無關楗而不可開 선폐 무관건이불가개

잘 닫힌 문은 빗장을 쓰지 않아도 열려지 않으며,

善結 無繩約而不可解 선결 무승약이불가해

잘 묶은 매듭은 줄로 동여매지 않아도 풀리지 않는다.

是以聖人 시이성인 그러므로 성인은

常善救人 故無棄人 상선구인 고무기인

항상 사람을 잘 구제하므로 버리는 사람이 없고,

常善救物 故無棄物 상선구물 고무기물

항상 사물을 잘 건지기 때문에 버릴 것이 없다.

是謂襲明 시위습명 이를 일러 '습명襲明 원래의 밝음을 이어받음'이라 한다.

故善人者 不善人之師 고선인자 불선인지사

그러므로 선한 사람은 선하지 못한 사람의 스승이요,

不善人者 善人之資 불선인자 선인지자

선하지 못한 사람은 선한 사람이 선도할 대상이 된다.

不貴其師 不愛其資 불귀기사 불애기자

스승을 귀히 여기지 않으며, 선도할 대상을 아끼는 마음이 없으면

雖智大迷 수지대미

비록 지혜롭다고 하더라도 큰 미혹 속에 빠지게 된다.

是謂要妙 시위요묘

이를 일컬어 '요묘要妙 현묘한 요체'라고 한다.

"훌륭한 목수에게는 버릴 재목이 없다."

이 말은 기업 인사 관리의 대원칙으로 회자됩니다. 기업 경영을 하는 데 있어 무엇보다도 중요한 일은 인사 관리입니다. 인사 담당자로서는 버릴 재목이 없다는 전제를 잊지 않으려고 하겠지만, 이를 지키는 것은 참 어려운 일입니다. 인사 관리뿐만 아니라 심지어 인간관계에서도 학연, 지연 등에 따른 선입견이나 편견 때문에 이 원칙은 잘 깨어지기 마련입니다.

"큰 나무는 대들보로, 가는 나무는 서까래로 쓰고, 문지도리, 문지방, 빗장, 문설주를 알맞게 사용하여 집을 짓는 것은 목수의 공이라네.

옥찰과 단사, 적전과 청지, 소 오줌과 말똥, 찢어진 북 가죽까지 모두 거두어 놓고 쓰일 때를 기다려 버리지 않는 건 의사의 현명함이네.

공명정대하게 등용하여 잘난 자와 못난 자의 장단점을 비교하고 헤아려 능력에 적합하도록 쓰는 것이 재상의 도리이네."

이 글은 당나라를 대표하는 대문호 한유韓愈 768~824가 쓴 〈진학해進學解〉의 일부입니다. 진학해는 대단한 명문장으로 손꼽힙니다. 한문을 좋아하시는 분이라면, 한 번쯤 외워보시는 것을 추천합니다.

이번 장에서는 도를 지닌 사람이 사람과 사물을 어떻게 대하는지에 관하여 쓰고 있습니다.

구하여 제대로 쓸 뿐 아니라, 버리지도 않는다고 했습니다.

이것을 '습명'이라고 합니다.

선한 사람과 선하지 못한 사람을 대하는 마음가짐을 가르쳐주고 있습니다.

이것이 '요묘'입니다.

저는 '건축가가 필요 없다고 버린 돌이 다른 이에 의해 머릿돌로 사용되었다.'라는 성경 구절을 참 좋아합니다. 그리고 살아가면서 만나게 되는 사람들과의 인연 속에서 이 뜻을 잊지 않으려고 늘 다짐하곤 합니다.

무엇보다도 제 인생이 '버림받은 돌' 같이 느껴질 때 이 구절은 제게 따뜻한 위로가 되었습니다.

28장

知其雄 守其雌 지기웅 수기자
남성다움을 알면서 여성다움을 지키면
爲天下谿 위천하계 세상의 골짜기가 된다.
爲天下谿 위천하계 세상의 골짜기가 되면
常德不離 상덕불리 '참 덕'에서 떠나지 않고
復歸於嬰兒 복귀어영아 갓난아이의 상태로 돌아가게 된다.

知其白 守其黑 지기백 수기흑
백白 밝음을 알면서 흑黑 어둠을 지키면
爲天下式 위천하식 세상의 본보기가 된다.
爲天下式 위천하식 세상의 본보기가 되면
常德不忒 상덕불특 '참 덕'에서 어긋나지 않고
復歸於無極 복귀어무극 무극無極으로 돌아가게 될 것이다.

知其榮 守其辱 지기영 수기욕 영광을 알면서 욕됨을 지키면
爲天下谷 위천하곡 세상의 골짜기가 된다.
爲天下谷 위천하곡 세상의 골짜기가 되면
常德乃足 상덕내족 '참 덕'이 풍족하게 되고
復歸於樸 복귀어박 질박함으로 돌아가게 될 것이다.

樸散則爲器 박산즉위기

질박함을 다듬으면 그릇이 되는데,

聖人用之 성인용지

성인은 이를 활용하여

則爲官長 즉위관장

지도자가 된다.

故大制不割 고대제불할

그러므로 '위대한 마름질'은 잘라내는 일이 아니다.

1장에서 저는 '상도常道'를 '참 도'로 번역했습니다. '항상 된 도', '불변의 도', 등 상투적인 쉬운 표현을 쓰지 않은 것은 다른 장에서 다양한 의미로 나타나는 도의 실체를 해석하는 데 문제가 생기기 때문이었습니다.

그러나 여기에 '상덕常德'을 '참 덕'이라고 한 것은 이 경우와는 다릅니다.

한문도 영어와 마찬가지로 번역을 잘하는 비결은 우리말 능력에 있습니다. 제가 '상덕'에 대한 적당한 우리말을 찾으려고 노력해봤지만, 이 깊은 뜻을 아우르는 적당한 표현을 찾지 못했습니다. 그렇다고 해서 '영원히 존재하는, 불변의, 항상 된' 등의 의미로 도를 풀어 적기에는 문장의 모양새가 너무 볼품없습니다. 저의 우리말 실력을 한탄하면서 어쩔 수 없이 이렇게 썼습니다. '상도'와 '상덕', 일단 일관성은 있어 보이니까 문장이 그럴듯하지 않습니까?

'남성다움을 알면서 여성다움을 지킨다知其雄 守其雌.'는 구절은 굳세면서도 부드러움을 잃지 말라는 뜻으로 쓰였습니다.《노자》에는 이렇게 갓난아이와 여성의 덕성을 강조하는 구절이 계속 이어집니다.《노자》의 '여성성', 즉 '자雌'에 대해 하상공은 '편안하고 고요하며, 부드럽고 가냘픈 모습安靜柔弱 안정유약'이라고 풀이했습니다.

'골짜기'는 앞에서는 '계谿'로, 뒤에는 '곡谷'으로 구분되어 쓰였습니다. 계·곡은 아래에 위치하지만 서로 다투지 않는 것의 상징으로 쓰입니다. 아울러 겸손함과 포용력의 미덕을 빗대어 말하고 있습니다. 학자들은 계와 곡을 서로 다른 뜻으로 여기면서 여러 이론을 전개하곤 했습니다. 그러나 저는 두 글자 간에 별 차이를 느끼지 못하여 동일하게 읽었습니다. 6장의 '골짜기의 신谷神'을 다시 한번 떠올리시길 권합니다.

'수기흑守其黑'부터 '지기영知其榮'까지 23자는 후대에 삽입한 것으로 보는 시각이 지배적입니다. 실제로 이 부분을 빼고 읽으면 해석이 훨씬 부드럽게 이어집니다.

《장자》'천하天下'에서의 《노자》 인용도 이렇게 되어있습니다.

知其雄	지기웅
守其雌	수기자
爲天下谿	위천하계
知其白	지기백
守其辱	수기욕
爲天下谷	위천하곡

심지어 기원전 2세기경에 쓰인 《회남자》에도 이 23자는 빠져 있습니다.

많은 사람을 다스리는 지도자는 질박한 통나무를 다듬어 그릇을 만들어 쓰는 것과 같은 마음가짐을 가져야 합니다.

내가 정한 기준에 미치지 못한다고 해서 무시하거나 버리는 행위는 '수기자守其雌'의 포용력과는 거리가 먼 매정함입니다. 내 생각과 다르다고 해서 마구잡이로 잘라버리는 폭력은 《노자》가 강조하는 지도자의 덕목과 상반됩니다.

《노자》에서는 이를 '대제불할大制不割'로 정의했습니다. 저는 '대제'를 '위대한 마름질'로 읽었습니다.

이래저래 세상은 참으로 다양한 사람들이 더불어 살아야만 하는 곳입니다.

29장

將欲取天下而爲之 장욕취천하이위지

천하를 차지하고 억지로 다스리려 한다면

吾見其不得已 오견기부득이 내가 보건대 결코 성공하지 못할 것이다.

天下神器 천하신기 천하는 신령한 것이니

不可爲也 불가위야 억지로 다스릴 수는 없다.

爲者敗之 위자패지 억지로 다스리려는 사람은 실패하고

執者失之 집자실지 거머쥐려고 하는 사람은 잃고 말 것이다.

故物 或行或隨 고물 혹행혹수

그러므로 세상에는 앞서가는 것이 있는가 하면 뒤따르는 것도 있고

或歔或吹 혹허혹취

숨을 내쉬는 것이 있는가 하면 들이쉬는 것도 있으며

或强或羸 혹강혹리 강한 것이 있는가 하면 약한 것도 있고

或培或墮 혹배혹타 돋우는 것이 있는가 하면 무너뜨리는 것도 있다.

是以聖人 시이성인

이에 성인은

去甚 去奢 去泰 거심 거사 거태

심하거나, 사치스럽거나, 화려한 것을 물리친다.

29장은 남을 다스리는 사람이 명심해야 할 내용을 담고 있습니다.

첫머리의 '위지爲之'는 자연스러움에 거슬러 행동하는 '유위有爲'로 보는 것이 일반적입니다.

'불가위야不可爲也' 다음에 바로 '위자爲者'와 '집자執者'가 따라 나오는 것을 보면 무언가 빠진 듯 허전한 느낌이 있습니다. 그래서 여러 학자들은 이 사이에 '불가집야不可執也 거머쥘 수 없다'가 빠진 것으로 보았습니다. 넣어서 읽으면 문장의 균형이 잘 맞고, 글의 흐름도 부드럽습니다.

왕필본에는 '혹배혹타或培或墮' 대신 '혹좌혹휴或挫或隳'로 되어 있습니다. '꺾이는 것이 있는가 하면, 무너지는 것도 있다.'로 해석합니다. 두 구절의 차이를 열심히 생각해보았지만, 그게 그겁니다.

'거심去甚, 거사去奢, 거태去泰'에 대한 하상공의 견해는 설득력이 있습니다.

그는 '심甚'을 음란한 성색聲色, '사奢'를 옷과 음식, '태泰'는 궁실과 누대로 구체화했습니다.

30장

以道佐人主者 이도좌인주자 도로써 군주를 보좌하는 사람은
不以兵强天下 불이병강천하 병력을 써서 천하에 강자 노릇 하지 않으니,
其事好還 기사호환 그 일에는 반드시 그 대가가 돌아오게 마련이다.

師之所處 사지소처 군사가 머물렀던 곳에는
荊棘生焉 형극생언 가시덤불이 자라나고
大軍之後 대군지후 큰 군대가 지나가고 나면
必有凶年 필유흉년 반드시 흉년이 오게 된다.

善有果而已 선유과이이 '선자善者'는 목적을 이루고 나면 그만 그치고
不敢以取强 불감이취강 감히 강함을 취하려 하지 않는다.
果而勿矜 과이물긍 목적을 이루고도 자랑하지 않고
果而勿伐 과이물벌 목적을 이루고도 내세우지 않으며,
果而勿驕 과이물교 목적을 이루고도 교만하지 않는다.
果而不得已 과이부득이
목적을 이루었지만 '부득이不得已'하여 한 일이므로,
果而勿强 과이물강 목적을 이루고도 강자 노릇을 하지 않는다

物壯則老 물장즉로 만물은 장성하면 곧 쇠퇴하게 되니
是謂不道 시위부도 이것을 일러 '도에 부합되지 않는다'라고 한다.
不道早已 부도조이 도에 부합되지 않으면 일찌감치 끝을 맺는다.

28장부터 다스리는 자의 덕목에 대한 내용이 계속해서 나오고 있습니다.

그렇다고 해서 《노자》를 통치 철학이나 제왕학으로 뭉뚱그리는 것은 바람직하지 않습니다. 건강에 관한 이야기가 나온다고 해서 양생술로, 음식에 관련된 논의가 등장한다고 해서 요리 교본으로 규정하면 안 되는 이치와 같습니다.

이번 장에서는 군대를 일으키는 일에 관해 쓰고 있습니다.

중요한 것은, 군대를 일으키는 일은 '어쩔 수 없어야不得已 부득이' 한다는 대전제가 선행되어야 한다는 《노자》의 입장입니다.

'군주를 보좌하는 사람佐人主者'을 하상공은 '스스로 보좌하는 사람自輔佐 자보좌'으로 해석하여 군대를 일으키는 주체로 보았습니다.

그러므로 뒤에 나오는 '선자善者'를 '군대를 잘 부리는 사람'으로 읽는다고 해도 무리가 없습니다.

이 장에서 가장 중요하게 쓰인 글자는 '과果' 자입니다.

왕필은 '과'를 구제를 뜻하는 '제濟'로 보았습니다.

"과果는 제濟와 같다. 군사를 잘 부리는 사람은 달려가서 위태롭고 어려운 것을 구제할 뿐이다(果猶濟也 言善用師者 趣以濟難而已矣 과유제야 언선용

사자 취이제난이이의).”라고 주석을 달았습니다.

하나라 걸왕은 포악하고 탐욕스러웠습니다. 술로 만든 연못酒池에 배를 띄우고 많은 젊은 남녀를 벗겨 놓고 애첩 말희와 함께 향락에 빠져 지냈습니다. ‘주지육림酒池肉林’이라는 사자성어는 여기서 생겼습니다. 직언하는 신하들은 하나둘 처형장의 이슬로 사라졌고 백성의 삶은 피폐해졌습니다. 이에 탕湯이 군사를 일으켜 걸왕을 추방하고 은나라를 세웠습니다.

은나라 주왕은 요부 달기에 빠져 술과 환락으로 세월을 보냈습니다. 그는 달기를 즐겁게 해주기 위해 숯불 위에 기름을 바른 구리 기둥을 걸쳐놓고 그 위로 죄인들을 걷게 하여, 미끄러져 타 죽게 하는 ‘포락지형炮格之刑’을 일삼았습니다. 심지어 직간하는 충신들을 죽여 젓갈로 담그거나, 육포로 만들기도 했습니다. 이를 보다 못한 무왕이 군대를 이끌고 주왕을 정벌하여 주왕과 달기를 죽이고, 주나라를 세웠습니다.

제나라 선왕은 맹자에게 ‘탕湯이 걸왕을 추방하고, 무왕武이 주왕을 시해弑한’ 일의 정당성을 물었습니다.
맹자는 이렇게 대답합니다.
“인을 해치는 자를 ‘적賊’이라고 하고, 의를 해하는 자를 ‘잔殘’이라고 합니다.
잔적殘賊한 사람을 한 사내一夫라고 하니, 주라는 한 사내를 죽였다는 소리는 들었으나 왕을 시해했다는 소리는 듣지 못하였습니다

(賊仁者謂之賊 賊義者謂之殘 殘賊之人謂之一夫 聞誅一夫紂矣 未聞弑君也 적인자위지적 적의자위지잔 잔적지인위지일부 문주일부주의 미문시군야)."

그리고 맹자는 선왕 앞에서 "탕湯과 무왕武王이 군사를 일으킨 것은 도탄塗炭에 빠진 백성을 구제救濟하기 위한 부득이不得已한 일"이었다고 정의했습니다. 《맹자》 '양혜왕梁惠王'에 나옵니다.

참고로 '과果'를 '이긴다'라는 의미로 본 학자들도 있고, 사마광司馬光처럼 '완성하다'로 해석한 학자들도 있습니다.

저는 '과이부득이果而不得已'와 '과이물강果而勿强'을 한 문장으로 보았습니다.

夫兵者

不祥之器

物或惡之

故有道者不處

君子居則貴左

用兵則貴右

兵者不祥之器

非君子之器

不得已而用之

恬淡為上

勝而不美

31장 - 40장

夫兵者 부병자 전쟁은

不祥之器 불상지기 상서롭지 못한 수단으로

物或惡之 물혹오지 모두가 싫어하는 것이다.

故有道者不處 고유도자불처

그러므로 도를 지닌 사람은 여기에 집착하지 않는다.

君子居則貴左 군자거즉귀좌 군자는 평소 왼쪽을 귀히 여기지만,

用兵則貴右 용병즉귀우 전쟁할 때는 오른쪽을 귀히 여긴다.

兵者不祥之器 병자불상지기 전쟁은 상서롭지 못한 수단으로

非君子之器 비군자지기 군자가 쓸 것이 못 된다.

不得已而用之 부득이이용지 어쩔 수 없이 전쟁하게 된다면

恬淡爲上 염담위상 염담恬淡 욕심이 없고 담백함하게 하는 편이 좋으며

勝而不美 승이불미 승리하더라도 미화하지 않아야 한다.

而美之者 이미지자 승리를 미화한다면

是樂殺人 시락살인 사람 죽이기를 좋아하는 것이다.

夫樂殺人者 부락살인자 사람 죽이기를 좋아하는 사람은

則不可得志於天下矣 즉불가득지어천하의 천하에 뜻을 펼 수 없다.

吉事尚左 길사상좌

길한 일에는 왼쪽을 높이고

凶事尚右 흉사상우

흉한 일에는 오른쪽을 높인다.

偏將軍居左 편장군거좌

편장군偏將軍 부장은 왼쪽에 위치하고

上將軍居右 상장군거우

상장군上將軍이 오른쪽에 있는 것은

言以喪禮處之 언이상례처지

전쟁을 상례喪禮처럼 치른다는 것을 말한다.

殺人之衆 살인지중

전쟁에서 죽인 사람이 많으면

以哀悲泣之 이애비읍지

슬픈 마음으로 눈물을 흘려야 하는 것이니

戰勝 以喪禮處之 전승 이상례처지

전쟁에서 승리하더라도 상례와 같이 치러야 한다.

저는 '병자兵者'를 전쟁으로 풀이했습니다. '무기'라고 옮긴 책이 대부분이지만 전체 문장을 한 맥락으로 제대로 읽으려면, 꼭 전쟁으로 번역해야 한다는 확신이 섰기 때문입니다. 게다가 병자를 저와 같은 생각으로 풀이한 고전 번역도 많이 확인했습니다.

전쟁은 어떠한 형태건 간에 백성들에게 극도의 공포와 불행을 가져옵니다.

전쟁은 흉凶한 일이며, 그러므로 죽은 사람을 장사 지내는 의례, 즉 '상례喪禮'로써 치러야 한다고 노자가 쓴 것입니다.

《논어》 '술이述而'에는 "내가 꿈에 주공을 다시 보지 못한 지 오래되었으니, 내가 너무도 쇠해졌구나(甚矣 吾衰也 久矣 吾不復夢見周公 심의 오쇠야 구의 오불부몽견주공)."라는 공자의 탄식이 실려 있습니다.

공자에게 주공周公은 위대한 성인이었습니다.

그러나 주공도 '마치 숲처럼 많은 군사'를 죽여 가며 40개의 나라를 멸망시켰습니다. 성대중成大中이 쓴 《청성잡기靑城雜記》에 나옵니다.

노자가 살았던 시기는 춘추 시대 말기에 해당합니다. 춘추 시대는 전쟁이 끊이지 않은 시대였습니다. 이런 대혼란의 시기에 백성들의 목숨은 파리 목숨이나 다름없습니다.

노자는 전쟁을 거부했습니다. 백성을 구제하기 위해 '어쩔 수 없이不得已' 꼭 해야 하는 전쟁이라면, '염담恬淡'한 마음으로, 아름답지 않게 여기며 상례喪禮로써 치러야 한다고 갈파喝破합니다.

백여 년쯤 후 맹자가 살았던 시대도 노자의 시대와 다르지 않았습니다.

양양왕梁襄王은 맹자에게 천하를 안정시키는 법을 물었습니다.

맹자는 천하를 하나로 통일시켜야 한다고 답했습니다.

그리고 "사람 죽이는 것을 좋아하지 않는 사람(不嗜殺人者 불기살인자)"만이 이렇게 할 수 있다고 했습니다. 《맹자》'양혜왕梁惠王'에 나옵니다.

今夫天下之人牧	금부천하지인목
未有不嗜殺人者也	미유불기살인자야
如有不嗜殺人者	여유불기살인자
則天下之民	즉천하지민
皆引領而望之矣	개인령이망지의

지금은 천하의 임금 가운데 사람 죽이기를 좋아하지 않는 사람이 없으나, 만일 사람 죽이기를 좋아하지 않는 사람이 있으면 천하의 백성들이 모두 목을 길게 빼고 우러러볼 것입니다.

'물혹오지物或惡之, 고유도자불처故有道者不處'는 24장에도 등장합니다. 전체 문맥에 따라 조금 다르게 해석했습니다.

《노자》에서 딱 이 한 장만 왕필의 주석이 없는 것은 특이합니다. 그렇기에 이번 장이 나중에 끼워놓은 것은 아닌지 하는 의문이 제기되기도 했습니다. 그러나 훗날 출토된 백서본과 곽점본에서 이 장이 발견되면서 이러한 논의는 사라졌습니다. 왜 왕필은 이 장만 주석을 남기지 않았을까요? 저도 궁금합니다.

32장

道常無名樸 도상무명박 도는 항상 이름 없는 질박한 상태이다.

雖小 수소 비록 작다고 할지라도

天下莫能臣 천하막능신 천하가 신하로 삼지 못한다.

侯王若能守之 후왕약능수지 한 나라의 왕이 이를 지킬 수 있다면

萬物將自賓 만물장자빈 만물이 저절로 찾아오게 되니

天地相合 천지상합 하늘과 땅이 서로 합하여

以降甘露 이강감로 단 이슬이 내리고

民莫之令而自均 민막지령이자균

백성들은 명령하지 않아도 스스로 조화롭다.

始制有名 시제유명 만물이 만들어지면서 이름이 생겨났다.

名亦既有 명역기유 이름도 또한 있게 되면

夫亦將知止 부역장지지 이 역시 장차 그치게 됨을 알리라.

知止可以不殆 지지가이불태 그칠 줄 알면 위태롭지 않다.

譬道之在天下 비도지재천하

비유하자면, 도가 천하에 존재한다는 것은

猶川谷之於江海 유천곡지어강해

마치 내와 골짜기가 강이나 바다로 흘러듦과 같다.

《노자》는 원초적 무명無名의 도를 '박樸 질박함'으로 표현했습니다.

한 나라의 왕이 질박한 상태의 도를 지킬 수만 있으면, 백성들은 자연과 조화를 이루며 살아갈 수 있다고 보았습니다.

저는 '민막지령이자균民莫之令而自均'을 '백성들에게 그렇게 하라고 하지 않아도 스스로 조화롭게 살아간다.'라는 의미로 풀었습니다. 51장의 "도를 존중하고 덕을 귀하게 여기는 것은 '부막지명이상자연夫莫之命而常自然', 즉 명하지 않아도 저절로 그렇게 되는 것이다."라는 구절과 서로 일맥상통하기 때문입니다.

사람의 삶에서 '지지知止'의 미덕은 아무리 강조하여도 지나치지 않습니다.

《노자》는 여기서 쓴 것만으로는 부족하다고 생각되었는지, 44장에서 "만족할 줄 알면 치욕을 당하지 않고, 그칠 줄 알아야 위태롭지 않다(知足不辱 知止不殆 지족불욕 지지불태)."라고 한 번 더 강조합니다.

《대학》에서 서술한 지지知止는 참 구체적입니다.

知止而后有定	지지이후유정
定而后能靜	정이후능정
靜而后能安	정이후능안
安而后能慮	안이후능려
慮而后能得	려이후능득

그칠 데를 안 뒤에 정함이 있으니, 정한 뒤에 고요할 수 있고, 고요한 뒤에 편안할 수 있고, 편안한 뒤에 생각할 수 있고, 생각한 뒤에 능히 터득할 수 있다.

지나침은 모든 불행의 근원이 됩니다.

오죽하면 공자도 "지나침은 모자람보다 못하다過猶不及 과유불급."라고 했을까요.

혹시 우리가 기어 다니던 유아 때 제일 먼저 배웠던 행동 강령인 '지지'가 바로 이 '知止'가 아닐까, 조심스럽게 추측해봅니다.

33장

知人者智 지인자지

다른 사람을 아는 것이 '지智 지혜'라면

自知者明 자지자명

자신을 아는 것은 '명明 밝음'이다.

勝人者有力 승인자유력

다른 사람을 이김이 '유력有力 힘 있음'이라면

自勝者强 자승자강

자기를 이기는 것은 '강强 강함'이다.

知足者富 지족자부

만족함을 아는 것이 '부富 부유함'이며

强行者有志 강행자유지

부지런히 노력하는 것은 '유지有志 뜻이 있음'이다.

不失其所者久 불실기소자구

제자리를 잃지 않으면 '구久 오래감'하고

死而不亡者壽 사이불망자수

죽어서도 잊히지 않는 것이 '수壽 장수'이다.

'지혜智'와 '밝음明', '힘 있음有力'과 '강함强'. '부유함富'과 '뜻이 있음有志', '구久 오래 久'와 '수壽 장수'.

노자는 대비되는 개념들을 이렇게 나열해놓고 정의했습니다.

그리 내세울 것도 못 되지만, 제 독서 편력으로 이보다 더 절묘한 촌철살인小鐵殺人은 본 적이 없습니다. 더 풀어쓰려고 해도 쓸 말을 찾지 못했습니다. 《중용》에 나오는 '남방의 강함强, 북방의 강함'을 소개하면서 공자의 정의를 살짝 덧대어 보려고도 했으나, 이 역시 사족에 지나지 않았습니다. 노자에게 무례가 될까 봐 이쯤 하겠습니다.

다만 마지막 구절의 '사이불망자死而不亡者'에 대한 설명은 하고 넘어가야 할 것 같습니다.

하상공은 '망亡'을 '망妄'으로 보았습니다. 그래서 '죽을 때까지 함부로 행동하지 않는 사람'으로 해석했습니다. 망을 '요망妖妄'으로 보아 '요절하지 않는 자'로 보는 등 다양한 견해도 존재합니다.

왕필은 '몸은 죽어도, 도는 여전히 남아있는 것(身沒而道猶存 신몰이도유존)'으로 풀이했습니다. 저도 왕필의 견해에 동의합니다.

천하의 흉악한 도적인 '도척'은 오래 살았으나 '안연'이 요절한 일을 두고, '안연은 죽었어도 잊히지 않았으니, 이것이 장수'라고 한 중국 북송의 학자 양시楊時의 풀이는 참 기발합니다.

34장

大道氾兮 其可左右 대도범혜 기가좌우

큰 도가 널리 퍼져 있음이여. 이르지 못하는 곳이 없구나.

萬物恃之以生 而不辭 만물시지이생 이불사

만물이 이에 의지해 생성되지만, 말이 없으며

功成不名有 공성불명유 공을 이루어도 이름을 드러내지 않는다.

衣養萬物 而不爲主 의양만물 이불위주

만물을 입히고 기르지만 주인 노릇은 하지 않는다.

常無欲 상무욕 언제나 욕심이 없어서

可名於小 가명어소 '작다'고 이름할 수 있다.

萬物歸焉 而不爲主 만물귀언 이불위주

만물이 귀의하지만 주인 노릇 하지 않으니

可名於大 가명어대 '크다'고 이름할 수 있다.

以其終不自爲大 이기종불자위대

이로써 끝내 스스로 위대하다고 하지 않으므로

故能成其大 고능성기대 그 위대함을 이룰 수 있는 것이다.

저는 앞서 '상도常道'를 '참 도'로 번역할 수밖에 없는 까닭을 쓰면서, 《노자》에서 도는 다양한 의미와 내용을 담고 있기 때문이라고 밝혔습니다.

이번 장은 만물을 만들고 기르는 '형이상의 실존하는 도'의 위대함에 관해 이야기합니다.

도는 만물을 생성하고 감싸 키우지만, 만물이 스스로 본성을 누리면서 살아가도록 합니다.

결코 공치사하거나 조금이라도 간섭하려고 하지도 않습니다. 노자는 이러한 도의 작용을 본받아 자연에 순응하는 삶을 살아야 한다고 말합니다.

이와 비슷한 내용은 41장에도 나옵니다.

道隱無名　　　도은무명

夫唯道　　　　부유도

善貸且成　　　선대차성

도는 은미하여 이름을 지어 부를 수 없다. 오직 도만이 잘 베풀어 이루어지도록 한다.

장자는 여기에서 한 걸음 더 나아갔습니다. 그는 도를 지닌 사람의 모습, 즉 성인의 경지로 연결했습니다.

聖人 幷包天地   성인 병포천지

澤及天下 而不知其誰氏   택급천하 이부지기수씨

是故生無爵   시고생무작

死無謚 實不聚   사무시 실불취

名不立 此之謂大人   명불립 차지위대인

성인은 천지를 아울러 감싸고 은택이 천하에 미치지만, 아무도 그가 누구인지 모른다. 그러므로 살아서는 존귀한 작위가 없고 죽어서 시호도 없으며, 실리를 쌓지 않고 이름을 내세우지 않으니, 이런 사람을 일컬어 대인이라 한다.

《장자》 '서무귀徐無鬼'에 나옵니다.

맹자는 인간의 본성本性을 '선善'으로 보았습니다.
그리고 그 실마리를 '측은지심惻隱之心'에서 찾았습니다. 측은지심이란 다른 사람의 어려움을 가엾게 여기는 마음을 말합니다.

아리스토텔레스는 맹자와 같은 시대를 살았습니다.
그는 그의 저서 《수사학修辭學 Rhetoric》에서 부당하게 불행을 당하는 사람을 보며 불쌍히 여기는 마음을 '연민憐憫 eleos'으로 정의했습니다.
'베풂'은 바로 '측은지심'과 '연민'을 적극적인 행동으로 승화시킨 것입니다.

불가佛家에서는 이를 '보시布施 dana'라고 표현합니다. 자비심으로 다른 사람에게 조건 없이 주는 이타 정신利他精神의 극치가 바로 보시입니다. 보시는 집착하지 않는 마음을 전제로 합니다. 즉 베풀었으면 어떠한 대가도 바라지 않고, 그 자체로 그친다는 것입니다.

이번 장에서 서술하고 있는 '형이상의 실존하는 도'는 완벽한 베풂의 전형을 보여줍니다.

인간관계에서 이러한 베풂을 실천하는 일은 생각보다 어렵습니다. 성경에는 오른손이 한 일을 왼손이 모르게 해야 한다고 가르칩니다. 제가 잘 아는 어떤 분은 마음이 여리고 착해서 평생 베풀며 살았습니다. 그런데 입방정을 참지 못해 애써 쌓은 공덕에 흠집을 남겼습니다.

연말연시만 되면 들려오는 '얼굴 없는 기부 천사' 이야기는 큰 감동을 줍니다. 그에 반해 저 같은 보통 사람은 오른손이 한 일을 왼손뿐 아니라, 동네방네 다 알아주길 바라면서 보잘것없는 베풂을 실천하고 있습니다.

이렇게라도 베풀려는 마음을 갖고 있다면, 그게 어딥니까?

35장

執大象 天下往 집대상 천하왕

대상大象을 잡으면, 천하의 사람들이 돌아온다.

往而不害 왕이불해

돌아와 서로 해를 끼치지 않으니

安平太 안평태

평안하고 태평하다.

樂與餌 過客止 악여이 과객지

음악과 음식은 나그네의 발걸음을 멈추게 하지만

道之出口 淡乎其無味 도지출구 담호기무미

도에 대한 말은 담박하여 별맛이 없다.

視之不足見 시지부족견 보려고 해도 제대로 보이지 않고

聽之不足聞 청지부족문 들으려 해도 잘 들리지도 않으며

用之不足旣 용지부족기 쓰고 써도 다함이 없다.

'대상大象'을 '큰 도'의 뜻으로 풀이한 것은 하상공과 왕필이 별반 다르지 않습니다.

대부분 노자 연구가들의 견해도 거의 일치합니다.

《주역》에서는 자연과 사람의 이치를 모두 담아 놓았다고 하는 '괘상卦象'과 '효상爻象'을 가리켜 '대상'이라고 합니다. 우연한 일이겠지만 비슷한 의미로 느껴집니다.

'평태平太'나 '태평太平'이 같은 말로 여겨지는 건, 강건康健과 건강健康, 영광榮光과 광영光榮류의 조합과 같습니다. 저는 앞에 있는 '안安' 자를 끌어들여 '평平'을 교집합으로 하여 '평안과 태평'으로 풀이했습니다. 그럴듯하지 않습니까?

장자는 태평을 다스림의 극치로 보았습니다.

以此事上	이차사상
以此畜下	이차휵하
以此治物	이차지물
以此修身	이차수신
知謀不用	지모불용

必歸其天	필귀기천
此之謂太平	차지위태평
治之至也	치지지야

이로써 윗사람을 섬기고 아랫사람을 기르며, 남을 다스리고 자신을 닦으면, 지모를 쓰지 않고 반드시 자연으로 돌아간다. 이것을 태평 이라고 하니, 다스림의 지극한 경지이다.

한번 가볍게 훑어보실 것을 권합니다. 《장자》 '천도天道'에 나옵니다.

36장

將欲歙之 必固張之 장욕흡지 필고장지

접으려 한다면 반드시 먼저 펴고

將欲弱之 必固强之 장욕약지 필고강지

약하게 하려면 반드시 먼저 강하게 한다.

將欲廢之 必固興之 장욕폐지 필고흥지

폐하고자 하면 반드시 먼저 흥하고

將欲奪之 必固與之 장욕탈지 필고여지

빼앗으려면 반드시 먼저 준다.

是謂微明 시위미명

이것을 알러 미명微明이라고 한다.

柔弱勝剛强 유약승강강

부드럽고 약한 것은 단단하고 강한 것을 이긴다.

魚不可脫於淵 어불가탈어연

고기는 연못을 떠날 수 없으며

國之利器 국지리기

나라의 날카로운 무기는

不可以示人 불가이시인

다른 사람들에게 보여주어서는 안 된다.

'흡歙'은 '숨을 들이쉬다翕 歙'라는 뜻
도 있지만, '거두다斂 歙'는 뜻도 있습니다. 하상공본과 백서본에는 '흡
歙'으로 쓰였습니다. 뒤에 나오는 '장張'과 합쳐 '흡장歙張'이라고 쓰면,
'새가 날개를 접었다가 펴서 나는 것'을 의미합니다.

여기서 네 차례나 나오는 '고固'는 '먼저, 우선'이라는 뜻의 '고姑'로
읽어야 한다는 데는 별 이견이 없습니다.

저는 굳이 그렇게 읽지 않아도 별문제가 없다고 생각합니다만, 확실
히 이렇게 읽으면 문장이 한층 부드러워지기는 합니다. 저는 '먼저'의 뜻
으로 읽었습니다. 그렇지만 '잠시 (동안)'라고 읽어도 좋을 듯합니다.

왕필본의 '폐지廢之, 흥지興之'는 통행본 등에서 '폐지廢之, 거지擧之'로,
'탈지奪之, 여지與之'는 '취지取之, 여지與之'로 쓰였습니다. 깊이 살펴보
았으나, 어떻게 썼든 간에 그 내용을 이해하는 데 있어 큰 차이를 느끼
지 못했습니다.

펴고, 강하게 하고, 흥하게 하고, 주려고 하는 것은 접고, 약하게 하
고, 폐하고, 빼앗으려는 조짐을 이미 내포하고 있다고 했습니다. 이것
을 '미명微明 미묘하게 드러나는 밝음'이라고 했습니다. 그래서 미명을 '어떤
일이 일어나기 전의 조짐'으로 정의하기도 합니다.

달이 이지러지려면 반드시 차야 하고, 해가 지기 전에는 반드시 붉게 빛나는 법입니다. 역사적으로 보더라도, 변화의 시기에는 전혀 반대되는 현상이 반드시 불쑥 나타나곤 했습니다.

한파가 닥치기 전에 잠시 눈 내리는 포근한 날이 있다든지, 해일이 밀려오기 전에 갑자기 바닷물이 한꺼번에 빠져나간다든지 하는 자연현상을 생각해보면 쉽게 이해될 것입니다. 인간관계에서도 주야장천 못된 짓만 하던 사람이 뜬금없이 착한 행동을 보이면 죽을 때가 되었나보다고 말하지 않습니까?

이러한 조짐이 바로 미명이며, 이를 알아차리는 일이 지혜입니다.

한비자韓非子를 위시한 법가法家는 이 장을 권모술수를 이용한 통치술로 이해했습니다.

쉽게 말하자면, "장차 상대를 제거하려거든 잠깐 베풀어주어라, 장차 상대를 망하게 하려거든 일단은 흥하게 해주어라."라는 식의 자의적 해석으로 몰아간 것입니다.

오늘날에도 이러한 견해에 목숨 거는 노자 연구가들은 많습니다.

이러저러한 이유로 이 장은 많은 논란을 일으키며 《도덕경》 중에서 가장 진위眞僞 논란이 많은 장으로 남았습니다.

고기가 연못 속에서 부드럽게 유영하며 살아가듯, 나라도 부드러움을 지킬 수 있어야 평안합니다.

국가가 무소불위의 권위를 내세워 준엄한 통제와 가혹한 형벌로써 백성을 다스리기 시작한다면, 오래지 않아 반드시 무너지고 말 것입니다.

道常無爲 而無不爲 도상무위 이무불위

도는 항상 무위無爲이지만 불위不爲도 없다.

侯王若能守之 후왕약능수지

한 나라의 왕이 이를 지킬 수 있다면,

萬物將自化 만물장자화

만물은 저절로 교화된다.

化而欲作 화이욕작

저절로 교화되는데도 무슨 일을 하려고 한다면,

吾將鎭之以無名之樸 오장진지이무명지박

나는 무명無名의 질박한 도로 이를 누를 것이다.

無名之樸 무명지박 무명無名의 질박한 도로

夫亦將無欲 부역장무욕 장차 무욕의 경지에 이르면

不欲以靜 불욕이정 고요함 속에 욕심은 사라지고

天下將自定 천하장자정 천하는 저절로 안정되리라.

37장은 글의 구조부터 난해합니다.

어쩌면 이럴 때는 대충 뜬구름 잡는 논리로 풀어놓고 덮어버리는 것도 작가의 지혜로운 처세술일 것입니다. "말씀에 은혜받으시기 바랍니다."라고 한마디 하고는 성경 구절 뒤에 숨어버리는, 여느 목사님들의 점잖음을 본받고 싶기도 합니다. 독자들이 스스로 고민해서 나름대로 정리할 것이라 믿는다면, 사실 그리 미안해해야 할 일도 아니긴 하지만 말입니다.

객쩍은 말이지만, 저는 이렇게 마구 던져놓고 나가도 괜찮을 만큼의 학위도, 번듯한 자격증도 없습니다. 말씀드렸다시피 저는 그저 한문과 한자가 좋아서 수십 년을 독학했습니다. 발목 잡는 스승의 학통이 없어서 논리에서 비교적 자유롭다고 하더라도, 혹시라도 '근본 없는 한문 실력'이라는 말을 듣게 될까 봐 조심하고 또 조심하고 있습니다.

일단 문장을 뜯어놓고 하나하나 풀이하도록 하겠습니다.

'도상무위 이무불위道常無爲 而無不爲'.

노자에서 무척 유명한 구절 중의 하나입니다. 그런데 저는 지금까지도 제가 이해할 수 있도록 쓴 해설서를 찾지 못했습니다. 이럴 때는 문장의 기본으로 돌아가서 풀어보는 것이 상책입니다.

'도상무위'를 '도는 항상 무위無爲이다'로 읽겠습니다.

그러나 '무위'를 단순히 '아무 일도 하지 않는다.'로 직역하면 머리가 복잡해집니다. 여기서 무위는 '억지로 무리해서 하지 않는다.'는 의미가 있습니다. '도법자연'과 같이 '자연스럽게 하다'로 읽어서도 좋습니다.

'무불위無不爲'는 '하지 않은 것이 없다.'라는 뜻입니다. 이 말은 '해야 할 일을 못 하는 것은 없다.'는 뜻으로 읽습니다.

2장에서 바람직한 지도자, 즉 성인은 "무위無爲로써 세상일을 처리하고 말 없는 가르침을 행한다(處無爲之事 行不言之教 처무위지사 행불언지교)."라고 했습니다. 17장에서는 '무위지치'의 롤 모델로 순舜임금을 소개했습니다.

순임금은 무위로 천하를 다스렸습니다. 공자는 그의 무위를 '공손한 자세로 제자리를 지킨 것일 뿐'이라고 썼습니다. 그 공손의 대상이 위로는 하늘, 아래로는 백성임은 두말할 나위가 없습니다.

나라의 지도자로서, 하늘의 뜻 즉 자연의 이치를 좇아 백성들을 순리대로 다스린 것이 바로 순임금의 무위지치였습니다.

'도상무위道常無爲' 이하 구절은 32장의 '도상무명박(道常無名樸 도는 항상 이름이 없는 질박한 상태)'과 비슷한 문장 구조를 가졌습니다. 심지어 이 두 구절은 '후왕약능수지侯王若能守之'로 똑같이 이어집니다.

"한 나라의 왕이 이를 지킬 수 있다면, 만물이 저절로 교화된다(萬物將自化 만물장자화)."고 하였고, 32장에서는 "만물이 저절로 찾아오게 된다(萬物將自賓 만물장자빈)."고 했습니다.

《장자》'천도天道'에는 "만물이 생성 변화하여 여러 가지로 싹을 틔

우고(萬物化作 萌區有狀 만물화작 맹구유상)"라는 구절이 있습니다. 여러 노장 학자는 여기에 나오는 '화이욕작化而欲作'을 이 《장자》 구절과 연관 지어 '만물의 생성 변화'라는 의미로 주석을 달았습니다.

그러나 여기서는 '화化'를 '덕화德化'나 '감화感化'로 읽어야만 합니다. 이 내용은 57장에서 지도자의 덕목으로 구체화 되어 나타납니다. 꼭 이렇게 읽어야만 57장을 제대로 이해할 수 있습니다. 미리 조금만 읽겠습니다.

我無爲而民自化　　　　아무위이민자화
我好靜而民自正　　　　아호정이민자정

내가 무위하면 백성은 저절로 교화되고, 내가 고요함을 좋아하면 백성은 절로 바르게 된다.

'도상무명박'으로 '백성들은 스스로 조화롭게(民莫之令而自均 민막지령이자균)'되고, '도상무위'는 '천하의 안정定'으로 귀결됩니다.

38장

上德不德 상덕부덕 상덕上德은 덕을 덕으로 여기지도 않는다.

是以有德 시이유덕 그렇기 때문에 덕이 있다.

下德不失德 하덕불실덕 하덕下德은 애써 덕을 잃지 않으려 한다.

是以無德 시이무덕 그렇기 때문에 덕이 없는 것이다.

上德無爲 而無以爲 상덕무위 이무이위

상덕上德은 무위無爲이며, 인위적으로 애쓰지 않는다.

上仁爲之 而無以爲 상인위지 이무이위

상인上仁을 행할 때는 인위적인 작위는 없으나,

上義爲之 而有以爲 상의위지 이유이위

상의上義를 행할 때에는 인위적인 작위가 따른다.

上禮爲之 而莫之應 則攘臂而扔之 상례위지 이막지응 즉양비이잉지

상례上禮를 행할 때는 호응이 없으면, 팔을 걷어붙이면서 다른 사람에게 강요한다.

故 失道而後 德 고 실도이후 덕　그러므로 도가 사라진 뒤 덕이 있게 되고,

失德而後 仁 실덕이후 인　덕을 잃자 인이 있게 되고,

失仁而後 義 실인이후 의　인이 없어지니 의가 있게 되고,

失義而後 禮 실의이후 례　의를 잃어버리고 난 후에야 예가 있게 된 것이다.

夫禮者 忠信之薄 而亂之首 부례자 충신지박 이란지수

무릇 예라는 것은 충성忠과 믿음信의 얄팍함으로 혼란의 발단이며,

前識者 道之華 而愚之始 전식자 도지화 이우지시

미리 알았던 것은 도의 허황된 꽃이요, 어리석음의 시발점이다.

是以 大丈夫處其厚 不居其薄 시이 대장부처기후 불거기박

이로써 대장부는 두터운 곳에 거하고 얄팍한 데 머물지 않으며,

處其實 不居其華 처기실 불거기화

내실을 추구하고 겉만 화려한 것에 매달리지 않기에

故 去彼取此 고 거피취차

후자는 버리고 전자를 택한다.

38장은 '덕'에 관한 이야기로 시작됩니다. 그래서 이번 장부터를 '덕경德經'으로 부릅니다.

　　앞에서 언급한 대로, 이는 전한 시대 학자 '유향劉向'이 당시 《노자》 또는 《노자서》라고 불리던 책을 '도상道上'과 '덕하德下' 두 편으로 나누었던 데서 비롯합니다. '도道'로 시작되는 앞부분과 합쳐서 《노자》가 《도덕경》이라는 이름을 갖게 된 것입니다.

　　'상덕上德'을 '최상의 덕', '훌륭한 덕을 갖춘 사람' 등 일반적인 표현으로 풀어쓰고 싶었지만, 어느 쪽도 마음에 들지 않았습니다. 또 그렇게 쓰게 되면 다음에 나오는 '하덕下德'을 표현할 길이 막막해집니다. '최하의 덕', '낮은 덕을 갖춘 사람'과 같이 이렇게 억지로 푸는 것 자체가 참 불편하기 때문입니다.

　　무협지에 나오는 고수高手, 하수下手 같은 말을 구태여 높은 실력, 낮은 실력이라든지, 높은 실력자, 낮은 실력자 등으로 번역해놓는다면 얼마나 우스꽝스럽겠습니까.

　　그래서 '상덕, 하덕, 상인上仁, 상의上義, 상례上禮' 등도 원문 그대로 썼습니다. 이렇게 하니까 자연스럽고 참 편합니다.

　　이번 장은 왕필본, 하상공본, 백서본, 부혁본 등 판본에 따라 자구字句 출입과 문장의 변형이 심합니다. 늘 그러했듯이, 왕필본을 근간으로 삼고, 앞뒤 문맥을 살펴가며 다른 판본의 내용도 원용했습니다.

산책길에 갓 태어난 참새들을 만났습니다. 제 엄지손가락만 한 참새 한 마리가 먹이를 물어다 아파 보이는 다른 참새의 입에 넣어주는 모습을 보고 저는 신선한 충격을 받았습니다.

실화냐고요? 같이 본 사람도 있습니다. 이날 이후로 저는 제 어휘사전에서 '새대가리'라는 말을 지웠습니다.

얼마 전 TV프로에서 배수로에 빠진 강아지 남매를 구출하는 장면을 봤습니다. 강아지 남매는 배수로에 빠진 지 며칠이 지난 후 발견되어 간신히 구조되었습니다. 동물학자는 만약 한 마리뿐이었다면 살아남지 못했을 것이라고 했습니다.

카메라를 넣어 살펴본 두 마리의 모습은 참 감동적이었습니다. 빗물 통의 뚜껑 살대 사이로 먹이를 넣어주니, 겁이 많은 동생을 대신해 오빠가 물어다 먹였습니다. 기온이 떨어진 밤이 되면 몸집이 좀 더 큰 오빠가 여동생을 감싸 안아 체온을 나눠주었습니다.

반려견의 '엄마, 아빠'를 자처하는 사람을 볼 때마다 질색하는 제가, 왜 새끼강아지들을 오빠, 동생으로 호칭하고 있는지 이해되시지요? 한 시인의 시가 빈말이 아님을 깨닫게 되는 순간이었습니다.

개들은 말한다
나쁜 개를 보면 말한다
저런 사람 같은 놈.

— 정현종, 〈개들은 말한다〉 중에서

《노자》의 '내세우지 않는 상덕上德'은 바로 이렇게 자연을 닮은 것입니다.

18장에 '큰 도가 사라지고 나면, 인仁, 의義 같은 것이 생겨나고, 부모, 형제, 아내와 자식이 불화하면 효孝, 자慈라는 말이 나오며, 나라가 어지러워지면 충신이 나타난다.'라고 했습니다. 더 말할 것도 없이, 《노자》는 '인仁·의義·효孝·자慈·충忠·신信' 등의 유교적 가치를 도가 상실된 자리에 인간의 의도로 만들어진 사회 규범에 지나지 않다고 본 것입니다.

《노자》는 이번 장에서 덕을 절대가치로 설정해놓은 다음, 인仁·의義·예禮의 순서로 가치 기준을 정리했습니다. 그리고 '예禮'는 혼란만 불러일으키며, '미리 알았던前識' 윤리와 규범은 겉만 화려한 도의 허상으로 어리석음의 시발점이라고 공박했습니다.

노자는 자연을 거스른 '강제적 인위人爲'를 거부하고 무위자연의 경지를 지향한 것입니다.

삼국 시대 위魏나라 말, 사마司馬씨 일족의 폭정에 염증을 느낀 지식인들은 세상에 등을 돌렸습니다. 그들에게 노자의 무위자연 사상은 해방구와 다름없었습니다. 그 당시 속세를 떠나 은둔한 지식인 중 유명한 '죽림칠현竹林七賢'이 있습니다. 그들은 기존의 사회적 가치를 조롱하며 이를 풍자하는 글을 많이 남겼습니다.

그중에서도 '유영劉伶 221~300?'은 술과 기행으로 유명했습니다. 당대 기득권층인 벼슬아치와 학자들이 그런 유영의 행동을 신랄하게 비판

했습니다. 유영은 그들이 "소매를 떨치고 옷깃을 날리며(奮袂揚衿 분매양금), 눈을 부라리고 이를 갈면서(怒目切齒 노목절치), 예법을 늘어놓았다(陳設禮法 진설예법)."고 했습니다. 유영이 지은 절세의 명문장, 〈주덕송酒德頌 술의 덕을 칭송함〉에 나옵니다.

이 문장은 '상례上禮를 행할 때, 호응이 없으면 팔을 걷어붙이고, 다른 사람에게 강요한다.'는 이번 장의 구절과 너무 닮았습니다.

저는 제 애주 취향을 합리화하기 위해서 〈주덕송〉을 외웠습니다. 술을 즐기시는 분들은 술에 대한 예의로 〈주덕송〉을 한 번쯤 읽어 보시길 권합니다.

39장

昔之得一者 석지득일자 예로부터 '하나'를 얻은 것들이 있으니,

天得一以淸 천득일이청 하늘은 '하나'를 얻어 맑고

地得一以寧 지득일이녕 땅은 '하나'를 얻어 평안하며

神得一以靈 신득일이령 신은 '하나'를 얻어 신령스럽다.

谷得一以盈 곡득일이영 골짜기는 '하나'를 얻어 가득 차며

萬物得一以生 만물득일이생 만물은 '하나'를 얻어 생장하고

侯王得一 以爲天下正 후왕득일 이위천하정

한 나라의 왕은 '하나'를 얻어 천하를 바르게 한다.

其致之 기치지 이는 이렇게 이루어지는 것이니,

天無以淸 將恐裂 천무이청 장공렬

하늘은 맑음이 없으면 무너질 것이며

地無以寧 將恐廢 지무이녕 장공폐

땅은 평안함을 주지 못하면 폐허가 될 것이고

神無以靈 將恐歇 신무이령 장공헐

신은 신령스럽지 못하면 영험함을 멈출 것이다.

谷無以盈 將恐竭 곡무이영 장공갈

골짜기는 채우지 못하면 고갈될 것이고

萬物無以生 將恐滅 만물무이생 장공멸

만물은 생장하지 못하면 사라지게 될 것이며

侯王無以正 將恐蹶 후왕무이정 장공궐

한 나라의 왕은 천하를 바르게 하지 않으면 자리를 잃을 것이다.

故 貴以賤爲本 고 귀이천위본

그러므로 귀貴함은 천賤함을 근본으로 삼고

高以下爲基 고이하위기

높은 것은 낮은 것을 바탕으로 삼는다.

是以 後王自稱 孤寡不穀 시이 후왕자칭 고과불곡

이런 까닭으로 한 나라의 왕은 스스로를 '고孤', '과寡', '불곡不穀'으로 칭한다.

此非以賤爲本邪 非乎 차비이천위본야 비호

이것이 바로 천함을 근본으로 삼는 것이 아니겠는가? 그렇지 않은가?

故 至譽無譽 고 지예무예

그러므로 지극한 명예는 명예가 없는 것이다.

是故 不欲琭琭如玉 시고 불욕록록여옥

이 때문에 옥처럼 영롱하려고 하지 않고

珞珞如石 락락여석 돌처럼 굵고 단단하려고 한다.

39장은 도를 상징하는 '하나^一'의 작 용을 설명하고, 도가 천지 만물을 구성하는 결정적 요소임을 서술하는 것으로 시작됩니다. 그리고 하늘, 땅, 신^神, 계곡과 그 사이에 깃들어 사는 만물뿐만 아니라 한 나라를 다스리는 왕이 스스로의 자리에서 마땅한 역할을 해내지 못할 때 일어나는 재앙에 대하여 나열했습니다.

그리고 마지막으로 백성을 이끄는 통치자의 덕목을 결론으로 제시합니다.

《노자》는 한 나라의 왕이 된 사람은 반드시 '고^孤', '과^寡', '불곡^{不穀}'으로 스스로를 낮추어야 한다고 말합니다.

《맹자》'양혜왕^{梁惠王}'에 어려서 아버지 없는 자를 '고^孤', 늙어서 남편 없는 자를 '과^寡'라고 정의했습니다. 그러나 여기에서는 '고'를 고아처럼 의지할 데 없는 사람으로 보는 것이 옳습니다. 또 '과'는 덕이 부족한 사람이라는 뜻으로 읽는 것이 일반적입니다.

임금이 스스로를 일컬을 때 썼던 '과인'이라는 호칭은 여기서 유래했습니다.

'불곡'의 '곡^穀'은 '선^善'의 뜻입니다. 불곡은 보잘것없는 사람이라는 의미로 쓰였습니다.

한 나라를 다스리는 통치자의 자리는 의지할 데 없이 외로운 자리입니다.

그는 처절한 고독을 숙명으로 받아들여야 합니다. 편하고 익숙한 사람들을 울타리 삼아 구중궁궐九重宮闕 속에 안주했던 통치자들은 하나같이 비참한 최후를 맞았습니다.

온갖 고난을 헤치고 권좌에 오른 사람이 후원 세력과의 조폭적 의리에서 벗어나지 못하면 그 권력은 부패합니다. 스스로 만든 측근의 장벽 속에서 세상모르게 지내다가 민심이 등을 돌리고 나면 그 권력은 필연적으로 무너지게 되어 있습니다.

힘들게 얻은 권력의 달콤함에 취한 통치자가 과도한 자기 확신과 만족에 빠져 교만해지는 순간, 그 권력은 백성들의 비참한 삶을 껴안고 함께 추락할 수밖에 없습니다.

지금도 노자의 시대와 별반 다르지 않습니다.

'지예무예至譽無譽'는 지극한 명예는 세속적인 명예가 없다는 뜻으로 읽습니다.

《장자》'지락至樂'에는 "최고의 즐거움은 세속의 즐거움이 아니고, 지극한 명예는 세속의 명예가 아니다(至樂無樂 至譽無譽 지락무락 지예무예)." 라고 쓰여 있습니다.

《노자》는 한 나라의 왕은 스스로를 낮추며 세속적 명예에 집착해서는 안 된다고 말합니다.

다른 사람을 다스리는 사람의 미덕은 옥처럼 화려한 것이 아니라, 질박한 돌과 같이 굳고 단단함이라고 했습니다.

40장

反者 道之動 반자 도지동

되돌아감은 도의 움직임이고,

弱者 道之用 약자 도지용

유약柔弱함은 도의 쓰임이다.

天下萬物 生於有 천하만물 생어유

천하만물은 '유有'에서 생겨났고

有 生於無 유 생어무

유는 '무無'에서 생겨났다.

'반反'은 '되돌아간다返 반'는 의미입니다. 노자는 도는 반복 순환하는 것이라고 했습니다.

65장에는 "현덕玄德은 깊고도 아득하다. 만물과 함께 되돌아가니(玄德深矣 遠矣 與物反矣 현덕심의 원의 여물반의)."라는 구절이 나옵니다. 왕필은 '여물반의與物反矣'를 "그 참됨으로 돌아간다返其眞矣 반기진의."라고 풀었습니다. 저는 이번 장의 '반反'도 이렇게 읽어야 한다고 생각합니다.

도의 쓰임이 유약하다고 한 것은 도가 만물을 생장시킬 때 강제와 압력을 사용하지 않음을 형용한 것입니다.

道生一
一生二
二生三
三生萬物
萬物 負陰而抱陽
沖氣以為和
人之所惡
惟孤寡不穀
而王公以為稱
故物 或損之而益

41장 - 50장

上士聞道 勤而行之 상사문도 근이행지

뛰어난 선비는 도를 들으면 힘써 행하고

中士聞道 若存若亡 중사문도 약존약망

보통의 선비는 도를 들으면 긴가민가하며

下士聞道 大笑之 하사문도 대소지

못난 선비는 도를 들으면 크게 웃으니,

不笑 不足以爲道 불소 부족이위도

못난 선비가 듣고서 비웃지 않으면 도라고 하기에는 부족하다.

故建言有之 고건언유지

그래서 이런 말들이 나왔다.

明道若昧 명도약매

밝은 도는 어두운 듯하고

進道若退 진도약퇴

나아가는 도는 물러서는 듯하며

夷道若纇 이도약뢰

평탄한 도는 마치 울퉁불퉁한 듯하다.

上德若谷 상덕약곡 높은 덕은 골짜기와 같고
大白若辱 대백약욕 매우 흰 것은 마치 때가 묻은 것처럼 보인다.

廣德若不足 광덕약부족 넓은 덕은 마치 부족한 듯하고
建德若偸 건덕약투 굳건한 덕은 마치 가벼운 것 같다.
質眞若渝 질진약투 질박하고 참된 것은 구차한 듯하고
大方無隅 대방무우 크게 모난 것은 오히려 모서리가 없다.

大器晚成 대기만성 큰 그릇은 더디 이루어지고
大音希聲 대음희성 큰 소리는 소리가 희미하며
大象無形 대상무형 큰 모양은 형체가 없으니
道隱無名 도은무명 도는 은미하여 이름을 지어 부를 수 없다.
夫唯道 善貸且成 부유도 선대차성
오직 도만이 잘 베풀어 이루어지도록 한다.

'명도약매明道若昧'에서 '도은무명道隱無名'에 이르는 13구절은 도와 덕의 심오한 경지를 표현하고 있습니다.

신년사, 취임사 등 중요한 문장을 한층 돋보이게 할 글을 추천해달라는 요청이 있으면 으레 찾게 되는 천하의 명구名句들이 바로 이 장에 펼쳐있습니다.

한 구절, 한 구절을 각각 몇 장씩 풀어쓰더라도 그 감동을 제대로 전달하기는 쉽지 않을 것입니다. 그래서 저는 학자들 사이에 논란이 있는 몇 구절만 연원을 살펴 해설하고, 여기에 약간의 설명을 덧붙이는 선에서 정리했습니다. 늘 그랬다시피 쓰는 보람, 읽는 재미를 위해 실없는 이야기도 조금 올려놓았습니다.

여기 모든 구절이 상대적 한자어로 구성되어 있으므로 '이도약뢰夷道若纇'는 '이夷'를 '고르다', '뢰纇'를 '고르지 못하다'라는 사전적 반대말로 보면 간단합니다.

그런데 왕필은 뢰를 '깊은 웅덩이'로 보아서 "큰 도는 평평함이 보이지 않아 깊은 웅덩이와 같다."라고 번역했고, 하상공은 뢰를 '무리 류纇'로 보고 "큰 도를 지닌 사람은 … 무리와 함께한다."라고 읽었습니다. 그분들의 높은 내공에 어찌 토를 달 수 있겠습니까만, 나가도 너무 나갔다는 생각이 듭니다. 저는 여기서의 도를 '넓고 평탄한 도', 뢰는 '울퉁불퉁한 모양'으로 쉽게 풀었습니다.

'상덕약곡上德若谷'의 골짜기谷는 이미 6장에 쓴 대로, 낮은 곳에 있어 낳고生 기르는畜 곳입니다. 단순히 '높을 상上'의 상대되는 개념으로만 읽어도 그 뜻은 충분히 깊습니다.

'대백약욕大白若辱'에서 '욕辱'은 '검은 때 욕黷'의 가차자입니다. 부혁본에는 바로 '黷'으로 썼습니다.

'건덕약투建德若偸'의 '건建' 자가 '튼튼할 건健'과 통한다는 데는 이견이 없는 것 같습니다. '투偸'에는 가볍다, 약하다는 뜻이 있습니다.

'질진약투質眞若渝', '대방무우大方無隅', '대음희성大音希聲', '대상무형大象無形' 등은 하나같이 평생의 화두로 삼아도 좋을 만한 절묘한 명구입니다.

영향력 있는 일부 노자 학자들은 '대기만성大器晚成'을 두고 뒤에 나오는 '대음희성', '대상무형', '도은무명道隱無名'과 대응하여 '만晩'을 '면免' 또는 '무無'로 읽어야 한다고 합니다. 실제로 백서본에는 '면免'으로 되어 있기도 합니다. 이 경우에 대기만성은 "큰 그릇은 만들어지지 않는다."라고 읽습니다.

비록 노자의 정통 주석으로 분류되어 있지는 않지만, 시기적으로 볼 때 가장 오래된 한비자韓非子의 노자 주석〈유로喩老〉편은 이 구절의 흔쾌한 해석을 제공합니다.

"초楚나라 장왕莊王은 즉위 이후 3년 동안 정사를 보지 않았다. 우사마右司馬가 장왕을 3년 동안 울지 않는 새에 빗대어 말하자, 장왕도 마찬가지로 새에 빗대어 큰 뜻을 펼치고 백성의 동태를 살피고자 그랬던 것이라고 하였다. 훗날 장왕은 제도를 개혁하고 인사를 혁신하며 나라 안을 다스린 뒤, 제齊나라와 진晉나라를 정벌하면서 마침내 천하를 평정했다.”

　한비자는 ‘대기만성’, ‘대음희성’을 초나라 장왕의 고사와 연관 지어 이렇게 풀이했습니다.

　‘대기만성’은 의심할 바 없이 ‘큰 그릇은 더디 이루어진다.’로 읽어야 합니다.

　‘뛰어난 선비上士, 보통의 선비中士, 못난 선비下士’ 같은 구분은 《논어》 ‘옹야雍也’의 한 구절을 연상시킵니다. 공자는 “아는 사람은 좋아하는 사람만 못하고, 좋아하는 사람은 즐기는 사람만 못하다(知之者 不如好之者 好之者 不如樂之者 지지자 불여호지자 호지자 불여락지자).”라고 했습니다. 그는 “아침에 도를 들을 수 있다면 저녁에 죽어도 좋은(朝聞道 夕死可矣 조문도 석사가의)” 뛰어난 선비上士가 확실합니다. 이러한 구분은 골퍼들의 농담에도 존재합니다.

　“보기 플레이어는 남을 가르쳐주지 못해 안달이 나고, 싱글은 물어보면 가르쳐 주고, 프로는 돈을 줘야 가르쳐 준다.”

　이번 장의 논지와는 많이 벗어난 얘기입니다만, 조선 서화계가 발전하지 못한 근본적인 원인을 프로 정신의 결여에서 찾는 학자들도 있습니다. 이런 경향은 특히 양반 사회를 토양으로 한, 소위 문인 예술가를 중심으로 두드러졌습니다. 계급적 신분 질서에 마취된, 소위 선비들은 서화를 팔아서 생계를 유지한다는 생각을 천박하게 여겼습니다. 이러한 풍토에서 예술의 발전은 한계에 봉착할 수밖에 없었습니다.

이런 의미에서 중국 청나라 문예를 이끌었던 '양주팔괴揚州八怪'의 프로 정신은 높이 살만합니다. 양주팔괴는 화암華嵒, 금농金農 등 8명이 주축이 되어 청나라의 서화 시장을 선도했던 예술가 그룹을 말합니다. 그들은 심지어 가격표라 할 수 있는, 일명 '윤례潤例'까지 써서 붙이고 창작 활동을 했습니다.

이들 중에는 추사 김정희를 비롯한 조선 말 예술가들에게 크게 영향을 끼쳤던 판교 정섭板橋 鄭燮 1693~1765이 있습니다. 그는 윤례에 대놓고 이런 말을 썼습니다.

"작품의 대가로 예물이나 음식물을 보내는 것은 현금만 못합니다. 그대가 보낸 것이 반드시 내가 좋아하는 것이 아닐 수도 있기 때문입니다(凡送禮物食物 總不如白銀爲妙 蓋公之所送 未必弟之所好也 범송예물식물 총불여백은위묘 개공지소송 미필제지소호야)."

덧붙여 그는 자신의 작품을 원하는 벗들에게 시 한 수를 남겼습니다.

대나무 그림은 대나무 값보다 비싸네.	畵竹 多於買竹錢
	화죽다어매죽전
종이 여섯 자 높이에 그 값은 삼천 냥.	紙高六尺價三千
	지고육척가삼천

제멋대로 옛 교분 들춰봤댔자   任渠話舊論交接

임거화구론교접

그저 봄바람이 귓가를 스치는 것일 뿐이네. 只當春風過耳邊

지당춘풍과이변

아, 프로의 길은 험난하고 선비의 로망은 아득합니다.

42장

道生一 도생일 도는 '하나一'를 낳고

一生二 일생이 '하나一'가 '둘二'을 낳고

二生三 이생삼 '둘二'이 '셋三'을 낳고

三生萬物 삼생만물 '셋三'은 만물을 낳는다.

萬物 負陰而抱陽 만물 부음이포양

만물은 '음陰'을 등에 지고 '양陽'을 껴안아

沖氣以爲和 충기이위화 충기沖氣로써 조화를 이룬다.

人之所惡 인지소오 사람들이 싫어하는 것은

唯孤寡不穀 유고과불곡 바로 고孤, 과寡, 불곡不穀이지만

而王公以爲稱 이왕공이위칭 왕공王公은 이를 자신의 칭호로 삼는다.

故物 或損之而益 고물 혹손지이익

그러므로 사물은 혹 덜어내는데 보태지기도 하고

或益之而損 혹익지이손 혹은 더하는데 줄어들기도 한다.

人之所敎 인지소교 다른 사람이 가르치는 것을

我亦敎之 아역교지 나도 가르치리라.

强梁者 不得其死 강량자 부득기사

강포强暴한 자는 제명에 죽지 못한다고 하니

吾將以爲敎父 오장이위교부

나도 이것을 내 가르침의 교부敎父로 삼으려 한다.

저는 이번 장에 나오는 '일一', '이二', '삼三'을 두고 오래전부터 고민해왔습니다.

이는 상상력이 풍부한 일부 학자들의 해설서 때문이었습니다.

예로부터 많은 학자들은 무슨 근거로 그러했는지 모르지만, 마치 노자 선생님을 만나고 온 것처럼 저마다 확신에 찬 해석을 내놓았습니다.

대체로 《회남자》를 인용하여 일一을 도, 이二를 음陰·양陽, 삼三을 천天·지地·인人으로 정의한 이론이 주류를 이루지만, 일一을 원기元氣, 이二를 음·양이나 천天·지地, 삼三을 화기和氣 등으로 설명한 학설도 만만치 않습니다.

학자의 독선이 지나친 상상력과 만나게 되면 그 학문은 사이비종교 같은 신비주의에 빠지기 쉽습니다. 그리고 이런 경향을 고금의 노자 연구가들에게서 찾는 일은 그리 어렵지 않습니다.

저는 그렇게 뻔뻔하지 못해서 있는 그대로 번역하겠습니다. 이는 제가 머리글에서 독자 여러분과 약속한 일이기도 합니다.

저는 《노자》를 읽으며 그 예지력豫知力에 깜짝 놀라곤 합니다.

앞 장에서 이미 썼습니다만, '대방무우大方無隅', '대음희성大音希聲',

'대상무형大象無形'등은 현대 과학으로도 충분히 입증되고 있습니다.

　평평하게 끝없이 펼쳐진 지구는 모서리가 없습니다.

　이 거대한 지구가 1초에 약 460m를 가며 자전하고, 태양 주위를 초당 약 30km의 속도로 달려서 돌고 있는데도 우리는 그 어마어마한 소리를 듣지 못합니다.

　게다가 수천억 개 정도의 은하계로 이루어져 있을 거라는 대우주는 지금도 그 형태를 알 수 없습니다.

　어떻습니까?

　미국 매사추세츠 공과대학의 수학자이며 기상학자인 '에드워드 로렌츠E. Lorentz'는 1972년, "브라질에서 나비 한 마리의 날갯짓이 텍사스에 토네이도를 일으킬 수도 있는가? (Does the Flap of a Butterfly's Wings in Brazil Set Off a Tornado in Texas?)"라는 제목으로 강연했습니다. '초깃값의 미세한 차이에 의해 결과가 완전히 달라지는 현상'을 설명한 그의 '카오스 이론Chaos theory'은 작고 사소한 사건 하나가 나중에 엄청난 효과를 가져온다는 '나비 효과Butterfly effect'라는 용어를 탄생시켰습니다.

　일 , 이 , 삼 에서 만물로 이어지는 수천 년 전 《노자》의 사상은 오늘날의 나비 효과와 절묘하게 닮았습니다. 그리고 이 나비 효과와 같은 과학적 시각으로 도가 만물을 만들어가는 활동 과정을 설명한다고 해도 조금도 이상할 것이 없습니다.

　꽃이 한 잎 한 잎 피어날 때, 시인은 하늘이 열리는 것을 보았습니다.

　이호우1912~1970는 그의 시에서 이렇게 노래했습니다.

꽃이 피네, 한 잎 한 잎.

한 하늘이 열리고 있네.

— 이호우, 〈개화〉 중에서

저는 시인의 서정적 시선으로《노자》의 우주관을 보고 있습니다.

'만물 부음이포양萬物 負陰而抱陽'

이 구절은 놀랍게도《주역》의 서문에서도 발견됩니다.

주자, 혹은 정이程頤가 썼을 것으로 추정되는 이 글은 "만물이 생성할 때 음을 등지고 양을 안아(萬物之生 負陰而抱陽 만물지생 부음이포양), 마침내 변화가 끝없이 이어진다."라고 서술하고 있습니다. 유교의 근본이《노자》와 무관하지 않았음을 발견하게 되는 구절입니다.

'충기沖氣'는 하늘과 땅 사이의 잘 조화된 기운을 일컫는 말입니다.

39장에 이미 나왔던 '고과불곡孤寡不穀'과 관련된 내용이 이번 장에 다시 나온 것은 아무래도 생뚱맞습니다. 그렇기에 많은 학자들은 이를 잘못 옮겨진 내용으로 여깁니다.

마지막 구절의 '교부教父'를 쉽게 풀이하여 옮길만한 적당한 말을 찾지 못했습니다. '가르침의 본보기', '가르침의 시초' 등의 뜻으로 읽어야 하는 건 분명합니다.

天下之至柔 천하지지유

세상에서 지극한 부드러움은

馳騁天下之至堅 치빙천하지지견

세상의 가장 단단한 것을 부린다.

無有入無間 무유입무간

무유無有는 무간無間 속으로 들어갈 수 있다.

吾是以 知無爲之有益 오시이 지무위지유익

이로써 나는 무위의 유익有益함을 안다.

不言之敎 불언지교

말 없는 가르침과

無爲之益 무위지익

무위의 유익함은

天下希及之 천하희급지

세상에서 쉽게 이를 수 있는 것이 아니다.

43장은 부드러움의 힘과 무위의 미덕을 강조하고 있습니다.

부드러움과 무위는 단연 노자 철학의 핵심입니다.

중국 고대의 전설적인 병법서 《군참軍讖》에는 "유능제강(柔能制剛 부드러운 것이 굳셈을 제어하다), 약능제강(弱能制強 약한 것이 강함을 통제하다)"이라는 구절이 나옵니다. 이어 "부드러운 것은 덕이고 굳센 것은 사악함賊이며, 약한 자는 사람들이 도와주고 강한 자는 사람들이 공격한다(柔者德也 剛者賊也 弱者人之所助 強者人之所攻 유자덕야 강자적야 약자인지소조 강자인시소공)."라고 주를 달았습니다.

노자의 철학이 당시 이 병법서에 어느 정도 영향을 끼쳤다고 보아도 될 것 같습니다.

'치빙馳騁'은 '말 달리다'라는 뜻으로, 여기서는 '구사하다', '부리다'로 읽으면 부드럽습니다.

'무유無有'는 무형의 힘을 말합니다. '무간無間'은 틈이 없는 것입니다.

'무유입무간無有入無間'은 '무형의 힘이 빈틈없이 완벽한 곳도 뚫을 수 있다.'로 해석합니다.

《채근담茱根譚》에 "새끼줄로 톱질해도 나무가 잘리고, 물방울이 떨어져 돌을 뚫는다(繩鋸木斷 水滴石穿 승거목단 수적석천)."라는 유명한 말이 있습니다. 학문하는 사람이라면 누구나 한 번쯤 귀감으로 삼았을 명문입니다.

'희希'는 '드물 희稀'로 읽습니다. 부혁본에는 '稀'로 쓰였습니다.

44장

名與身孰親 명여신숙친 명성과 몸 중 어느 것이 더 가까운가?

身與貨孰多 신여화숙다 몸과 재물 중 무엇이 더 중한가?

得與亡孰病 득여망숙병 얻음과 잃음 어느 것이 더 해로운가?

甚愛必大費 심애필대비 심하게 아끼면 반드시 크게 쓰게 되고,

多藏必厚亡 다장필후망 많이 쌓아두면 꼭 크게 잃게 된다.

故知足不辱 고지족불욕 그러므로 만족할 줄 알면 치욕을 당하지 않고

知止不殆 지지불태 멈출 줄 알아야 위태롭지 않으니

可以長久 가이장구 오래도록 지속할 수 있다.

누군가가 쓴 '신과의 인터뷰'라는 글
에 다음과 같은 내용이 있습니다.

"인간에게서
가장 놀라운 점이 무엇인가요?

신이 대답했다.
돈을 벌기 위해 건강을 잃어버리는 것,
그리고는 잃어버린 건강을 되찾기 위해 돈을 다 잃는 것.

미래를 염려하느라 현재를 놓쳐버리는 것,
그리하여 결국 현재도 미래도 살지 못하는 것."

— 작자 미상, 〈신과의 인터뷰〉 중에서

13장에서 우리는 이미 자기 몸을 천하보다 더 귀하게 여기고 아낀
다면 천하를 맡길 수 있을 것이라는 구절을 읽었습니다. 자기 몸도 추
스르지 못하면서 천하를 다스린다는 말 자체가 난센스이기도 합니다.
44장은 '심애필대비甚愛必大費', '다장필후망多藏必厚亡', '지족불욕知足

不辱', '지지불태知止不殆' 등, 현실에서 경계하고 교훈으로 삼을만한 주옥같은 명구가 나열되어 있습니다. 하상공은 이 장을 '경고하는 말'이라고 특징지었습니다.

'얻음과 잃음得與亡'에 대하여 '득은 명예와 이익을 얻는 것, 망은 생명을 잃는 것'을 가리킨다고 합니다. 그리고 이 이론은 거의 정설로 굳어져 있습니다.

그러나 저는 꼭 이렇게까지 단정 지어 생각해야 할 필요를 느끼지 못합니다.

'심애필대비甚愛必大費'는 '지나치게 (명리를) 사랑하면 반드시 큰 대가를 치러야 한다.'라고 번역하는 것이 일반적입니다. 그러나 이렇게 번역하게 되면 이 구절은 뒤에 나오는 구절과 대구를 이루지 못하고 따로 놀게 됩니다. 사랑 타령만 하고 살아서 그렇지, 실제로 '애愛'에는 '아끼다'라는 뜻이 강합니다. 사실 제대로 된 사랑은 '아끼는 마음'이 아니겠습니까?

세상살이 온갖 걱정을 짊어지고 사는 사람에게 의사의 이 한 마디는 세상 근심을 한꺼번에 사라지게 할 수 있습니다.

"말기 암입니다."

45장

大成若缺 其用不弊 대성약결 기용불폐

크게 이룬 것은 마치 모자란 듯하나 아무리 써도 해지지 않고

大盈若沖 其用不窮 대영약충 기용불궁

가득 찬 것은 마치 빈 듯하지만 그 쓰임은 다함이 없다.

大直若屈 대직약굴

크게 곧은 것은 마치 굽은 듯하고

大巧若拙 대교약졸

뛰어난 솜씨는 마치 서툰 듯하며

大辯若訥 대변약눌

탁월한 언변은 마치 더듬는 듯하다.

躁勝寒 조승한

빠르게 움직이면 추위를 이기고

靜勝熱 정승열

고요함은 더위를 이긴다.

淸靜爲天下正 청정위천하정

맑고 고요함이 세상을 바르게 한다.

《노자》는 크게 이룬 것은 마치 모자란 듯, 즉 '대성약결大成若缺'하고, 가득 찬 것은 마치 빈 듯, 즉 '대영약충大盈若沖'하다고 했습니다.

저는 이 구절을 읽을 때마다 조선의 달항아리가 연상되었습니다.

조선 시대 말기에 만들어진 이 백자 항아리는 눈처럼 하얀색과 둥근 형태가 달을 닮아서 '달항아리'라는 이름을 얻었습니다.

화가 김환기1913~1974는 전통적인 한국의 미에 서구 모더니즘을 결합한 작품으로 한국 추상 미술을 주도했습니다. 그는 달항아리의 아름다움에 심취하여 달항아리를 오브제로 많은 그림을 남겼습니다. 둥근 몸에 굽이 아가리보다 좁은 달항아리의 형태에 주목했던 그는, 이 항아리가 "놓여있는 것 같지 않고, 달처럼 공중에 두둥실 떠 있는 것 같다."고 기가 막힌 표현을 했습니다. 그리고 "단순한 원형이, 단순한 순백이, 그렇게 복잡하고, 그렇게 미묘한 불가사의한 미를 발산한다."라고 썼습니다.

미술사학자 최순우1916~1984는 "달항아리의 무심한 아름다움을 모르고서 한국의 미를 체득했다고 말할 수 없을 것"이라고 했습니다.

달항아리는 너무 크기 때문에 한 번에 다 만들 수 있는 것이 아니어서 두 개의 둥근 그릇을 만들어 아래, 위로 포개어 구워냅니다. 그래서 이 항아리는 애당초 반듯한 모양으로 만들어질 수 없는 운명을 타고났습니다. 어떤 이는 이를 두고 '불완전의 미학'이라고 표현했습니다. 꼭 우리네 인생을 닮았습니다.

어딘가 모자라는 것 같은 비움의 미학을 우리는 달항아리에서 만날 수 있습니다.

저는 언젠가 저의 졸서에 추사 김정희의 마지막 작품인 〈판전板殿〉이 '대직약굴大直若屈'과 '대교약졸大巧若拙'의 극치라고 쓴 적 있습니다. 추사는 서예 예술의 완성을 바로 여기에서 찾았습니다. '방경고졸方勁古拙 모나고 굳세며 예스럽고 질박함'을 추구한 그의 미의식은 노자 철학과 똑 닮았습니다.

《논어》 '이인里仁'에 공자는 "군자는 말을 어눌하게 한다(君子欲訥於言 군자욕눌어언)."라고 했습니다. 또 '자로子路' 편에서는 "강하고 굳세며 질박하고 어눌하면 인에 가깝다(剛毅木訥 近仁 강의목눌 근인)."라고 했습니다.

'대변약눌大辯若訥' 깊이가 있는 말은 더듬을 수밖에 없습니다.

그래서 누군가의 언변이 청산유수 같으면, 일단 의심부터 하고 보는 것이 제가 삶에서 배운 지혜입니다. 능수능란한 말솜씨와 노련한 임기응변으로 사람의 마음을 사로잡는 사람은 대체로 직업 정치인이 아니면 사기꾼일 가능성이 농후합니다. 만난 지 얼마 되지도 않아 얼굴색 하나 변하지 않고 현란하고 달콤한 말로 사랑을 고백한다면, 이건 어디서 많이 해본 솜씨라고 생각해도 거의 틀림없을 것입니다.

'조승한躁勝寒'을 '빠르게 움직이면 추위를 이긴다.'로 읽는 것은 문법에도 맞고, 인체 과학에도 들어맞습니다. 몸을 바삐 움직이면 어느 정도 추위를 극복할 수 있다는 것은 누구나 다 아는 이치입니다.

실력 있는 어느 학자가 '조급함이 심해지면 추위보다 더 춥게 됨'이라는 한참 꼬인 풀이를 단 것을 본 적이 있습니다. 그러다 보니 '고요함은 더위를 이긴다.'는 아주 평범한 구절인 '정승열靜勝熱'을 '고요함이 극심하면 통상적인 더위보다 더 더워진다.'라는 도저히 이해할 수 없는 번역을 내놓았습니다.

노자는 고요 속에 서늘한 기운氣運이 있다고 믿었는데 말입니다.

46장

天下有道 천하유도

천하에 도가 있으면

却走馬以糞 각주마이분

전쟁터에서 달리던 말이 돌아와 농사짓는 데 쓰이고

天下無道 천하무도

천하에 도가 없으면

戎馬生於郊 융마생어교

전쟁에 끌려간 말이 변경 들판에서 새끼를 낳게 된다.

咎莫大於欲得 구막대어욕득

가지려고 하는 욕심보다 더 큰 허물은 없고

禍莫大於不知足 화막대어부지족

만족할 줄 모르는 것보다 더 큰 화禍는 없다.

故 知足之足 常足矣 고 지족지족 상족의

그러므로 족함을 아는 데서 오는 만족이 영원한 만족이다.

'각주마卻走馬'에서 '각卻'은 '물러나다'라는 뜻입니다. 여기서는 전쟁터에 나간 말이 전쟁터를 떠나 돌아온다는 의미로 쓰였습니다. 《맹자》'등문공滕文公'에 "흉년에는 밭을 경작해도 부족하다(凶年糞其田 而不足 흉년분기전 이부족)."라는 구절이 있습니다. 의심할 것도 없이, 여기서 '분糞'은 '밭을 경작하다'라는 뜻입니다.

잦은 전쟁 통에 마구잡이로 끌려간 암말이 전쟁 중에 새끼를 낳게 되는 전쟁터의 풍경은 참으로 을씨년스럽습니다.

전쟁의 시대를 살아온 중국 최고의 시인 두보杜甫 712~770가 힘겹게 외로이 떠돌며 쓴 시, 〈등악양루登岳陽樓〉에도 '융마戎馬'가 등장합니다.

친한 벗에게는 소식 한 장 없고	親朋無一字
	친붕무일자
늙어 병든 몸만 외로운 배 위에 올랐네.	老病有孤舟
	노병유고주
관산의 북녘엔 전쟁이 이어지니	戎馬關山北
	융마관산북
난간에 기대어 눈물만 흘리누나.	憑軒涕泗流
	빙헌체사류

전쟁은 시인의 가슴에 지극한 슬픔의 씨앗을 심었습니다.

두보는 비참한 전쟁 속에서 "인간 만사가 다 그릇되었음을 탄식하며, 집을 잃고 남동생과 여동생을 찾아다니며(歎息人間萬事非 我已無家尋弟妹 탄식인간만사비 아이무가심제매)" 세월을 보내야만 했습니다.

그는 결국 "어려움과 고통으로 귀밑머리 다 희어진 채로, 늙고 쇠약하여 탁주 잔도 들지 못하고(艱難苦恨繁霜鬢 潦倒新停濁酒杯 간난고한번상빈 요도신정탁주배)", "언제 고향 땅으로 다시 돌아가게 될지(何日是歸年 하일시귀년)" 모르는, 기약 없는 나그네로 살다 죽었습니다.

그가 47세 되던 해인 758년, 하남성河南省 등지를 떠돌던 중 협현陝縣의 석호촌石壕村에서 하루를 묵게 되었습니다. 그리고 그곳에서 담을 넘어 도망간 늙은 남편 대신 할머니가 전쟁터에 끌려가는 참혹한 실상을 목격했습니다. 그녀는 이미 전쟁에 나간 세 아들 중 두 아들을 잃은 터였습니다.

그는 이 참상을 시로 옮겼습니다. 이 시가 그 유명한 〈석호리石壕吏〉입니다.

…

한 아들은 편지 보내와 소식은 있으나   一男附書至

일남부서지

두 아들은 다른 전쟁에서 죽었소.   二男新戰死

이남신전사

…

집안에는 남자라곤 다시없고	室中更無人 실중갱무인
오직 젖먹이 손자가 있는데	惟有乳下孫 유유유하손
손자 어미는 아직 있지만	孫有母未去 손유모미거
출입할 만한 성한 치마가 없다오.	出入無完裙 출입무완군
늙은 할멈 비록 몸은 쇠약하지만	老嫗力雖衰 노구력수쇠
나리 뒤따라 이 밤에 갈까 하오.	請從吏夜歸 청종리야귀
급한 대로 하양의 부역에 응하여	急應河陽役 급응하양역
새벽밥 준비는 할 수 있겠지요.	猶得備晨炊 유득비신취

…

저는 전쟁을 노래한 시 중에서 이보다 더 애절한 시를 본 적 없습니다. 청춘의 시절에 탐닉한 소위 '멜랑꼴리melancholy'나 '페이소스pathos' 류의 문학적 감상感傷은 이 시에 비교하면 차라리 사치에 불과합니다.

예나 지금이나 전쟁은 인류의 재앙입니다.

'천하무도 융마생어교天下無道 戎馬生於郊'로 서술된 《노자》는 철저한 반전사상反戰思想을 담고 있습니다.

《노자》는 '가지려고 하는 욕심보다 더 큰 허물은 없고, 만족할 줄 모르는 것보다 더 큰 화는 없다.'고 썼습니다. 《노자》의 재부관財富觀은 이렇게 주관적인 만족을 그 척도로 삼고 있습니다.

현대 사회에서 전 세대를 걸쳐 가장 중요하다 여겨지는 고민의 핵심은 '돈'이라고 많은 통계는 말합니다.

돈이 적은 사람은 적은 돈으로 고민하고, 돈이 많은 사람은 많은 돈으로 고민합니다. 심지어 돈이 너무 풍족하면 돈 관리로 고민하다가 자식들의 추잡스러운 유산 다툼으로 가슴에 못 박힌 채 죽어가기도 합니다.

남의 불행을 보며 기쁨을 느끼는 것을 '샤덴프로이데Schadenfreude'라고 합니다. 그런 마음으로 쓰는 얘기는 아닙니다만, 소득이 아주 높은 사람 중 대부분은 그 돈을 제대로 써보지 못하고 죽습니다. 심지어 그 많은 돈을 두고서 하고 싶은 사랑도 못 하고, 먹고 싶은 음식도 먹지 못하는 상태로 살다가 세상을 떠나는 일도 다반사입니다.

노자는 만족함을 아는 것, 즉 '지족知足'이 사람의 영욕榮辱과 화복禍福을 결정할 수 있다고 믿었습니다. 《노자》에 의하면, 스스로 부유하다고 여기는 사람만이 부유할 수 있습니다. 저는 세상살이에 지쳐갈 때마다 《노자》의 이 장을 위로로 삼았습니다.

47장

不出戶 知天下 불출호 지천하

문밖으로 나가지 않고도 천하를 알고

不闚牖 見天道 불규유 견천도

창밖을 내다보지 않더라도 천하의 도를 볼 수 있다.

其出彌遠 其知彌少 기출미원 기지미소

멀리 가면 갈수록 그만큼 덜 알게 될 뿐이다.

是以 聖人 不行而知 시이 성인 불행이지

그러므로 성인은, 돌아다니지 않고도 알고

不見而明 불견이명

보지 않고도 밝게 알 수 있으며

不爲而成 불위이성

하는 일이 없어도 이룰 수 있다.

"소년은 일곱 색의 영롱한 무지개를 뜰 안에 갖다 놓기 위하여 집을 나섰습니다.

위태로운 산길, 험한 골짜기, 가파른 멧부리, 깊은 물, 온갖 고난을 헤치고 무지개를 향하여 멀리 나아갔습니다. 그러나 잡힐 듯 말 듯 했던 무지개는 나아가는 만큼 멀리 있었습니다. 소년은 힘들 때마다 더욱 큰 용기와 희망을 잃지 않으며 무지개를 향한 발걸음을 멈추지 않았습니다. 그러나 마침내 한 발짝도 더 내디딜 수가 없게 되었을 때, 그는 그 야망을 접기로 결심하였습니다.

바로 그때, 아직껏 검던 머리가 갑자기 하얗게 세고, 그의 얼굴에는 수없이 많은 주름살이 잡혔습니다."

우리나라 근대 소설 문학을 개척했다는 평가를 받는 금동 김동인金童 金東仁 : 1900~1951의 단편소설 〈무지개〉의 내용입니다.

장자는 도道가 어디에 있느냐고 묻는 동곽자東郭子에게 "없는 데가 없다(無所不在 무소부재)."고 하면서, "땅강아지나 개미에게도 있고, 돌피稊稗 제패에도 있고, 기와·벽돌瓦甓 와벽에도 있고, 똥이나 오줌에도 있다."고 했습니다. 《장자》'지북유知北遊'에 나옵니다.

부서진 기와나 벽돌처럼 쓸모없는 것들에도 도가 존재한다는 의

미의 '도재와벽道在瓦甓'이라는 고사성어는 여기서 나왔습니다.

　김동인의 〈무지개〉는 좇을 수 없는 꿈과 야망이라도 포기하지 않는 것이 젊음이라고 가르쳤습니다. 그렇지만 그 대상이 무엇이든 간에 무턱대고 멀리서 찾는 것만이 능사는 아닐 것입니다.

　어떤 이는 보란 듯이 스프링클러를 설치하여 그 '무지개'를 자신의 뜰에 가볍게 가져왔습니다.

　의상대사와 함께 당나라로 유학 가던 원효대사가 정말로 해골에 고인 물을 마셨는지 아닌지는 알 수 없지만, 그는 깨달음이 멀리 있는 것이 아님을 깨닫고 혼자 되돌아왔습니다.

　노자는 도가 멀리 있지 않다고 역설합니다. 내재된 직관에 의한 성찰을 통해 도가 완성된다고 노자는 믿었습니다.

　'불견이명 불위이성不見而明 不爲而成'은《중용》'26장'과 닮았습니다.

　지극히 진실한 사람이라면 "자신의 덕을 드러내려 하지 않아도 환히 드러나고, 남을 움직이려 하지 않아도 그들이 절로 변화되며, 애써 하는 일이 없어도 저절로 일이 이루어진다(不見而章 不動而變 無爲而成 불현이장 부동이변 무위이성)."

48장

爲學日益 위학일익

학문은 하루하루 쌓아 가는 것이며

爲道日損 위도일손

도는 날로 덜어내는 일이다.

損之又損 以至於無爲 손지우손 이지어무위

덜어내고 또 덜어내면 무위의 경지에 이르게 된다.

無爲而無不爲 무위이무불위

무위에 이르게 되면, 하지 못할 것이 없다.

取天下 常以無事 취천하 상이무사

천하를 다스리는 것은 항상 억지로 함이 없어야 하니

及其有事 급기유사

무리해서 일삼게 된다면

不足以取天下 부족이취천하

세상을 다스리기에 충분하지 못하다.

저는 앞서 사진을 찍을 때 기본이 되는 '프레이밍framing'의 비결을 알려드렸습니다.

초보자는 카메라 앵글 속에 가능한 한 많이 채워 넣으려고 합니다. 앞에다 전경으로 꽃 몇 송이 깔아 놓고, 사진의 주제인 듯한 인물을 머리끝부터 발끝까지 고스란히 담은 다음, 배경으로 들과 산, 가능하면 파란 하늘에 구름 몇 조각마저 집어넣고 나서야 비로소 직성이 풀립니다. 그렇게 해서 완성된 사진에는 강조되어야 할 주제는 온데간데없고, 잘 얼어걸려봤자 평범한 풍경 사진에 지나지 않습니다.

조선 말기를 풍미했던 불세출의 천재 화가 단원 김홍도檀園 金弘道 1745~?의 그림을 보면 이해가 쉽습니다. 단원은 두 폭의 〈마상청앵도馬上聽鶯圖〉를 그렸습니다.

먼저 그린 그림은 화면 전체가 거의 빈틈없이 빽빽하게 채워져 있습니다. 그러나 그보다 오륙 년 뒤에 그린 같은 내용의 그림에서는 디테일이 많이 사라지고, 그 자리가 여백으로 남았습니다. 미술 사학자 오주석1956~2005은 "여백이 망망하니 넓은데, 이렇게 여백이 넓다는 것은 화가가 나이가 들어 원숙해졌다는 뜻"이라고 썼습니다. 뒤에 그린 그림은 붓질이 이전과 비교가 되지 않을 정도로 소략해졌지만, 그 격조는 이전 작품과 비교할 수 없을 정도로 뛰어나고 깊이가 있습니다.

저는 일찍이 이를 '뺄셈의 미학'이라고 이름 붙였습니다. 김홍도의 이 작품이야말로 뺄셈의 미학의 좋은 본보기라고 생각합니다. 인생론에서 흔히 말하는 '선택과 집중'도 바로 '뺄셈', 즉 '일손損 난로 덜어내는 일'에서 출발합니다.

불교의 근본 교리 중에 '고집멸도苦集滅道'라는 말이 있습니다.

현실 세계의 결과로 오는 생로병사의 고통을 '고苦', 현실 세계에 고통의 원인을 '집集'이라고 하는데, '집'은 번뇌의 모임으로 집착에서 비롯된다고 합니다.

이 집착을 떨쳐버리고 번뇌에서 벗어나는 과정이 바로 '멸滅'입니다. 그러니까 '멸'은 버리고 없애는 행위를 의미한다고 할 수 있습니다. 그리고 그 '멸'의 작용이 전제되어야 비로소 깨달음의 경계인 '도'에 이를 수 있다고 하는 것입니다.

지금도 그런지 모르겠습니다만, 예전에 역 앞에 있는 식당의 차림표는 참으로 가관이었습니다. 라면부터 생선찌개, 짜장면, 오므라이스, 돈가스에다 심지어 설렁탕, 삼계탕까지 총망라되어 있었습니다. 보통의 손님이라면, 차림표에 있는 모든 음식을 이 식당에서 맛있게 만들 수 있으리라고는 생각하지 않을 것입니다. 이 많은 음식을 모두 만들 수 있다는 것은, 어떤 음식도 제대로 만들 수 없다는 것을 의미한다고 해도 틀리지 않을 것입니다. 이 식당이 성공하기 위해서는, 우선 잡다한 메뉴부터 정리하고 한두 가지 아이템으로 전문화해야 한다는 것은 컨설팅 전문가가 아니라도 누구나 알만한 일입니다.

근본 사상이 다르고 지향하는 가치가 다르더라도, 궁극적으로 그 '절대선絶對善'에 이르는 과정은 우선 비우고 들어내어야 한다는 점에서는 그리 다르지 않습니다.

지식은 쌓아가는 일이지만, 도는 덜어내는 일입니다. 무위의 경지에 이르도록 덜어내어 자신을 비우는 일입니다. 이 과정을 통해 마침내 사사로운 욕망으로부터 자유로워져 진실하고 질박한 상태로 돌아가게 됩니다.

노자는 도에 이르는 과정을 이렇게 '일손日損'을 통한 무위無爲로 보았습니다.

49장

聖人常無心 성인상무심 성인에겐 자신만의 생각이 없으니,
以百姓心爲心 이백성심위심 백성의 마음을 내 마음으로 삼는다.

善者 吾善之 선자 오선지 선한 사람에게 나는 선으로 대하고
不善者 吾亦善之 불선자 오역선지
선하지 않은 사람에게도 선으로 대하리니,
德善 덕선 이로써 선을 이룬다.

信者 吾信之 신자 오신지 신실한 사람에게 나는 신실하게 대하고
不信者 吾亦信之 불신자 오역신지
신실하지 못한 사람에게도 신실하게 대하리니,
德信 덕신 이로써 신실함을 이룬다.

聖人在天下 歙歙焉 성인재천하 흡흡언
성인은 재위하면 사사로운 생각을 버리고
爲天下渾其心 위천하혼기심
천하를 위하여 민심과 하나가 된다.
百姓皆注其耳目 백성개주기이목
모든 백성은 그의 눈과 귀를 의지하고
聖人皆孩之 성인개해지 성인은 그들을 갓난아기처럼 보살핀다.

'성인상무심^{聖人常無心}'에서의 '마음^心'은 자기중심적인 사고와 가치 판단을 말합니다. 노자는 다스리는 자리에 있는 사람은 먼저 주관적이고 고집스러운 생각을 버리고 백성과 한 마음이 되어야 한다고 말합니다. 그래서 뒤에 '흡흡^{歙歙}'이라는 말을 썼습니다. 흡흡은 천하를 다스리는 사람이 독선과 아집을 버리는 일을 뜻합니다.

공자는 "정직함으로써 원한을 갚고, 덕으로써 덕을 갚아야 한다(以直報怨 以德報德 이직보원 이덕보덕)." 라고 했습니다. 《논어》'헌문^{憲問}'에 나옵니다.

그러나 노자는 남을 다스리는 사람은 선한 사람이나 선하지 않은 사람이나 모두 선으로 대하여야 하며, 신실한 사람이든 신실하지 못한 사람이든 하나같이 신실하게 대하여야 한다고 말합니다. 그렇게 함으로써 비로소 선을 이루고 신실함을 실현할 수 있다고 했습니다.

그리고 더 나아가 63장에서는 "크든 작든, 많든 적든, 덕^德으로 원한을 갚으라(大小多少 報怨以德 대소다소 보원이덕)."고 역설합니다.

'덕선^{德善}', '덕신^{德信}'의 '덕^德'은 더 말할 것도 없이 '얻다, 실현하다'라는 의미의 '득^得'으로 쓰였습니다.

다산 정약용은 이를 두고 이렇게 풀이했습니다.

"노자의 도를 상고해보니, 자애로움을 위주로 하였다. 그래서 덕으로 원한을 갚는다고 한 것이다(案老子之道 以慈爲主 故以德報怨 안노자지도 이자위주 고이덕보원)."

《여유당전서》'논어고금주論語古今註'에 나옵니다.

《서경》'순전舜典'에 의하면, 성인으로 칭송 받는 순임금은 즉위 이후 "요임금 시절 사방四方을 맡았던 방백方伯인 사악四岳들에게 자문하며, 사방의 문을 활짝 열어 놓고, 사방의 눈으로 자신의 눈을 밝게 하고 사방의 귀로 자신의 귀를 통하게(詢于四岳 闢四門 明四目 達四聰 순우사악 벽사문 명사목 달사총)" 했다고 합니다. 순임금은 재위 동안 민심과 하나가 되기 위하여 폭넓게 소통하려 애썼습니다. 그는 마치 갓난아기를 대하듯 백성들을 보살폈습니다.

오늘날 리더십의 덕목으로 회자되는 '사목사총四目四聰'은 여기에서 나왔습니다.

임금이 머리에 쓰는 것이 '면류관冕旒冠'입니다.

면류관의 '류旒'는 많은 주옥을 꿰어 늘어뜨린 12줄의 끈을 가리킵니다. 임금이 자질구레한 일까지 지나치게 살피는 것을 막는다는 상징적인 의미가 있습니다. 면류관의 양 끝에는 솜 방울이 매달려있습니다. 이것을 '주광黈纊'이라고 합니다. 여기에는 남을 비방하는 참언讒言과 같은 해로운 말이나 긴요하지 않은 말을 듣지 않는다는 경계의 뜻이 담겨 있었습니다.

그러나 나쁜 임금은 12줄의 면류 뒤에 숨고, 주광黈纊으로 귀를 막습니다.

보고 싶은 것만 보고, 듣고 싶은 이야기만 골라서 듣습니다. 지도자가 자기중심적인 사고에서 벗어나지 못한 채 민심과 불통不通하게 되면 고통苦痛은 오롯이 백성의 몫입니다. 그리고 그 지도자는 이 대가를 꼭 치르게 되어 있습니다.

당나라 '장온고張蘊古'는 〈대보잠大寶箴〉에서 천자天子를 향하여 강하게 충간忠諫했습니다.

"비록 면류冕旒가 눈을 가렸지만 보이지 않는 것도 보셔야 하고, 주광黈纊으로 귀가 막혔다고 하더라고 들리지 않는 소리까지 들으셔야 합니다(雖冕旒蔽目 而視於未形 雖黈纊塞耳 而聽於無聲 수면류폐목 이시어미형 수주광색이 이청어무성)."

27장에서 보았듯이, 위대한 지도자는 민심과의 소통을 잊지 않습니다. 그리하여 아무도 버리지 않고, 어느 것도 내버리지 않는 '습명襲明'을 실천합니다.

50장

出生入死 출생입사

세상에 태어나 살다가 죽음으로 돌아가는데

生之徒 十有三 생지도 십유삼

장수하는 사람이 열에 셋이고

死之徒 十有三 사지도 십유삼

단명하는 사람이 열에 셋이다.

人之生 인지생

삶을 살아가면서

動之於死地 동지어사지

마구 살다가 죽음으로 가는 사람도

亦十有三 역십유삼

또한 열에 셋이다.

夫何故 부하고

무슨 까닭으로 그러한가?

以其生生之厚 이기생생지후

분에 지나친 삶을 살려고 했기 때문이다.

蓋聞善攝生者 개문선섭생자

들자니, "섭생攝生을 잘하는 사람은

陸行不遇兕虎 륙행불우시호

땅을 다녀도 무소나 호랑이를 만나지 않고

入軍不被甲兵 입군불피갑병

군대에서도 무기로 다치지 않는다."고 한다.

兕無所投其角 시무소투기각

무소가 그 뿔로 들이받을 수 없고

虎無所措其爪 호무소조기조

호랑이는 그 발톱으로 할퀼 수 없으며

兵無所容其刃 병무소용기인

무기의 예리한 칼날이 파고들 곳이 없다는 것이다.

夫何故 부하고

무슨 까닭으로 그러한가?

以其無死地 이기무사지

그가 죽을 만한 곳으로 들어가지 않기 때문이다.

노장사상이라고 하면 흔히 노자와 장자의 철학을 동일 선상에 놓고 생각하기 쉽습니다.

그러나 실제로 노자와 장자 사이에는 미묘하지만 깊은 차이가 있습니다. 특히 삶과 죽음에 대한 성찰에서 이 차이는 확연합니다.

노자는 인간의 삶에 주목했습니다. 그는 무위자연의 인생을 강조하면서 '섭생攝生', 즉 '양생養生'의 논리를 전개했습니다.

장자는 삶과 죽음은 근본이 같으므로 한가지로 여겨야 한다고 일관되게 주장했습니다. 《장자》'제물론齊物論'에는, "천하에는 털끝보다 더 큰 것이 없을 수도 있고 태산은 아주 작은 것이 될 수도 있으며, 요절한 아이보다 더 장수한 사람이 없을 수도 있고 800세를 산 팽조를 요절했다고 할 수도 있다(天下莫大於秋毫之末 而大山爲小 莫壽乎殤子 而彭祖爲夭 천하막대어추호지말 이대산위소 막수호상자 이팽조위요)."고 썼습니다.

장자의 논리가 지나치게 비현실적이고 우화적인 탓에 늘 다양한 비판이 따라다닙니다만, 이 문장은 특별히 많은 논란을 일으켰습니다. 동양 최고의 '서성書聖'이며 대학자로 추앙받는 왕희지王羲之307~365는 장자가 죽은 지 600여 년 후 그의 절세의 문장 〈난정기蘭亭記〉에서 신랄辛辣한 비판을 가했습니다.

"죽음과 삶을 하나로 보는 것은 허탄하기 짝이 없고, 팽조와 요절한 아이를 똑같이 보는 것은 망령되이 쓴 말이다(一死生爲虛誕 齊彭殤爲妄作 일사생위허탄 제팽상위망작)."

《노자》는 바르고 건강하게 장수하는 삶을 추구합니다. 이 때문에 《노자》를 '장생술長生術에 치중한 양생론養生論'으로 보는 견해가 생겨났습니다. 그리고 이 이론은 훗날 도교 성립의 기초가 됩니다.

《노자》는 세상 사람 중 열에 셋은 장수하고, 열에 셋은 단명하지만, 나머지 중 열에 셋은 탐욕으로 스스로 생명을 해친다고 보았습니다. '동지어사지動之於死地'는 바로 그 의미입니다. 저는 '동動'을 '마구 살다'로 읽었습니다. 우리말 '나대다'로 읽어도 좋을 것 같습니다.

저는 《중용》에 나오는 "군자는 마음을 편히 하여 천명을 기다리고, 소인은 위험한 짓을 하면서 요행을 바란다(君子居易以俟命 小人行險以徼幸 군자거이이사명 소인행험이요행)."라는 말을 좋아합니다.

《맹자》'진심盡心'에는, "정명正命을 아는 자는 위험한 담벼락 아래에 서지 않는다. 도리를 다하고 죽는 것이 정명이요, 질곡桎梏으로 죽는 것은 정명이 아니다(知命者 不立乎巖牆之下 盡其道而死者 正命也 桎梏死者 非正命也 지명자 불립호암장지하 진기도이사자 정명야 질곡사자 비정명야)."라고 했습니다. 정명은 천수天壽를 다하고 죽거나, 정의正義를 행하다 죽는 것을 말합니다.

그리고 《맹자》'이루장離婁章'에서는 쓸데없이 목숨을 거는 것은 용기가 아니라고 정의했습니다. "죽어도 되고 안 죽어도 되는데, 죽는 일은 용기를 손상시키는 행위이다(可以死 可以無死 死 傷勇 가이사 가이무사 사 상용)."

보신, 보양에 지나치게 집착하는 일은 '동지어사지動之於死地'와 무관하지 않습니다. 예나 지금이나 여기에 목숨 거는 사람이 제대로 천명을 누렸다는 얘기를 저는 들어보지 못했습니다. 비아그라가 나오기 전만 하더라도 캐나다 해안에서만 한 해 무려 25만 마리의 물개들이 해구신海狗腎에 대한 수요 때문에 날벼락을 맞아야 했습니다. 코브라를 비롯한 맹독성 뱀을 먹겠다고 동남아행 비행기를 탄 사람을 주변에서 보는 일은 지금도 그리 어렵지 않습니다. 저는 과거에 패키지여행을 나섰다가 살아 있는 곰에게서 쓸개즙을 빼내어 즉석에서 마시는 끔찍한 현장에 함께 있어야만 했습니다. 제대로 눕지도 못한 채 갇혀있는 곰 여러 마리가 자기 차례를 기다리면서 미쳐있는 참상을 목격했습니다. 《노자》는 이렇게 살면 제명을 단축한다고 한 것입니다.

《노자》는 오직 열에 하나만이 자신의 삶을 잘 기르고 보존하여 장수하게 된다고 결론지었습니다. 양생은 분에 넘는 탐욕에서 벗어나 맑고 소박하게 자연을 따라 사는 데서 시작합니다.

저는 한문을 풀이하고 옛 글자를 해석하는 일을 생업으로 삼는 서생이지만, 나름대로 원칙을 정해놓고 이를 지키기 위해 노력합니다. 그중 한 가지는 원문의 뜻을 해치지 않는 범위에서만 한자어를 사용하고, 가능하면 우리말을 찾아 쓰는 것입니다. 믿으시기 어렵겠지만, 저는 지금도 친숙하고 예쁜 우리말을 찾아 쓰려고 노력하고 있습니다.

'십유삼十有三'은 '10분의 3'이라는 뜻입니다. 저는 '열에 셋'이라고 썼습니다.

언젠가 우리말에 서툰 외국계 연예인이 '하나도 없다'라는 말을 '1도 없다'로 발음하여 웃었는데, 어느새 이 표현이 연예인들의 입을 통해 표준말처럼 자리를 잡았습니다. 마치 어린아이의 말을 어른들이 배워 따라 하는 것과 같은 희한한 일이 일어난 것입니다. 하기야 인기 연예인의 강의료가 제 것의 수십 배도 더 되는 판국에 감히 연예인들의 언어를 가지고 제가 왈가왈부할 일은 아닐 것입니다.

저는 로또를 사본 적이 없습니다. 저라고 어떻게 큰돈 욕심이 없겠습니까만, '인생역전'이라는 로또 광고가 제 자존심을 건드린 탓입니다. '역전逆轉'은 '거꾸로 뒤집는다'라는 뜻입니다. 제가 한평생 얼마나 못나게 살아왔으면, '이제 와 새삼 이 나이에' 제 인생을 뒤집어야 하겠습니까.

기껏 글이나 쓰고 번역하는 일을 하는 제게 '대박' 터뜨리라고 하는 분들의 응원도 좀 그렇습니다. 대박이란 말의 유래를 정확히는 알 수 없지만, 도박이나 노름판에서 횡재를 맞았다는 말로 쓰이는 단어인 것만큼은 확실합니다. 예쁘고 점잖은 우리말과는 한참 거리가 있습니다. 예의를 갖추어야 할 공식적인 자리에서까지 이 말이 남발되는 물질 만능의 세태가 쓸쓸하기만 합니다.

어쨌든 저는 제가 쓴 책이 '크게大 대', '널리博 박' 읽히면 참 좋겠습니다.

天下有始
以爲天下母
既得其母
以知其子
既知其子
復守其母
沒身不殆
塞其兑　閉其門
終身不勤
開其兑　濟其事
終身不救

51장 - 60장

道生之 도생지 도는 만물을 낳고

德畜之 덕휵지 덕은 만물을 기른다.

物形之 물형지 만물이 형태를 갖추게 되면

勢成之 세성지 주위환경은 모든 것을 이루어간다.

是以 萬物 莫不尊道而貴德 시이 만물 막불존도이귀덕

그러므로 만물은, 도를 존중하고 덕을 귀하게 여기지 않음이 없다.

道之尊 德之貴 도지존 덕지귀

도를 존중하고 덕을 귀하게 여기는 것은

夫莫之命而常自然 부막지명이상자연

명하지 않아도 저절로 그렇게 되는 것이다.

故 道生之 德畜之 고 도생지 덕휵지 그러므로 도는 낳고, 덕은 기른다.

長之 育之 장지 육지 키워 기르고

亭之 毒之 정지 독지 성숙하게 하며

養之 覆之 양지 복지 보살피고 보호한다.

生而不有 생이불유 낳고도 소유하지 않고

爲而不恃 위이불시 키웠지만 기대려고 하지 않고

長而不宰 장이부재 길렀지만 부리려 하지 않으니,

是謂玄德 시위현덕 이를 일컬어 현덕玄德이라 한다.

"도가 만물을 낳고, 덕이 기르니, 만 243물은 모습을 갖추기 시작하여 주위의 형세를 따라 이루어진다."

이 구절은 마치 천지개벽의 순간을 갈마들듯 펼쳐놓은 것 같습니다.

한국 모더니즘 시 운동을 이끌었던 시인 박남수1918~1994는 그의 시 〈아침 이미지〉에서 이렇게 노래했습니다.

어둠은 새를 낳고, 돌을

낳고, 꽃을 낳는다.

아침이면,

어둠은 온갖 물상物象을 돌려주지만

스스로는 땅 위에 굴복屈服한다.

…

즐거운 지상地上의 잔치에

금金으로 타는 태양의 즐거운 울림

아침이면

세상은 개벽開闢을 한다.

— 박남수, 〈아침 이미지〉 중에서

《노자》는 이번 장에서 도의 창조적 기능과 만물을 자라나게 하는 덕의 작용을 풀어놓고 설명했습니다.

《노자》의 도와 덕에는 일체의 의식성과 목적성이 없습니다. 그래서 "낳고도 소유하지 않고, 키웠지만 의지하지 않으며, 길렀지만 부리려 하지 않는다."고 하였습니다. 노자는 이것을 '현덕'이라고 정의합니다.

여기저기 강의하러 다니다 보면 효과적인 한문 학습법에 대한 질문을 자주 받습니다.

그리고 나이가 드신 분들에게서 어린 시절《천자문》으로 공부하다가 어려워서 포기했다는 고백을 종종 듣기도 합니다. 저는 이럴 때마다 한문 공부의 최대의 적敵은《천자문》이라고 서슴지 않고 말합니다.

일찍이 깨어있는 사고를 가진 조선 시대 학자들은《천자문》이 어린이들에게 유용한 한문 학습서가 아니라고 강변했습니다. 다산 정약용은 '아이들이 배워야 할 책'이라는 뜻의《아학편兒學編》에서 어린이 학습서로서의《천자문》을 통렬하게 비판했습니다.

《천자문》은 첫 구절부터 '우주론'에 대한 지식을 갖추어야 할 정도의 난해한 내용으로 이루어져 있다는 것이 그의 논거였습니다. 부연하자면, '하늘은 검고, 땅은 노란색이며 우주는 넓고 거칠다(天地玄黃 宇宙洪荒 천지현황 우주홍황).'라는 구절 속에 천명사상과 오행사상이 함축되어 있는 등 전반에 걸쳐 심오한 내용이 담겨있어서,《천자문》은 어린이들의 기초 학습서로서는 적합하지 못하다는 것입니다.

저는 더 나아가 '한 가지 뜻'으로 정의한《천자문》의 '훈訓'이 한문 문장을 읽는데 큰 걸림돌이 된다고 생각합니다. 외국어를 공부해본 사람이라면 문장과 동떨어진 단어의 암기가 얼마나 부질없는 일인지 뼈저리게 느낀 경험이 있을 것입니다.

예를 들어,《천자문》에 있는 '가루 설屑'이 '가루'라는 뜻으로 사용된 예를 찾기란 참 어렵습니다. 주로 '달갑게 여기다, 또는 흡족해하다'로 쓰입니다. 심지어 이 글자는 '자질구레하다, 또는 편하지 않다'라는 거의 반대되는 뜻으로 사용되기도 합니다.

'중重'을《천자문》대로 '무거울 중'으로만 읽으면, '다시, 거듭'의 뜻으로 쓰인 '중건重建, 중간重刊' 등을 해석할 일이 막막해지지 않겠습니까?

외국어를 공부할 때 그러했던 것처럼, 한자는 문장을 통해 뜻을 찾고 익혀야만 합니다. 그래서 저는 가벼운 한문 문장을 찾아 읽으며 한자를 이해하는 것을 추천합니다. 기초 과정부터 '도연명'의 〈오류선생전五柳先生傳〉이나《맹자》를 읽은들 또 어떻습니까?

'정지 독지定之 篤之'에서 '정자 정定'은 '정할 정定' 또는 '이룰 성成'으로 읽고, '독 독篤'은 '편안할 안安' 또는 '익을 숙熟'으로 읽어야 합니다. 정통적인 노자 학자들은 '정지 독지'를 '안정시키고 편안히 하다', 또는 '성숙하게 하다'로 풀이했습니다.

'생이불유生而不有' 이하 4구절은 10장에 나오는 구절과 일치합니다. 그래서 오랫동안 많은 학자들은 이 구절이 잘못 삽입된 것으로 생각했습니다. 그러나 이 구절이 포함된 백서본이 발견되면서 이러한 논쟁은 사라졌습니다.

좋은 글은 읽고, 반복해서 또 읽어도 좋은 법입니다.

52장

天下有始 천하유시 천하에 시작이 있어

以爲天下母 이위천하모 천하의 어머니가 되었다.

旣得其母 기득기모 그 어머니를 얻어

以知其子 이지기자 이로 말미암아 그 자식을 알고,

旣知其子 기지기자 그 자식을 알고

復守其母 복수기모 또 그 어머니를 지켜나가면

沒身不殆 몰신불태 목숨이 다할 때까지 위태롭지 않다.

塞其兌 閉其門 색기태 폐기문 욕망의 구멍을 막고, 그 문을 닫으면

終身不勤 종신불근 평생 수고롭지 않을 것이다.

開其兌 濟其事 개기태 제기사 욕망의 구멍을 열고 일을 이루려고 한다면

終身不救 종신불구 죽을 때까지 헤어날 길이 없을 것이다.

見小曰明 견소왈명 작은 것을 보는 것이 '밝음明'이요

守柔曰强 수유왈강 부드러움을 지키는 것이 '강함强'이다.

用其光 復歸其明 용기광 복귀기명 빛을 밝혀 밝음으로 돌아간다면

無遺身殃 무유신앙 자신에게 재앙이 따르지 않을 것이니

是爲襲常 시위습상 이것을 습상襲常이라고 한다.

'천하의 어머니天下母'를 '도'라고도 하고, '덕'이라고도 합니다. 그렇지만 도와 덕, 둘 모두를 의미한다 해도 좋을 듯싶습니다. 자식을 만물로 보는 데는 이견이 없습니다.

어머니는 '본本'이고, 자식은 '말末'이 됩니다. 근본으로 들어가 말단을 알아야 하는 것은 자연의 이치입니다. 이 이치를 깨닫게 되면 목숨이 다할 때까지 위태롭지 않다고《노자》는 말합니다.

이번 장의 키워드인 '태兌'를 두고 예로부터 논쟁이 많았습니다.

《주역》'설괘전說卦傳'에 "건乾 ☰은 머리가 되고, 곤坤 ☷은 배가 되고, 진震 ☳은 발이 되고, 손巽 ☴은 다리가 되고, 감坎 ☵은 귀가 되고, 이離 ☲는 눈이 되고, 간艮 ☶은 손이 되고, 태兌 ☱는 입이 된다(乾爲首 坤爲腹 震爲足 巽爲股 坎爲耳 離爲目 艮爲手 兌爲口 건위수 곤위복 진위족 손위고 감위이 리위목 간위수 태위구)."라고 했습니다. '태兌 ☱'는 몸의 여덟 기관 중 '입口'에 해당합니다.

주역 연구의 대가였던 왕필은 당연히 '태'를 '일을 벌이려는 욕심이 생겨나오는 곳(事欲之所由生 사욕지소유생)'으로 풀이했습니다. 그리고 이어 나오는 '문門'은 '일을 벌이려는 욕심이 따라 나오는 곳(事欲之所由從 사욕지소유종)'으로 읽었습니다. 저는 임팩트impact 있게 표현하려고 '욕망의 구멍'으로 썼습니다. 적당한 말을 찾지 못했을 뿐, 다른 뜻은 전혀 없습니다.

'습상襲常'은 왕필본, 하상공본에 '습상習常'으로 되어 있습니다. '상도常道 영원히 지속되는 도를 익히고 따름'으로 해석합니다. 그러나 백서본 등에서는 '습상襲常'으로 쓰여 있습니다. '襲'이 후대로 가면서 '習'으로 바뀐 것으로 여겨집니다. 《예기》에도 '習'을 '襲'으로 적었습니다.

"작은 것을 보는 것을 밝음明이라고 하고, 부드러움을 지키는 것은 강함强이라고 한 구절은 참으로 《노자》답습니다.

흔히 '사소한 것에 목숨 걸지 말라.'고 말합니다. 저는 이 말이 너무나 무책임한 말이라고 생각합니다. 세상의 중요한 사건은 대부분 사소한 차이에서 비롯됩니다.

미국 메이저리그에서 타율 3할의 선수와 2할 9푼인 선수는 100타석에 기껏해야 안타 1개 차이지만 연봉은 하늘과 땅 차이입니다. 홈플레이트에서 1루까지의 거리는 27m 43cm입니다. 우리나라 프로선수들은 평균 5초 정도에 도착합니다. 타율에 결정적인 영향을 미치는 1루에서의 세이프와 아웃은 대부분 간발의 시간차로 결정됩니다. '간발間髮의 차이'는 말 그대로 머리카락 한 올 굵기의 미세한 차이를 뜻하는 말입니다.

저는 직장 생활을 할 때 CRM Customer Relationship Management 고객 관계 관리을 맡은 적이 있습니다. 이 일을 하면서 제가 확인한 것은, 고객과의 관계가 파국으로 치닫는 대부분의 경우는 놀랍게도 직원의 아주 사소한 불친절과 무관심에서 비롯된다는 것이었습니다. 마찬가지로 가정이 깨지는 대부분의 원인을 문화적 차이라고 얘기하자면 사실 문제는 서로의 다름을 이해하지 못해 생기는 사소한 갈등에서 시작됩니다. 꽃한 송이, 다정한 말 한마디로 풀어질 일을 미처 챙기지 못해 돌아오지 못할 강을 건너는 경우가 다반사입니다. 그렇다고 해서 제가 잘하고 있다는 얘기는 결코 아닙니다.

　잘나가는 어느 기업은 이렇게 광고했습니다.

　"사소한 차이가 명품을 만든다."

　우리는 정말 사소한 일에 목숨을 걸어야만 합니다.

53장

使我介然有知 사아개연유지 가령, 나에게 굳건한 앎이 있어,

行於大道 행어대도 대도大道를 걷게 된다면,

唯施是畏 유시시외 오직 비틀거리며 걷지 않을까 두려워할 것이다.

大道甚夷 대도심이 대도는 매우 넓고 평탄하지만

而民好徑 이민호경 사람들은 샛길을 좋아한다.

朝甚除 조심제 조정은 우아하나

田甚蕪 전심무 밭은 황폐하고

倉甚虛 창심허 창고는 텅 비어 있다.

服文綵 복문채 화려한 비단옷을 입고

帶利劍 대리검 날카로운 칼을 차고 다니며

厭飮食 염음식 음식을 물리도록 먹고도

財貨有餘 재화유여 재화는 남아돈다.

是謂盜夸 시위도과 이를 일컬어 도둑놈이라 하니

非道也哉 비도야재 도가 아닌 것이다.

'개연介然'은 확고하거나 굳센 것을 형용하는 말입니다. 그런데 정통성 있는 번역에서도 '작다'라는 뜻으로 풀이하는 경우가 허다하여 논쟁거리가 되기도 합니다. 저는 전체의 뜻을 살려 '굳건하다'의 뜻으로 읽었습니다. '한국고전종합DB'에서 '개연'이 쓰인 수백 문장을 살펴봤는데 '작다'라는 의미로 쓰인 문장은 거의 없고, 대부분 '굳건함'이나 '갑작스러움'의 뜻으로 쓰였습니다.

'유시시외唯施是畏'에서 '시施'의 해석도 참으로 다양합니다만, 저는 다음 구절에 나오는 '경徑'을 '사경邪徑 비딸진 샛길'으로 풀이한 하상공의 주석을 바탕으로 읽었습니다. 백서본에도 '비틀대며 걷는다'는 뜻의 '이迤'로 쓰여 있어 이 해석이 가장 큰 설득력을 얻고 있기도 합니다.

이렇게 읽고 보니, 이번 장의 앞부분은 백범 김구 선생의 애송시로 널리 알려진 서산 대사의 시와 묘하게 닮았습니다.

눈 덮인 광야를 밟아갈 때에는	踏雪野中去
	답설야중거
그 발걸음을 어지러이 내딛지 말라.	不須胡亂行
	불수호란행
오늘의 이 내 발자국이	今日我行跡
	금일아행적

'조심제朝其除'에는 크게 두 종류의 해석이 있습니다.

첫째는 '궁궐이 깨끗하다'라는 의미의 해석입니다. 왕필은 "조朝는 궁궐이다. 제除는 깨끗하고 좋다(朝 宮室也 除 潔好也 조 궁실야 제 결호야)."라고 했습니다. 하상공의 주석도 크게 다르지 않습니다. "높은 누대의 정자와 궁실을 짓는 것이다(高臺樹 宮室修 고대수 궁실수)."

둘째로는 '제除'를 '폐廢'의 뜻으로 보아 '문란하다'는 뜻으로 본 해석이 있습니다. 이 해석에 이해가 가지 않는 것은 아니지만, 저는 왕필의 주석대로 '백성을 착취하여 궁궐을 호화롭게 짓고 꾸미는 것'으로 읽겠습니다.

루이 14세가 50년 동안 막대한 건축비를 들여 지은 베르사유 궁전은 300만 평의 정원 위에 6만 3,200㎡에 이르는 거대한 건축물입니다. 궁전 안에는 화려한 예술품으로 꾸민 700개의 방과 2,000여 개의 창문이 있습니다.

무굴 제국 황제가 왕비를 기리기 위해 지은 타지마할은 건축하는 데만 무려 22년이 걸렸습니다. 매일 2만 명이 넘는 노동자들이 동원되어 천문학적 비용을 쏟아부어 완공되었습니다.

이렇게 위대한 건축물이 탄생한 이면에는 백성들이 흘린 피와 땀이 있습니다. 권력자의 사치와 향락을 위해 절대다수를 차지하는 민중의 삶은 짓밟혔고, 백성들은 고통의 나락으로 떨어졌습니다.

저는 우리나라에 베르사유 궁전이 없고 타지마할 같은 건축물이 없다는 사실이, 힘든 시절을 겪으며 기적처럼 생존해왔던 우리 조상님들에게 그나마 다행이었다고 생각합니다. 우리 조상님들이 피라미드 같은 다소 거창한 무덤을 만들거나, 만리장성 같은 저 무식한 담벼락을 쌓았던 폭군을 만나지 않았던 것만 해도 이 얼마나 다행스러운 일입니까?

우리나라 경복궁이 중국의 자금성을 흉내 낸 축소판이라는 자조 섞인 평가를 쉽게 만날 수 있습니다. 그런데 사실 경복궁은 자금성보다 12년 일찍 착공되어, 자금성보다 25년 이른 1395년에 완공되었습니다. 총면적이 72만㎡인 자금성에 비교한다면 조금 달리기는 하지만 최대 면적일 때 경복궁의 넓이는 무려 43만㎡에 육박했었습니다.

원래의 경복궁은 390여 칸에 불과했습니다. 최대 면적이 되면서 7,225칸에 달하는 규모를 갖추게 된 것은 흥선대원군의 탐욕 때문이었습니다. 그는 재원 충당을 위해 원납전을 억지로 거두고, 당백전을 발행하는 등 엄청난 경제 혼란을 일으켰습니다. 그리고 백성들을 강제로 부역에 동원해서 조선 사회에 끔찍한 재앙의 씨앗을 심어놓았습니다.

1867년, 역대 최대 규모의 궁궐이 완공되고 나서 오래지 않아 조선은 멸망의 길로 들어섰습니다.

맹자는 아름다운 궁궐을 짓는 목적은 오직 "백성과 즐거움을 함께하기(與民同樂 여민동락)" 위함이어야 한다고 했습니다.

'밭은 황폐하고 창고는 비어 있는데 궁궐은 호화롭게 꾸미고, 화려한 비단옷에 날카로운 칼을 차고 음식을 물리도록 먹고도 재물을 쌓아 두는' 그런 위정자를 향해 노자는 준엄하게 말합니다.

"도둑놈"

54장

善建者不拔 선건자불발 잘 세운 것은 뽑히지 않고

善抱者不脱 선포자불탈 잘 품은 것은 떨어져 나가지 않으니

子孫以祭祀不輟 자손이제사불철 자손이 제사를 그치지 않을 것이다.

修之於身 其德乃眞 수지어신 기덕내진

자신이 도를 닦으면 자신의 덕이 참되고

修之於家 其德乃餘 수지어가 기덕내여

집안이 도를 닦으면 집안의 덕이 넉넉해지며

修之於鄕 其德乃長 수지어향 기덕내장

마을이 도를 닦으면 마을의 덕이 오래 지속된다.

修之於邦 其德乃豊 수지어방 기덕내풍

나라가 도를 닦으면 나라의 덕이 풍성해지고

修之於天下 其德乃普 수지어천하 기덕내보

천하가 도를 닦으면 천하에 그 덕이 두루 퍼질 것이다.

故 以身觀身 고 이신관신 그러므로 나 자신으로 다른 사람을 살피고

以家觀家 이가관가 내 집안으로 다른 집안을 살피며

以鄕觀鄕 이향관향 내 마을로 다른 마을을 살피고

以邦觀邦 이방관방 내 나라로 다른 나라를 살피며

以天下觀天下 이천하관천하 내 세계로서 다른 세계를 살핀다.

吾何以知天下然哉 오하이지천하연재

내가 어떻게 천하가 그러함을 알겠는가?

以此 이차 이를 통해서이다.

《대학大學》은 적은 분량에도 불구하고 유학이 지향하는 궁극적인 목적을 밝혔다는 점에서 경서에서 무척 큰 비중을 차지하고 있습니다. 주자는 "《대학》을 먼저 배우지 않으면, 요령을 파악하여 《논어》와 《맹자》의 정미함을 다 할 수 없다(不先乎大學 無以挈提綱領 而盡論孟之精微 불선호대학 무이설제강령 이진논맹지정미)."라고 했습니다.

《대학》은 '삼강령三綱領'과 '팔조목八條目'으로 시작합니다. 그리고 이는 《대학》의 핵심입니다.

'삼강령'은 "밝은 덕을 밝히는 것(明明德 명명덕), 백성을 아끼는 것(親民 친민), 지극한 선에 머무는 것(止於至善 지어지선)"을 가리킵니다.

'팔조목'은 "사물의 이치를 궁구하는 것(格物 격물), 앎을 지극히 하는 것(致知 치지), 뜻을 성실히 하는 것(誠意 성의), 마음을 바르게 하는 것(正心 정심), 몸을 닦는 것(修身 수신), 집안을 가지런히 하는 것(齊家 제가), 나라를 다스리는 것(治國 치국), 천하를 고르게 하는 것(平天下 평천하)"을 이릅니다. 주자는 '친민'을 '신민新民'으로 보고 '백성을 새롭게 하는 일'로 풀었습니다.

'수신·제가·치국·평천하'는 이번 장의 '수지어신修之於身' 이하의 구절과 무척 닮았습니다.

《대학》에서는 이 강령의 수단과 목적이 생략되어 있습니다. 그런데 《노자》는 '수지어신'에서 '지之' 자를 써서 이를 밝히고 있습니다. 아시는 바와 같이, '지'는 굳이 쓰지 않더라도 당연히 알 수 있는 사물을 나타낼 때 쓰는 지시 대명사입니다.

그래서 여기 '지'는 '도'나 '덕' 중에 하나이거나 또는 둘 다 지칭한다고 짐작할 수 있지만, 뒤따라 나오는 구절에 '덕'이 있으므로 '도'로 읽는다 해도 별 무리는 없을 것입니다.

아울러 앞 구절에 나오듯이 잘 세우고建 잘 품어抱, 뽑히거나 떨어져 나가지 않아 자손들에게 끝없는 흠향歆饗을 받도록 하는 것도 '도'인 것은 확실합니다.

이 장에 나오는 '방邦' 자는 한나라 이후에 모두 '국國'으로 바뀌었습니다. 삼국 시대에 태어난 왕필은 당연히 '국'으로 썼습니다. 이는 한나라를 세운 한고조漢高祖 유방劉邦의 이름을 피하기 위함입니다. 이를 '피휘避諱'라고 합니다.

피휘는 왕, 조상, 성인이 쓰는 이름이나 국호, 연호에 쓴 글자와 같은 글자를 사용하지 않는 일을 말합니다. 여기에는 공경과 삼가는 의미가 담겨 있습니다. 공자의 이름인 '구丘' 자를 피하려고 정조 이후 '구丘'가 들어간 모든 지명을 '구邱'로 바꾼다든지 — 지금의 '대구大邱'도 원래는 '대구大丘'였습니다. — 새 임금이 즉위하면 같은 이름자를 피하고자 빗발치듯 개명 상소를 올렸다든지 했던 일들이 모두 여기에 속합니다.

피휘는 증삼曾參.曾子의 일화에서 유래했습니다. 효의 상징으로 잘 알려진 증삼은 아버지인 증석曾晳이 죽자 아버지가 평소에 좋아하던 양조^{羊棗 검은 대추 종류}를 '차마' 먹지 못했습니다. 사람들은 맹자에게 '증석은 회와 불고기도 다 좋아했는데 왜 유독 양조만 피했는가?'라고 그 이유를 물었습니다. 이에 맹자는 "회와 불고기는 누구나 똑같이 즐기는 것이지만, 양조는 그가 유달리 즐긴 것이기 때문이다(膾炙 所同也 羊棗 所獨也 회자 소동야 양조 소독야)."라고 답했습니다. 덧붙여 "이름은 피하고 성은 피하지 않는 것은, 성은 여러 사람이 함께 쓰고 이름은 혼자 쓰기(諱名 不諱姓 姓所同也 名所獨也 휘명 불휘성 성소동야 명소독야)" 때문이라고 밝혔습니다. 《맹자》'진심盡心'에 나옵니다.

그러므로 어른의 성명을 말하게 될 경우, 성 밑에는 '자字' 자를 붙이지 않습니다. 예를 들어 성명이 '홍길동'일 경우 '홍, 길 자, 동 자' 식으로 말해야 합니다.

'이신관신以身觀身' 이하의 구절을 '나 자신으로 다른 사람을 살피고, 내 집안으로 다른 집안을 살피며…'와 같은 방식으로 해석하면 그 뜻이 아주 명쾌해집니다. 그런데 이 논리로 나가다 보면 뒤 구절에서 '나의 천하로 다른 사람의 천하를 살핀다.'라는 어색한 풀이를 피할 수 없게 됩니다. 그래서 저는 '내 세계로 다른 사람의 세계를 살핀다.'로 메타포^{metaphor} 한 번 과감하게 깔아봤습니다.

나가도 너무 막 나갔습니까?

55장

含德之厚 함덕지후 두터운 덕을 품은 사람은

比於赤子 비어적자 갓난아이에 비유할 수 있다.

蜂蠆虺蛇 不螫 봉채훼사 불석

벌이나 전갈, 살모사 같은 독사가 물지 못하고

攫鳥猛獸 不搏 확조맹수 불박

무서운 새나 사나운 짐승이 덤벼들지 못한다.

骨弱筋柔 而握固 골약근유 이악고

뼈는 약하고 힘줄은 부드럽지만 그 잡는 힘은 굳세다.

未知牝牡之合 而朘作 精之至也 미지빈모지합 이최작 정지지야 남녀의

교합을 알지 못하지만 꼬추가 서는 것은 정기精氣가 지극한 것이며

終日號 而不嗄 和之至也 종일호 이불사 화지지야

종일 울어도 목이 쉬지 않는 것은 화기和氣가 지극한 까닭이다.

知和曰常 지화왈상 조화를 아는 것을 상常이라 하고

知常曰明 지상왈명 상常을 아는 것을 명明이라 한다.

益生曰祥 익생왈상

무리해서 더 살려고 하는 것은 상스럽지 못한 일이며

心使氣曰强 심사기왈강

마음이 기氣를 지배하려고 하는 것은 억지이다.

物壯則老 물장즉로 사물이 지나치게 성하면 노쇠하게 되는데

謂之不道 위지부도 이것을 일러 도가 아니라고 한다.

不道早已 부도조이 도가 아닌 것은 오래지 않아 끝이 난다.

《맹자》 '이루離婁'에 "대인大人이란 갓난아이의 마음을 잃지 않은 사람이다(大人者 不失其赤子之心者也 대인자는 불실기적자지심자야)."라는 구절이 나옵니다.

성경《마태복음》에는 "어린아이들과 같이 되지 아니하면 결단코 천국에 들어가지 못하리라."라고 했습니다.

10장에서《노자》는 갓난아이를 정기精氣가 충만하고 화기和氣가 지극한 최고선의 경지로 보았습니다. 이어 28장에서는 세상의 골짜기가 되면 '참 덕'에서 떠나지 않고 갓난아이의 상태로 돌아가게 된다고 했습니다.

《노자》의 도는 갓난아이의 맑고 순수한 마음을 궁극으로 삼고 있습니다.

어쩌면 갓난아이의 마음은 선을 추구하는 사람이라면 누구나 지향해야 할 절대 가치인지도 모릅니다.

'최朘'는 '갓난아이의 생식기'라는 뜻입니다. 거의 모든 판본에서 '최朘'나 '최朘'로 표기했습니다만, 유독 왕필본에서만 '전全'이라고 썼습니다. 이를 두고 '최朘'나 '최朘'의 중국 발음 'juān'과 '전全'의 발음 'quán'이 비슷하여 빌려 썼을 것이라는 한 이론은 설득력이 있습니다. 저는 아무리 해도 점잖은 표현을 찾을 수 없어 토속적인 우리말로 옮겨 썼습니다.

'익생益生'을 '무리해서 더 살려고 하는 행위', '상祥'을 '상스럽지 못한 일'로 한 것은 다음 구절의 '강强'을 '억지'라고 풀이한 것과 더불어 당황스러울 수 있습니다.

이는 제가 앞서 강조한, 한문을 《천자문》이나 옥편만 가지고 읽으면 안 되는 이유의 대표적인 예입니다.

'사물이 지나치게 성하면 노쇠하게 되고, 이것은 도가 아니어서 오래지 않아 끝이 난다.'라는 이번 장의 결론과 연관해서 생각하면 이해되실 것입니다.

왕필은 이 구절을 "사는 것은 억지로 더할 수 없으니, 더 살고자 하면 일찍 죽는다(生不可益 益之則夭 생불가익 익지즉요)."로 명료하게 주를 달았습니다.

애써 덧붙이자면, 송나라 시대 대표적인 노자 주석가註釋家 범응원范應元 1190~1270?, 임희일林希逸 1193~1271 등을 포함한 정통 노자 학자들의 생각도 모두 일치합니다.

오늘날 '연명 치료'의 당위성에 대한 논란이 그치지 않고 있습니다. 의학적 통계로 보면 연명 치료로 회복될 확률은 거의 0에 가깝습니다. 그런데도 연명 치료를 끝까지 고집한다면, 이는 단순히 효孝의 차원에서 끝나는 문제가 아닐 것입니다. 저 같은 서민은 알 수 없는 어떤 '이해관계' 때문에 연명 치료를 그만두지 못하는 경우도 상당수 있는 것으로 알려져 있습니다. 기적적으로 소생한 사람들의 경험담에 의하면, 연명 치료 중에 환자는 끔찍한 고통을 느낀다고 합니다. 그리고 이 고통은 의학적으로도 입증되고 있습니다. 그래서 저는 무의미한 연명 치료를 거부할 수 있는 '사전연명의료의향서'를 작성할 예정입니다.

어쨌든 《노자》가 억지로 수명을 연장하는 일에 부정적이었다는 것은 확실합니다.

'채蠆'는 전갈全蠍이고, '훼虺'는 살무사, '확조攫鳥'는 독수리와 같은 맹금류를 일컫는 말입니다. 《노자》는 갓난아이는 벌레에게 쏘이지 않고, 독사에게 물리지 않으며, 맹수나 맹금류가 물어가지도 않는다고 했습니다. 저도 아이를 키워봤고, 아이를 키워본 많은 분들에게 물어도 보았지만, 이는 과학적 근거가 전혀 없는 말입니다. 오히려 갓난아이는 이러한 위험에 더욱 취약할 뿐이라고 합니다.

이번 장을 보면, 노자가 아이를 키워보지 않았다는 것만은 확실합니다.

운전하다 보면 아이가 타고 있다는 문구를 붙인 자동차를 쉽게 볼수 있습니다. 아마도 사고가 났을 때 아이부터 구조해달라는 의도로 붙인 것이 그 시초였을 것으로 짐작됩니다.

그런데 요즈음 이 문구는 도가 지나치게 변해 가더니 '천사들이 타고 있다.'든지, '금쪽같이 귀한 아이'라는 등의 표현으로 뒤에 오는 차에 양보와 조심을 강요합니다.

당사자에게는 금쪽같이 귀한 천사가 다른 사람들에게는 천하의 악동일 수도 있습니다.

펄펄 끓는 삼계탕을 나르고 있다가 뛰어다니는 아이에게 부딪칠 뻔한 종업원이 아이에게 한마디 했다가 아이 부모에게 호되게 갑질을 당하는 모습을 봤습니다. 천방지축 요란을 떠는 아이를 나무라기라도 하면 어디선지 투사처럼 나타나, 귀한 자식 기죽인다며 대드는 젊은 부모를 만나는 건 요새 그리 드문 일이 아닙니다. 《노자》에 의하면, 아이는 언제나 기氣가 가득 차 있습니다. 이 기가 넘치고 끓어오를 때는 속으로 눌러주어야 장차 호연지기浩然之氣를 기를 수 있는 것입니다.

동방예의지국에 '어른이 타고 계신다.'라는 문구를 붙인 자동차는 왜 없을까요?.

56장

知者不言 지자불언 아는 사람은 말하지 않고

言者不知 언자부지 말하는 사람은 알지 못한다.

塞其兌 閉其門 색기태 폐기문 색태폐문塞兌閉門과

挫其銳 解其紛 좌기예 해기분 좌예해분挫銳解紛과

和其光 同其塵 화기광 동기진 화광동진和光同塵을

是謂玄同 시위현동 현동玄同이라고 한다.

故 不可得而親 不可得而疏 고 불가득이친 불가득이소

그러므로 가까이도 멀리도 할 수 없고

不可得而利 不可得而害 불가득이리 불가득이해

이롭게도 해롭게도 할 수 없으며

不可得而貴 不可得而賤 불가득이귀 불가득이천

귀하게도 천하게도 할 수 없는

故 爲天下貴 고 위천하귀

그래서 천하의 존귀한 것이 된다.

"욕망의 구멍을 막고, 그 문을 닫는다塞其兌 閉其門."라는 말은 이미 52장에 나왔습니다. "날카로움을 꺾고 엉킴을 풀다挫其銳 解其紛."와 "빛을 부드럽게 하여 세속과 섞인다和其光 同其塵."는 구절은 노자를 대표하는 명구절로 4장에 나왔습니다.

《노자》는 '색태폐문塞兌閉門', '좌예해분挫銳解紛', 그리고 '화광동진和光同塵'을 현묘하게 동화된다는 뜻인 '현동玄同'으로 정의했습니다. 현동은 '친소親疏, 이해利害, 귀천貴賤'을 초월한 가장 귀한 도의 경지입니다.

전국 시대 초楚나라 대부大夫 굴원屈原 B.C.343?~B.C.278?은 간신들의 참소되어 조정에서 쫓겨났습니다. 그는 초췌憔悴하고 고고枯槁한 모습으로 시가를 읊조리며 동정호洞庭湖 근처를 방랑했습니다. 그는 〈어부사漁父辭〉에서 이렇게 노래했습니다.

창랑의 물이 맑으면 나의 갓끈을 씻고 　　　滄浪之水淸兮 可以濯吾纓
　　　　　　　　　　　　　　　　　　　　창랑지수청혜 가이탁오영

창랑의 물이 흐리면 나의 발을 씻으리. 　　　滄浪之水濁兮 可以濯吾足
　　　　　　　　　　　　　　　　　　　　창랑지수탁혜 가이탁오족

결국 그는 흐린 세상을 건뎌내지 못했습니다. 그는 불후의 명문장 "이소(離騷 슬픔을 만나)"를 남기고, 5월 5일 따뜻한 봄날 멱라강汨羅江에 몸을 던져 생을 마감했습니다.

그는 자기의 '날카로움을 이기지挫銳' 못했고, 그 '빛을 조화롭게 하지和光' 못했습니다. 그는 '엉킴을 스스로 해결解紛'하지 못하고 '세속과 섞이지同塵' 못한 것입니다.

세상과 맞지 않는 큰 뜻을 품고 속세를 벗어나 사는 사람을 '은자隱者'라고 합니다.

서진西晉의 시인 왕강거王康琚는 〈반초은反招隱〉에서 이렇게 노래했습니다.

작은 은자小隱는 높은 산 깊은 숲에 숨고	小隱隱陵藪 소은은능수
큰 은자大隱는 저잣거리에 숨으니	大隱隱朝市 대은은조시
백이는 수양산으로 달아났고	伯夷竄首陽 백이찬수양
노담은 주하사柱下史 벼슬에 숨었다네.	老聃伏柱史 노담복주사

이 시에 나오는 '노담老聃'은 당시 《노자》의 저자로 여겨진 노자를 지칭합니다.

노자는 위대한 은자였습니다.

《노자》는 이번 장에서 "아는 사람은 말하지 않고 말하는 사람은 알지 못한다."고 했습니다.

오랜 세월이 지나 당나라 시인 백거이白居易 772~846는 〈노자를 읽고讀老子 독노자〉라는 시에서 이렇게 썼습니다.

아는 사람은 말하지 않고 말하는 사람은 알지 못한다.	言者不知知者默 언자부지지자묵
이 말은 내가 노자에게서 들은 것이라네.	此語吾聞於老君 차어오문어노군
만약 노자가 도를 알았다고 한다면	若道老君是知者 약도노군시지자
어떻게 스스로 오천 자나 되는《노자》를 지었겠는가?	緣何自著五千文 여하자저오천문

촌철살인寸鐵殺人은 바로 이렇게 하는 것입니다.

57장

以正治國 이정치국 '올바름'으로 나라를 다스리고

以奇用兵 이기용병 '기묘한 병법'으로 군대를 운용하며

以無事取天下 이무사취천하 '억지로 함'이 없이 천하를 다스린다.

吾何以知其然哉 오하이지기연재 내가 어떻게 이것을 알았겠는가?

以此 이차 다음과 같다.

天下多忌諱 而民彌貧 천하다기휘 이민미빈

천하에 금기禁忌가 많아질수록 백성은 더욱 가난해지고,

民多利器 國家滋昏 민다리기 국가자혼

백성에게 편리한 물건이 많아질수록 나라는 더욱 혼란해지며,

人多伎巧 奇物滋起 인다기교 기물자기

사람들의 기교가 많아질수록 요사스러운 일은 더욱 많아지고

法令滋彰 盜賊多有 법령자창 도적다유

법령이 세밀해질수록 도둑은 더욱 많아진다.

故聖人云 고성인운

그러므로 성인이 말씀하시길,

我無爲而民自化 아무위이민자화

내가 무위하면 백성은 저절로 교화되고

我好靜而民自正 아호정이민자정

내가 고요함을 좋아하면 백성은 절로 바르게 된다.

我無事而民自富 아무사이민자부

내가 억지로 함이 없으면 백성은 스스로 부유하게 되며

我無欲而民自樸 아무욕이민자박

내가 욕심을 내지 않으므로 백성이 자연히 순박해진다.

57장은 "'올바름'으로 나라를 다스리고, 기묘한 병법으로 군대를 운용한다以正治國 以奇用兵."로 시작됩니다. 여기서 '이기용병以奇用兵'은 제가 평소에 《노자》와 어울리지 않는 가장 어색한 구절 중 하나로 손꼽는 것입니다.

그렇지만 한편으로 노자는 장자와는 달리 시대정신과 현실 참여에 무심하지 않았다는 점에서 본다면, 이해하지 못할 일도 아닐 것입니다.

이 구절은 "무릇 전쟁에서는 정正으로 싸우고, 기奇로 이긴다凡戰者 以正合 以奇勝 범전자 이정합 이기승)."라고 한 《손자병법》 '병세편'의 구절과 닮았습니다. 병법에서는 일반적으로 원칙에 맞게 공격하는 것을 '정正'이라 하고, 임기응변이나 변칙으로 공격하는 것을 '기奇'라고 합니다. 적이 전혀 예상하지 못한 방법으로 타격하는 일을 뜻하는 '기습奇襲 surprise' 같은 작전을 생각하면 이해가 쉬울 것입니다.

그리고 놀랍게도 중국의 병서 《이위공문대직해李衛公問對直解》에는 이 구절과 딱 한 자만 다른 "이정수국 이기용병以正守國 以奇用兵"이라는 구절도 있습니다. 이 책은 당나라 장군 이정李靖과 당태종 이세민李世民의 병사兵事 전반에 걸친 토론을 기록한 책입니다.

'무사취천하無事取天下'는 "천하를 다스리는 것은 항상 억지로 함이 없어야 한다取天下 常以無事."는 48장의 내용과 일치합니다.

맹자는 백성이 따르기 힘든 법령을 만들어 놓고, 죄에 빠지기를 기다렸다가 형벌을 가하는 것을 백성을 그물질하는 행위, 즉 '망민罔民'으로 규정했습니다. 그리고 그는 제선왕齊宣王에게 망민은 어진 임금이 절대로 해서는 안 될 일이라고 단호하게 말했습니다. 《맹자》 '양혜왕梁惠王'에 나옵니다.

《노자》는 나라에 금기禁忌가 많아질수록 백성은 더욱 가난해지고, 법령이 세밀해질수록 도둑은 더욱 많아진다고 했습니다. 심지어 곽점본에는 '가난貧' 대신 '반叛' 자를 썼습니다. 인심이 등을 돌리고 반란을 일으킨다는 뜻입니다. 구태여 역사를 살피지 않더라도 나라가 백성을 옥죄기 시작하면 백성은 단지 먹고 살기 위해 분연히 일어섰습니다.

저는 '민다리기 국가자혼民多利器 國家滋昏'을 '백성에게 편리한 물건이 많아질수록 나라는 더욱 혼란해진다'로 읽었습니다.

그런데 '이기利器'에 대해서는 크게 두 가지 해석이 있습니다.

하나는 '날카로운 병기'로 보는 견해입니다. 이렇게 읽으면 앞 구절의 '용병用兵'과도 잘 어울립니다. 무기가 발전하면 할수록 인명은 경시되고 나라는 혼란에 빠지게 됩니다.

제1차 세계 대전으로 약 1,500만 명이 죽었습니다. 원자탄까지 등장한 제2차 세계 대전은 무려 1억 명가량의 사망자를 내며 인류 최대의 참사로 기록되었습니다. 만약 앞으로 제3차 세계 대전이 일어난다면 첨단무기의 발달로 인해 인류가 멸망하게 될지도 모를 일입니다.

어렸을 때 저는 한 나라의 정치 지도자는 이성적인 지혜를 완비한 훌륭한 인격체라고 믿었습니다. 그러나 살아가면서 이러한 기대는 사라졌습니다. 그들은 다만 정치 기술자에 지나지 않는다는 것을 알게 되었기 때문입니다. 요즈음 충동적이고, 감정적이며, 적개심에 불타는 지도자들의 등장을 보며, 세계 대전으로 인류가 멸망하게 될 가능성이 전혀 없지 않다는 불길한 예감이 들곤 합니다.

또 한 가지는 '이기'를 제가 풀이한 대로 '편리한 물건'으로 보는 것입니다. 《노자》를 가장 잘 이해했다는 장자의 생각도 여기에 머문 것 같습니다.

《장자》 '천지天地'에는 두레박橰고에 대한 일화가 나옵니다.

공자의 제자 자공이 힘겹게 물을 푸고 있는 노인을 만나자 두레박 사용을 제안합니다. 그러자 노인은 "기계를 가지면 기계를 쓸 일이 생기게 되고, 기계에 대해 마음을 쓰게 되며, 기계에 마음을 빼앗기면 순박함을 잃게 된다."고 했습니다.

그리고 이어 "정신과 성격이 불안정하게 되고, 정신과 성격이 불안정한 사람에게는 도가 깃들지 않게 된다."고 하면서, 자신은 "쓰임을 알지 못해서 쓰지 않는 것이 아니라 부끄러워서 쓰지 않고 있다."라고 말했습니다.

요즘들어 새롭게 나타난 사회현상 가운데 '디지털 난민'이 있습니다. 키오스크kiosk 무인단말기에 능숙하지 못해 패스트푸드 전문점에서 음식을 사지 못하는 세대를 일컫는 말입니다. 뒤에 줄 서서 기다리는 젊은이들의 재촉과 조소를 받으며, 햄버거 하나도 쉽게 사지 못하고 돌아서는 노인은 더 이상 코미디 소재가 아닙니다. 이것이 오늘날 현실입니다.

"사람들의 기교가 많아질수록 요사스러운 일은 더욱 많아진다人多伎巧 奇物滋起."라는 2,600년 전 노자의 혜안은 가히 놀랄 만합니다.

《노자》는 '지도자가 무위하면 백성은 저절로 교화되고, 지도자가 고요함을 좋아하면 백성은 절로 바르게 된다.'고 했습니다. 통치자가 '억지로 함이 없이 '다스리면, 백성은 스스로 부유하게 되고 자연히 순박해진다.'라고 했습니다. 노자가 꿈꾼 유토피아는 바로 여기에 있습니다.

58장

其政悶悶 其民淳淳 기정민민 기민순순
정치가 너그러우면 백성이 순박해지고

其政察察 其民缺缺 기정찰찰 기민결결
정치가 엄하면 백성이 못되게 된다.

禍兮 福之所倚 화혜 복지소의 화여, 복이 그 옆에 기대어 있구나.

福兮 禍之所伏 복혜 화지소복 복이여, 화가 그 앞에 엎드려 있구나.

孰知其極 其無正也 숙지기극 기무정야
누가 그 끝을 알겠는가? 정해진 것은 없구나.

正復爲奇 善復爲妖 정복위기 선복위요
바른 것이 다시 사악해지고, 선한 것이 다시 요망해지는 것이니

人之迷 其日固久 인지미 기일고구
사람이 미혹된 지도 참 오래되었구나.

是以 聖人 시이 성인 그러므로 성인은,

方而不割 방이불할 반듯하다고 해서 남을 재단하지 않고

廉而不劌 염이불귀 청렴하지만 남을 해치지 않고

直而不肆 직이불사 곧지만 제 마음대로 하지 않으며

光而不燿 광이불요 빛나지만 눈부시게 드러내지 않는다.

왜들 그러는지는 정확히 알 수 없지만, 대체로 《노자》에 관한 글을 쓰는 사람들은 평범한 어휘 풀이나 일반적인 문장 구조의 이해를 애써 부인하고 싶어 하는 것 같습니다. 이들은 《노자》를 어떻게든 독특하게 풀어내어야 한다는 신념이라도 가졌는지도 모를 일입니다.

이번 장은 《노자》에서 가장 교과서적인 풀이가 가능한 장입니다. 이른바 '옥편만 가지고 읽어도 되는' 구절로 이루어져 있습니다.

그래도 '민민悶悶', '순순淳淳', '찰찰察察', '결결缺缺'의 해석은 한 번쯤 짚고 넘어가겠습니다.

'민민悶悶'은 이미 20장에서 '어리석다'라는 뜻으로 읽었습니다. 이는 '민민'에 '혼미하다'라는 뜻과 '너그럽고 후하다'라는 뜻이 함께 있기 때문입니다. 이 단어의 바탕이 되는 '민悶'은 '번민하다, 답답하다, 혼미하다'라는 뜻입니다. 번민하면 답답하고, 답답하면 정신이 혼미해지는 것은 당연합니다. 이 장에서는 너그럽게 포용하는 무위의 정치를 표현했습니다.

'순淳'은 더 말할 것도 없이 '순박하고 맑고 정이 도탑다.'라는 뜻입니다.

'찰察'은 '살핀다'는 뜻입니다. 윗자리에서 '찰찰', 즉 살피고 또 살펴

대면 아랫사람은 자연히 숨이 막힐 수밖에 없는 노릇입니다. '사찰'이나 '감찰' 등 무시무시한 단어를 생각하신다면, '찰찰'을 '엄하고 가혹하다'라고 한 해석이 이해되실 것입니다. 백성을 강한 힘으로 통제하는 정치의 모습을 이렇게 쓰고 있습니다.

'결缺'은 원래 한쪽 손잡이가 떨어져 나간 항아리를 그린 글자입니다. 이지러지고 모자란 것을 형용합니다. 그래서 '결결'을 '인성이 부족하여 못되고 교활하다'는 뜻으로 풀이합니다.

제가 몇 자 살짝 보태어 넣기는 했지만, '화禍 옆에 복福이 기대어 있고 복 앞에 화가 엎드려 있다.'라는 표현은, 절묘하기 그지없습니다.

불교 최초의 경전인 《숫타니파타Sutta-nipata》에 "자녀가 있는 이는 자녀로 인해 기뻐하고, 소를 가진 이는 소로 인해 기뻐한다. 그러나 자녀가 있는 이는 자녀로 인해 근심하고, 소를 가진 이는 소 때문에 걱정한다."라고 했습니다. 결국 복과 화는 그 근원이 같은 것입니다.

변방의 한 노인의 말이 오랑캐 땅으로 도망쳤습니다. 사람들이 위로하자, 노인은 '이것이 복이 될지 어떻게 알겠는가.' 했습니다. 몇 달 뒤 그 말은 준마 여러 마리를 데리고 돌아왔습니다. 사람들의 축하에, 노인은 '이것이 화가 될지 누가 알겠는가.' 했습니다. 얼마 후 그의 아들이 이 말을 타다가 떨어져 불구가 되었습니다. 사람들이 위로하니, 이번에도 노인은 '이것이 복이 될지 누가 알겠는가.' 했습니다. 1년 뒤에 오랑캐가 침입하여 멀쩡한 남자들은 모두 전쟁에 나가 거의 죽고 말았습니다. 그러나 그의 아들은 다리가 불구였기 때문에 징발되지 않고 살아남을 수 있었습니다. 《회남자》'인간훈人間訓'에 나오는 '새옹지

마塞翁之馬’ 고사를 실없이 한번 정리해 보았습니다.

이 고사는 수천 년도 더 된 일이지만, 살아가면서 주위에서 이와 같은 일을 쉽게 찾아볼 수 있습니다. 어떤 이는 '전화위복'으로 기뻐하고, 어떤 이는 '전복위화'로 절망합니다.

제 지인 중 한 사람은 회사에서 못된 상사와 갈등을 빚다가 벽지로 좌천되었습니다. 그는 자포자기한 심정이 되어 퇴직 후 농사라도 지을 요량으로 그 근처에 버려진 땅을 샀습니다. 그런데 느닷없이 불어온 개발 바람은 한순간에 그를 땅 부자로 만들었습니다. 이에 고무된 그는 무리한 대출을 끌어들여 상가 건물을 통째로 매입했고 준재벌이 되었습니다. 그러나 그의 행운은 그의 건물 길 건너편에 대형 쇼핑몰이 들어선 순간 끝이 났습니다. 결국 대출 이자 등을 감당하지 못한 그는 파산 선고를 받았고, 거리에 나앉고 말았습니다.

인간사, 정말 누가 그 끝을 알 수 있겠습니까?

그에게 또다시 대반전이 생기는지 지켜보고 있습니다.

당나라 고승 '석두희천石頭希遷 700~790'의 〈참동계參同契〉에 나오는 이 게송偈頌은 참으로 명료합니다.

"밝고 어둠이 서로 마주하니, 비유하자면, 앞걸음과 뒷걸음 같구나 (明暗各相對 比如前後步 명암각상대 비여전후보)."

'성인 방이불할聖人 方而不割'은 성인은 자신이 반듯하다고 해서 남을 자신의 기준으로 재단하지 않는다는 뜻입니다.

이어 나오는 '염이불귀廉而不劌', '직이불사直而不肆', '광이불요光而不耀'

도 모두 성인의 덕목을 나타낸 말입니다.

성인은 아무리 자신이 옳고 그 업적이 빛난다고 해도 자신의 기준으로 남을 판단하고 상처 주지 않으며 겸손하고 삼가는 경지에 머문다는 의미입니다.

저는 현학적이고 난해한 방법으로 《노자》에 접근하는 사람들을 비판하고 싶은 마음은 없습니다. 그러나 너무 자의적인 해석으로 독자를 혼란스럽게 하는 일 만큼은 삼가야 한다고 생각합니다.

'방이불할'을 '모난 돌이 정 맞는다殘石逢釘 촉석봉정.'는 식으로 해석하고 있는 책을 봤는데, 이는 너무 멀리 갔습니다. 이렇게 주객이 전도된 해석으로 '방이불할'을 '각이 져도 잘라내지 않는다.'는 식으로 풀이한 그 책은 급기야 '광이불요'에 대해 '빛나는 것을 눈부시게 하지 않는다.'라는 궁색한 해석을 실어 놓았습니다.

'성인 방이불할' 같은 형식의 글은 한문의 기본 문장에 지나지 않습니다.

한문 문장의 대가인 '한유韓愈 768~824'의 글, 〈원인原人〉에는 "성인은 백성을 동등하게 보고 똑같이 사랑한다聖人 一視而同仁 성인 일시이동인."는 말이 나옵니다.

《예기》 '대전大傳'에는 "성인이 남면南面하여 천하를 다스린다聖人 南面而治天下."라고 했습니다.

꼭 《노자》가 아니더라도 한문을 풀이하려는 사람은 기본이 되는 문장구조 정도는 이해하고 읽어야만 합니다.

'숙지기극 기무정야孰知其極 其無正也'에서 '무정無正'은 '부정不定'의 뜻입니다.

영어 "God knows."의 원래 뜻은 '하나님만이 안다.'입니다만, 실상은 '아무도 모른다.'로 번역합니다. 과연 누가 그 끝을 알 수 있겠습니까? 우리 인생사에 정해진 것은 정말 아무것도 없습니다.

한 시인은 탄식했습니다.

"지금 알고 있는 것을 그때도 알았더라면….".

그러나 불후의 명곡인 네이시스의 〈타타타〉에 나오는 가사처럼, 인생이란 "한 치 앞도 모두 몰라, 다 안다면 재미없지" 않겠습니까. 하하.

59장

治人事天 莫若嗇 치인사천 막약색

백성을 다스리고 하늘을 섬기는 일에 아끼는 일만큼 좋은 것은 없다.

夫唯嗇 是謂早服 부유색 시위조복

아끼는 일이란 일찌감치 도를 따르는 일이다.

早服 謂之重積德 조복 위지중적덕

일찌감치 도를 따른다는 것은 부단히 덕을 쌓는 것이다.

重積德 則無不克 중적덕 즉무불극

부단히 덕을 쌓게 되면 극복하지 못할 일이 없고,

無不克 則莫知其極 무불극 즉막지기극

극복하지 못할 일이 없으면, 그 능력의 끝을 가늠할 수 없다.

莫知其極 可以有國 막지기극 가이유국

그 능력의 끝을 가늠할 수 없을 정도가 되어야 나라를 맡을 만하다.

有國之母 可以長久 유국지모 가이장구

나라를 다스리는 근본이 있으면 오래 지속할 수 있다.

是謂深根固柢 시위심근고저

이것을 심근고저深根固柢라 하니,

長生久視之道 장생구시지도

장생구시長生久視의 도이다.

'사천事天'은 하늘을 섬긴다는 뜻입니다. 종교적 차원의 접근이 아니라면, 이 말의 의미는 참으로 난해합니다.

　맹자는 사천을 '선한 마음을 지키고, 하늘로부터 부여받은 천성을 기르는 것'으로 정의했습니다.

　"그 마음을 보존하고 인간의 본성을 기르는 것이 사천이다(存其心 養其性 所以事天也 존기심 양기성 소이사천야)."《맹자》'진심盡心'에 나옵니다.

　이로써 '존심양성存心養性'은 유가의 명제로 자리매김했습니다.

　하상공은 하늘을 몸身으로 보았습니다. 하상공에 있어서 사천은 몸을 닦는 일, 즉 '치신治身'이나 '수신修身'이었습니다.

　그래서 도가에서 사천은 존심과 양성을 통한 양생養生으로 귀결되었습니다.

　'막약색莫若嗇'에서 아끼고 '인색하다吝嗇'라는 뜻인 '색嗇'의 등장은 참 생뚱맞습니다. 그래서 백서본도 보고 곽점본도 살펴보았지만, 똑같이 색嗇으로 써놓았습니다. 왕필도 이 대목에서 당황했을 겁니다. 그는 결국 색을 '농사'라는 의미의 '색穡'으로 풀이하고 말았습니다. 이러면 뒤 구절과의 연결이 궁색해진다는 것쯤은 그도 알았을 것입니다.

　오죽하면 천하의 왕필도 명쾌히 풀지 못했던 구절을 제가 어떻게 풀이할 수 있겠습니까? '아낌'은 정신과 몸을 굳게 지키고 보존하는 일이라는 일반적이고 보편적인 견해를 그대로 따랐습니다.

'심근고저深根固柢'는 '뿌리가 깊어서 굳세다.'라는 뜻입니다.

심근고저는 '장생구시長生久視'로 이어집니다. 장생구시는 '오래 살고 길이 존재한다.'라는 뜻으로, '구시'는 '구립久立'의 의미로 읽습니다.

'적덕積德'은 '적선積善'과 같은 의미로 쓰이는 말입니다. 옛사람들은 적선과 적덕을 같은 의미로 읽었습니다.

'적선지가 필유여경積善之家 必有餘慶'은 예전에 기와집 주련의 단골 문구입니다. 이 구절은 "선을 쌓은 집안에는 후손에게 반드시 경사가 있게 마련이고, 불선을 쌓은 집안은 후손에게 반드시 재앙이 돌아오게 마련이다(積善之家 必有餘慶 積不善之家 必有餘殃 적선지가 필유여경 적불선지가 필유여앙)."라는 《주역》 '곤괘坤卦 문언文言'에서 온 말입니다.

이 구절대로라면 적선의 효력은 후손에게까지 미치는 것입니다.

또다시 맹자 이야기로 돌아가겠습니다.

공자는 기원전 551년에 태어나 기원전 479년에 죽었습니다. 맹자는 기원전 372년에 태어났습니다. 맹자가 태어났을 때는 공자가 죽은 지 이미 100년도 더 지난 후였습니다. 그는 공자의 제자가 되려고 해도 될 수 없었습니다. 그래서 그는 공자를 '사숙私淑' 했다고 했습니다. 사숙이란 돌아가신 분에게 직접 가르침을 받지는 않았으나, 스스로 그 사람을 본받아 배우는 것을 말합니다.

사숙에도 유효 기간이 있습니다.

그는 "군자가 끼친 은택도 5대가 지나가면 끊어지고 소인의 은택도 5대면 끊긴다(君子之澤 五世而斬 小人之澤 五世而斬 군자지택 오세이참 소인지택 오세이참)."라고 하면서 공자와 시대 차이가 100년이 못 되었으므로 사숙했다고 선언했습니다. 그리고 마침내 그는 한유가 〈진학해進學解〉에서 쓴 대로, "공도이명(孔道以明 공자의 도를 밝힘)" 했습니다.

옛사람들은 이렇게 선인의 유풍과 여운이 4대까지 작용한다고 믿었습니다.

아버지, 할아버지, 증조, 고조까지 합하여 4대까지 제사를 지내는 이른바 '사대봉사四代奉祀'의 원칙도 여기에서 비롯된 것입니다.

부자는 망해도 3년은 간다는 말이 있습니다. 그런데 살아가면서 제가 관찰해보니까 꼭 그렇지만도 않습디다.

훌륭한 옛 성인들의 말씀대로라면, 조상이 적선한 집안에는 반드시 경사가 있을 겁니다. 그리고 그 약발이 4대는 간다고 합니다.

저도 조금은 믿는 구석이 있어서 기대하고 있습니다.

60장

治大國 若烹小鮮 치대국 약팽소선

큰 나라를 다스리는 일은 작은 생선을 요리하는 것과 같다.

以道莅天下 其鬼不神 이도리천하 기귀불신

도로써 천하를 다스리면 귀신이 기운을 쓰지 못하게 된다.

非其鬼不神 其神不傷人 비기귀불신 기신불상인

귀신이 기운을 쓰지 못할 뿐 아니라 신령도 사람을 해치지 않는다.

非其神不傷人 聖人亦不傷人 비기신불상인 성인역불상인

신령이 사람을 해치지 않을 뿐 아니라 성인도 사람을 해치지 않는다.

夫兩不相傷 故德交歸焉 부양불상상 고덕교귀언

신령도 성인도 서로 해치지 않으므로 그 덕을 번갈아 누릴 수 있다.

'기귀불신其鬼不神'에서 '귀鬼'는 귀신
으로, '신神'은 귀신의 작용으로 풀이했습니다. 이어 나오는 '기신불상
인其神不傷人'에서 '신神'은 신령으로 읽었습니다. 귀를 음陰의 작용을
하는 요괴와 같은 정령으로, 신을 양陽의 신령神靈으로 본 주자의 견해
를 참고했습니다. 이와 비슷한 개념으로는 '혼魂'과 '백魄'이 있습니다.
《예기禮記》에, 혼은 양陽, 백은 음陰의 작용으로, 사람이 죽으면 혼기魂
氣는 하늘로 돌아가고 형백形魄은 땅으로 돌아간다고 했습니다. 이 작
용이 순탄하지 못한 상태를 '혼비백산魂飛魄散'이라고 하는 것입니다.
몹시 놀라 어찌할 바를 모르는 상태를 나타내는 이 말, 원래 혼이 하
늘로 돌아가지 못한 채 떠돌고, 백은 땅으로 돌아가지 못하고 땅 위에
흩어진다는 뜻입니다.

중국에서는 남자가 요리하는 일이 당연시되었습니다. 황실의 요리
사는 모두 남자였습니다. 게다가 중국 귀족의 미식 취향으로 인해, 조
정에서도 요리에 일가견이 있는 대신들이 많았습니다. 중국 음식은 기
름에 볶는 요리가 주종을 이룹니다. 크고 무거운 철 냄비인 웍鑊으로
위험한 센 불 위에서 조리하기 때문에 전통적으로 중국 요리는 거의
남자의 몫일 수밖에 없었을 것입니다.

앞에서 저는 노자가 아이를 키워보지 않았던 것이 확실하다고 썼습

니다. 그러나 아무리 마초macho 같았다고 하더라도 노자가 요리를 했던 것은 틀림없습니다.

제가 자취를 할 때 처음으로 생선을 구웠던 경험은 지금도 생생합니다.

귀한 생선 혹시라도 태울까 봐 이리저리 뒤집다 보면 생선 살은 다 부스러지고 결국에는 엉망이 되고 말았습니다. 노자는 '약팽소선若烹小鮮'을 정치의 기본으로 여겼습니다.

《시경》'회풍檜風 비풍편匪風篇'에는 다음과 같은 시가 나옵니다.

생선을 삶을 때 자주 저으면 고기가 부서지고	烹魚煩則碎 팽어번즉쇄
백성을 다스림에 번잡하면 백성은 흩어진다.	治民煩則散 치민번즉산

'팽어번쇄烹魚煩碎'라는 저 유명한 고사는 여기서 나왔습니다.

근대 경제학의 할아버지라 할 수 있는 아담 스미스Adam Smith 1723~1790는 '보이지 않는 손Invisible Hand'에 의해서 시장 경제가 움직인다고 믿었습니다. 그래서 정부는 가능한 한 시장에 개입해서는 안 된다고 주장했습니다.

그러나 1929년 10월 이후 불어닥친 대공황은 시장 경제의 희망을 앗아가버렸고, 시장의 자생력에 대한 믿음은 여지없이 허물어졌습니다.

이때 케인즈J. M. Keynes 1883~1946와 그의 학파가 수면 위로 등장했습니다. 그들은 경제가 스스로 회복될 것을 믿고 정부가 아무런 조치도 취하지 않는 것을 잘못으로 단정하고, 정부의 적극적인 시장 개입을 주장했습니다. 이에 미국 정부는 뉴딜 정책이라는 대규모 재정 투자 정책을 폈고, 경제는 차츰 회복되어 갔습니다.

그렇지만 케인즈의 전성시대는 1970년대 세계 경제에 불어 닥친 석유 파동에 의해 설 자리를 잃고 말았습니다. 케인즈의 이론은 경제 상황에 대한 단기적인 처방에만 효과를 발휘했던 것입니다. 세계 경제는 불과 수십 년 사이에 이전 수백 년 동안 한 번도 경험하지 못한 복잡하고 다양한 형태를 보여주고 있습니다. 그래서 많은 국가들의 경제 정책은 국가의 개입을 최소화 하고 시장의 기능을 중시하는 방향으로 선회하고 있습니다.

정치가 시장에 개입하면 시장 경제는 혼란에 빠질 수 있습니다. 동등한 경쟁 속에서 자녀 교육을 한 번도 시켜보지 못한 정치가가 교육 정책을 주관하면 교육 현장은 혼란 속에 빠질 수 있습니다. 알뜰하게 모은 돈으로 집 한 채 장만해보지 않은 정치가가 주택 문제를 다루면 서민의 내 집 마련의 꿈은 현실이 되기 어렵습니다. 고생해서 돈을 벌고, 그 돈을 아껴서 저축하고 투자해본 적 없는 정치인이 경제 정책에 적극적으로 나서면 나라 경제의 미래 또한 어둡습니다.

한 언론 관계자가 어느 기업가에게 새해 소원을 물었습니다.
그는 이렇게 말했습니다.
"정부가 우리에게 큰 관심을 두지 않고 그냥 내버려 두는 것"

為無為

事無事

味無味

大小多少

報怨以德

圖難於其易

為大於其細

天下難事　必作於易

天下大事　必作於細

是以聖人　終不為大

61장 - 70장

大邦者下流 대방자하류 큰 나라는 강이나 하천의 하류와 같아서

天下之交 천하지교 천하가 모여든다.

天下之牝 천하지빈 천하의 여성스러움,

牝常以靜勝牡 빈상이정승모

여성스러움은 항상 그 고요함으로 남성스러움을 이기니,

以靜爲下 이정위하 고요함으로 스스로를 낮추는 것이다.

故大邦以下小邦 則取小邦 고대방이하소방 즉취소방 그러므로 큰

나라는 작은 나라에 대해 스스로를 낮춤으로 작은 나라를 모으고

小邦以下大邦 則取大邦 소방이하대방 즉취대방

작은 나라는 큰 나라의 아래에 있음으로 큰 나라의 보호를 받는다.

故 或下以取 或下而取 고 혹하이취 혹하이취

그리하여 혹은 아래에 있음으로 얻고, 혹은 스스로 낮춤으로 얻는다.

大邦不過欲兼畜人 대방불과욕겸휵인

큰 나라가 작은 나라를 모아 보호하여 길러주면,

小邦不過欲入事人 소방불과욕입사인

작은 나라는 큰 나라에 들어가 섬기기만 하면 된다.

夫兩者各得其所欲 부량자각득기소욕

큰 나라, 작은 나라가 각자 원하는 바를 얻고자 한다면,

大者宜爲下 대자의위하 큰 나라가 의당 스스로를 낮추어야 할 것이다.

61장은 중국 춘추 시대에 대한 역사
적 지식이 없으면 이해하기 어렵습니다. 뒤에 다시 말씀드리겠습니다
만, 이 시대의 정치·외교 상황을 알지 못한 탓에 근대 이후의 정통적인
노자 연구가들조차 놀라운 오류를 범하고는 했습니다.

기원전 770~403년을 춘추 시대春秋時代라고 합니다. 이는 공자가
편찬한 노魯나라 역사서 《춘추春秋》의 이름을 딴 것입니다. 이 시기에
는 주나라가 세력이 약해진 틈을 타서 100개가 넘는 제후국이 반半독
립적인 상태로 난립했습니다. 그러다 최후에는 소위 '춘추오패'라고
불리는 제나라, 진晉나라, 초나라, 오나라, 월나라의 5개 나라가 중원中
原의 강자가 됩니다. 노자나 공자가 활약했던 시기는 춘추 시대 말기였
습니다. 이러한 역사적 상황이 이번 장의 배경이 됩니다.

춘추 시대 말에 쓰인 《중용》에는 천하 국가를 다스리는 데 필수적
인 9가지 도리, 즉 '구경九經'이 나옵니다. 그 마지막이 '회제후(懷諸侯 제
후들에게 은혜를 베푸는 일)'입니다.

약소 제후국의 "끊긴 대代를 이어주고 쇠퇴한 나라를 일으키며 혼
란을 다스려주고 위태로움에서 지켜주는(繼絶世 擧廢國 治亂持危 계절세 거폐
국 치란지위)" 일이 바로 그것입니다.

《중용》의 이 구절은 춘추 시대에 크고 작은 나라 간의 바람직한 역

학 관계를 명백히 제시하고 있습니다.

큰 나라는 마치 강이나 하천의 하류처럼 온 천하 사람들이 모여듭니다. 이때 큰 나라의 덕목은 모두를 아우르는 겸허함이라고 노자는 쓰고 있습니다.

그리고 이 겸허함의 원천을 노자는 여성스러운 부드러움과 고요함으로 보았습니다.

그런데 이러한 시대 상황을 간과한 근대 이후의 《노자》 연구가들은 '소방불과욕입사인小邦不過欲入事人'을 '작은 나라가 큰 나라에 들어가 섬기는 것이다.'라는 해석에 의문을 품었습니다. 결국 그들은 근대적 사고를 발휘하여 '입사인入事人'을 '불사인不事人'의 오기誤記로 단정했습니다. 그리하여 작은 나라가 큰 나라를 섬기는 것이 아니라 독립을 원한다는 의미로 풀이하기에 이른 것입니다. 뭐 재미있긴 하지만, 비뚤어져도 한참 비뚤어졌습니다.

중국 춘추 시대에 고대 그리스는 춘추 시대 제후국처럼 수백 개의 도시 국가로 이루어져 있었습니다. 이런 도시 국가를 '폴리스polis'라고 합니다. 이 폴리스의 강자는 아테네와 스파르타였습니다.

당시 이들을 위협하는 강대국은 지금의 이란 지역에 있었던 페르시아였습니다.

페르시아의 왕 다리우스 1세는 그리스를 정복하기 위해 쳐들어갔습니다. 그러나 마라톤 전투에서 아테네에 패하고 말았습니다. 이때가 기원전 490년이었습니다. 중국의 춘추 시대 말기에 해당합니다.

기원전 480년 여름, 다리우스 1세의 뒤를 이어 왕이 된 크세르크세스가 이끄는 페르시아 20만 대군이 다시 그리스를 공격했습니다. 고대 역사학자 헤로도토스는 그 수가 170만 명이라고 적었습니다. 하여튼 어마어마한 병력이었던 것만큼은 확실합니다. 이에 맞서 싸운 군대는 스파르타의 왕 레오니다스가 이끄는 300명이었습니다. 그들은 뒤에 가세한 지원군 700명과 함께 폭이 3m에 불과한 '뜨거운 문Hot Gate' 테르모필레 협곡을 막고 3일 동안 결사 항전했습니다. 그리고 모두 장렬히 전사했습니다. 꼭 영화 같지만 이것은 실화입니다.

이 전쟁이 원인이 되어 결국 페르시아는 그리스 정복의 꿈을 접고 물러났습니다. 게다가 150년 뒤, 페르시아는 그리스를 통일한 알렉산더 대왕에 의해 멸망하고 맙니다.

수십만 대군에 맞서 싸웠던 스파르타는 당시 인구가 수천 명에 불과한 작은 도시 국가였습니다.

노자는 큰 나라와 작은 나라 간의 덕목을 이번 장에서 제시하고 있습니다. 물론 지금의 정서와는 판이하게 다르지만, 현대 국제 사회의 강대국과 약소국 관계를 떠올리며 한 번 곱씹어볼 만합니다.

불과 50여 년 전만 하더라도 세계는 미국 중심의 자유 민주주의와 소련 중심의 공산주의 세력이 팽팽하게 대립하며 공존하는 냉전 구도였습니다. 그래도 이때는 세력균형勢力均衡 balance of power이 어느 정도 이루어져 세계정세가 크게 불안하지는 않았습니다.

지금은 3대 강대국인 미국, 중국, 러시아 아래에서 세계는 예측 불가능한 살얼음판을 걷고 있습니다. 1강強 2약弱의 판도에서는 이해 계산에 따라 2약이 서로 손을 잡을 가능성이 언제나 도사리고 있습니다.

게다가 그 두 나라는 한때 동지이기도 했습니다.

현재 강대국의 정치 지도자들은 전대미문의 독특한 캐릭터와 신념을 가진 사람들입니다.

저는 이 지도자들의 편협함이 두렵습니다. 다행히 물러나긴 했지만 전 미국 대통령이라는 사람은 뿌리 깊은 인종 차별주의자에다가 자국 이기주의를 앞세워 우방조차 무시하기 일쑤였습니다. 소련의 옛 영화를 재현하려는 푸틴이나, 중화주의의 부활을 꿈꾸는 시진핑도 만만치 않은 패권주의자들입니다. 이들의 행동은 제2차 세계 대전을 일으킨 전범 국가의 정치 지도자들과 너무나 닮은 데가 많습니다. 그들이 앞으로 어떤 행동을 하게 될지, 고래 싸움을 보고 있는 작은 나라들은 불안할 뿐입니다.

꼭 그렇게 싸우고 싶다면, 비겁하게 숨어서 애먼 백성이나 잡지 말고, 자기네들 추종자들 다 끌고 어디 섬 같은 곳에 가서 맞짱이라도 뜨라고 권하고 싶습니다.

제선왕齊宣王이 맹자에게 인접 국가와 잘 지내는 방법을 물었습니다.

맹자는 큰 나라가 인仁의 정신을 가지고 대大로서 소小를 섬기고, 작은 나라는 지知를 발휘하여 소로서 대를 섬기면 된다고 답했습니다. 그리고 "대로서 소를 섬기는 자를 낙천자樂天者라고 하고, 소로서 대를 섬기는 자를 외천자畏天者라고 하며, 낙천자는 천하를 보호하고 외천자는 나라를 지킨다."고 했습니다.

《맹자》 '양혜왕梁惠王'에 나옵니다.

62장

道者 萬物之奧 도자 만물지오 도는 만물의 아랫목으로

善人之寶 不善人之所保 선인지보 불선인지소보

선한 사람에게 보배요, 선하지 않은 사람도 지키는 것이다.

美言可以市 尊行可以加人 미언가이시 존행가이가인 아름다운 말은

널리 회자되고 훌륭한 행실은 다른 사람에게 영향을 미칠 수 있다.

人之不善 인지불선 사람의 불선不善을

何棄之有 하기지유 어찌 내버려 둘 수 있겠는가?

故 立天子 置三公 고 입천자 치삼공

그러므로 천자를 세우고 삼공을 임명할 때

雖有拱璧 以先駟馬 수유공벽 이선사

아름드리 옥을 네 필 말이 끄는 수레 앞에 바친다고 하더라도

不如坐進此道 불여좌진차도 가만히 앉아서 이 도를 내세우느니만 못하다.

古之所以貴此道者何 고지소이귀차도자하

예로부터 이 도를 귀하게 여긴 까닭이 무엇인가?

不曰 以求得 有罪以免邪 불왈 이구득 유죄이면야

구하면 얻을 수 있고, 죄가 있어도 용서받을 수 있었기 때문이 아니겠는가?

故 爲天下貴 고 위천하귀 그래서 천하가 이를 귀하게 여기는 것이다.

이 책을 쓰면서 저는 지나친 의역은 자제하겠다고 약속했습니다. 그렇지만 조금은 무리하게 느껴지더라도 의역으로 정리할 수밖에 없는 부분은 논리적 근거를 붙여서 정리하고 있습니다.

'만물지오萬物之奧'는 '만물의 아랫목'으로 쓸 수 있습니다. 《설문해자》는 '오奧'를 "방의 서남쪽 모퉁이이다. 깊이 감추어두는 방의 중요한 곳이다(室之西南隅 宛然深藏 室之尊處也 실지서남우 완연심장 실지존처야)."라고 풀이했습니다. 하상공이 "오奧는 감추는 것(藏也 장야)"이라고 한 것이나, 왕필이 "오奧는 가리는 곳으로 보듬어 보살펴준다는 말(奧 猶暖也 可得庇蔭之辭 오 유애야 가득비음지사)"로 해석한 것이 모두 일맥상통합니다. 불현듯 아랫목에 밥 한 그릇 묻어두고 자식을 기다리던 어머니의 사랑이 생각납니다.

'수유공벽 이선사마雖有拱璧 以先駟馬'를 시원하게 풀이한 책을 저는 여태 보지 못했습니다. 이는 '공벽拱璧'의 '공拱'을 한결같이 '바치다供'라는 뜻의 동사로 여기고 번역한 까닭입니다. 죄송한 말씀이지만, 구태여 '공拱'을 동사로 본다고 하더라도, '팔짱 끼다, 두르다, 껴안다'의 뜻일 뿐, '바치다'라는 뜻은 눈을 씻고 찾아봐도 없습니다. 그리고 '공拱'을 동사로 본다면, 이 구절은 '유有'와 '공拱', 두 개의 동사가 포개져 있는 괴이한 글이 됩니다. 영어 문법에만 목숨을 걸 것이 아니라, 한문 문장 해석에도 기본은 좀 지켜야 하지 않겠습니까?

공벽拱璧은 두 손으로 감쌀 정도로 큰 구슬大璧을 뜻하는 말입니다. 《좌씨춘추左氏春秋》에는 "나에게 공벽을 주었다(與我其拱璧 여아기공벽)." 라는 글이 나옵니다. 《좌씨춘추左氏春秋》는 공자가 쓴 《춘추春秋》를 해설한 주석서입니다.

중국인의 옥玉 사랑은 전통적으로 참 유별납니다.

중국인들은 옥이 덕을 상징한다고 믿었습니다. 맑고 부드러우며 은은한 빛을 발하는 옥의 속성이 군자의 덕목인 지혜와 겸손을 닮았다고 생각한 것입니다. 그래서 중국의 문헌에는 옥이 유난히 자주 등장합니다. 군자와 가장 닮았다고 하는 매화의 자태는 얼음같이 맑고 깨끗한 살결과 옥같이 아름다운 자질이라는 뜻으로 '빙자옥질氷姿玉質'이라고 표현했습니다.

또한 "미인은 옥처럼 맑다(美人皎如玉 미인교여옥)."라고도 했습니다. 미인의 얼굴은 가는 눈썹에 옥 같은 얼굴인 '세미옥안細眉玉顔', 미인의 자태는 옥 같은 얼굴에 신선 같아야 한다고 '옥모선자玉貌仙姿', 심지어 가냘프고 고운 미인의 손은 '섬섬옥수纖纖玉手'로 딱 정해놓았습니다.

춘추 시대 초楚나라 사람 변화卞和가 진귀한 옥을 얻어 초나라 려왕厲王에게 바쳤습니다. 그런데 려왕은 이 옥이 가짜라 여기고 왕을 속인 죄로 변화의 왼쪽 발을 잘랐습니다. 이후에 무왕武王이 즉위하여 다시 바쳤더니, 무왕 또한 알아보지 못하고 이번에는 오른쪽 발을 잘랐습니다. 무왕에 이어 문왕文王이 즉위하자 변화는 궁궐 문 앞에서 옥을 껴안고 사흘 밤낮을 울었습니다. 그러자 문왕은 옥 장인을 시켜 이를 쪼개도록 했습니다. 그 결과, 천하의 보옥이 그 모습을 드러냈습니다. 여기서 나온 고사가 '변화삼읍卞和三泣 변화가 세 번 울다'입니다. 이 옥을 '화씨벽和氏璧'이라고 합니다.《한비자》'화씨和氏'에 나옵니다.

　전국 시대에 와서 화씨벽은 조趙나라 혜문왕惠文王의 소유가 되었습니다. 강대국인 진秦나라 소왕昭王은 이를 빼앗으려고 거짓으로 15개의 고을과 바꾸자며 거절할 수 없는 제안을 했습니다. 이에 조나라의 재상 인상여藺相如가 화씨벽을 가지고 갔습니다. 그러나 소왕이 약속을 어기고 화씨벽을 빼앗으려고 하자 인상여는 약속을 어기면 화씨벽을 깨뜨리겠다고 기지를 부려 온전하게 조나라로 가지고 돌아왔습니다. 이 이야기는《사기》'염파인상여열전廉頗藺相如列傳'에 나옵니다.

　우리가 완전무결하다는 의미로 흔히 사용하는 '완벽完璧'은 옥구슬을 온전히 가지고 돌아왔다는 말에서 유래되었습니다. 이 사연을 알지 못하면 '구슬 벽璧'을 '벽 벽壁'으로 쓰기 십상입니다. 이래서 옥편만 가지고 한문을 번역하면 낭패를 당할 수 있습니다.

　기를 쓰고 왕에게 옥구슬을 바치려고 했던 화씨를 저로서는 참 이해할 수 없습니다.

　대만 고궁박물관에는〈취옥백채翠玉白菜〉라는 이름의 옥 조각품이 있습니다. 배추에 메뚜기와 여치가 붙어있는 형상으로 높이 18.7㎝에 폭이 9.1㎝로 사람 손 정도의 크기입니다. 이 박물관을 대표하는 얼굴마담 격인 이 옥 조각을 두고 중국 사람들은 중국 최고의 보물이라는 찬사를 아끼지 않습니다. 대만의 초대 총통인 장제스가 마오쩌

둥이 이끄는 중국 공산당에 패하여 본토에서 도망갈 때 가져온 수십만 점의 유물 중 하나인 이 작품을 두고, 대만이 유엔에 가입하려는 것을 좌절시킨 중국은, 이 유물을 넘겨주기만 하면 유엔에 가입하도록 도와주겠다고 했다는 등 여러 설이 전해지기도 합니다.

일설에는 누가 제주도를 줘도 안 바꾸는 보물이라고 했다고 합니다.

도대체 그 잘난 옥 덩어리가 뭐라고 그 옛날에도 15개의 고을과 바꾸니 마니 하다니, 말이면 다 말인 줄 아나 봅니다.

갑자기 돈 좀 벌더니, 이 사람들 정말 이상합니다.

63장

爲無爲 위무위 무위無爲를 행하고

事無事 사무사 무사無事로 일하고

味無味 미무미 무미無味로 맛을 삼는다.

大小多少 대소다소 작은 것을 크게 보고, 적은 것은 많게 여겨라.

報怨以德 보원이덕 원한은 덕으로 갚으라.

圖難於其易 도난어기이 어려운 일은 쉬운 것부터 해야 하고,

爲大於其細 위대어기세 큰일을 하려면 작은 일부터 해야 한다.

天下難事 必作於易 천하난사 필작어이

천하의 어려운 일은 반드시 쉬운 일에서 비롯되고,

天下大事 必作於細 천하대사 필작어세

천하의 큰일도 반드시 작은 일로부터 시작된다.

是以聖人 終不爲大 시이성인 종불위대

성인은 끝내 큰일이라고 여기지 않으므로

故 能成其大 고능성기대 큰일을 이루어낼 수 있는 것이다.

夫輕諾 必寡信 부경낙 필과신

무릇 가벼이 승낙하면 반드시 믿음이 부족하고

多易 必多難 다이 필다난 너무 쉬운 일은 꼭 어려움이 따른다.

是以聖人 猶難之 시이성인 유난지

이 때문에 성인은 그것을 어려운 일로 여겼기에

故 終無難矣 고종무난의 결국은 어려운 일이 없게 되는 것이다.

하나라를 개국한 우禹임금의 아버지는 '도올檮杌'이라고도 불리는 '곤鯤'입니다.

곤은 치수治水를 위해 9년간 둑을 쌓고 물길을 막았으나 실패했습니다. 그는 이 때문에 우산羽山에서 처형당했습니다.

아버지 곤과 달리 우임금은 자연의 형세에 따라 물길을 터줌으로써 마침내 치수에 성공했습니다. 10장에서 말씀드린 대로, 맹자는 이번의 치수가 무리하게 일삼은 바가 없이 행해졌다는 의미로 '행기소무사行其所無事'라고 평가했습니다. 우임금은 이 일로 밖을 나다니면서 8년 동안 세 번 자신의 집 앞을 지난 적이 있었지만, 문 안으로 들어가지도 않았습니다. 《맹자》 '등문공滕文公'에 나옵니다.

'사무사事無事'는 이같이 자연의 법칙을 거스르지 않고 행하는 것을 말합니다.

'보원이덕報怨以德'은 이번 장의 구절과는 전혀 연관성이 없어 보입니다. 그래서 대부분의 학자들은 이 구절이 79장으로 가야 한다고 주장했습니다. 저는 이미 49장에서 이 내용을 잠시 언급한 적이 있습니다. 79장에 가서 다시 읽겠습니다.

음식에 대한 유혹은 누구나 참기 어렵다고 합니다만 저는 특히 더 심합니다. 언젠가 불가佛家에 계시는 분이 절집에 와서 공부하면 어떻겠냐고 제의하셨을 때, 저는 저의 천박한 식탐을 고백하며 거절할 수밖에 없었습니다.

중국 역사상 생몰 연도가 정확히 알려진 황제는 209명이고, 그들의 평균 수명은 39세라고 합니다. 그들 중 가장 오래 산 건륭제乾隆帝 1711~1799는 7대가 한 집에 모여 사는 '칠대동당七代同堂'의 기쁨을 누리며 살다 89세에 죽었습니다. 그의 양생술은 먹고 자는 일상생활의 절제에서 비롯되었습니다. 그는 금주, 금연은 물론 채식 위주의 소식小食과 절식節食으로 소박하게 살았다고 합니다.

저는 중국 같은 미식가의 땅에서 향기로운 술과 아름다운 안주를 멀리할 수 있었다는 것만으로도 그가 존경받아 마땅하다고 생각합니다.

세 차례에 걸친 유배의 고난 속에서 인생 후반부의 대부분을 보낸 대미식가 소동파가 "배부르기 전에 수저를 거두는 일(未飽先止 미포선지)"을 양생술로 삼았다는 것과는 그 차원이 확연히 다릅니다.

소동파는 황주 유배 시절에 벽에다 '하얀 이와 고운 눈썹의 미인은 명을 단축하는 도끼이며, 달고 기름진 음식은 내장을 썩게 하는 독이다.'라는 내용의 글을 손수 써서 붙여놓고 스스로를 경계했다고 합니다.

소동파의 이 글은 서한 시대 문인 매승枚乘 B.C.210~B.C.138?이 쓴 〈칠발七發〉의 내용을 베낀 것입니다.

甘脆肥濃 命曰 腐腸之藥	감취비농 명왈 부장지약
洞房清宮 命曰 寒熱之媒	동방청궁 명왈 한열지매

出輿入乘 命曰 招蹶之機　　　　출여입승 명왈 초궐지기

皓齒蛾眉 命曰 伐性之斧　　　　호치아미 명왈 벌성지부

달고 무르고 기름지고 맛이 진한 음식은 창자를 썩게 만드는 약이다.

잘 꾸민 방과 시원한 집은 한기와 열기를 부르는 중개자이다.

나고들 때 타는 가마와 수레는 다리를 거꾸러뜨리는 기계이다.

하얀 이와 고운 눈썹의 아름다운 여인은 천성을 해치는 도끼이다.

2,000년도 훨씬 더 지난 이야기이지만, 매승의 이 글 속에는 공감하지 않을 수 없는 진실이 담겨 있습니다. 감·취·비·농으로 정의된 음식이 창자를 썩게 만든다는 거부할 수 없는 사실은 저를 슬프게 합니다.

2019년 4월, 이탈리아 시칠리아 경찰은 식품 안전 점검을 나섰다가 중국 음식점 2곳에서 오리알을 발효시켜 만든 송화단松花蛋 800알을 발견했습니다. 그리고 사람이 먹기에는 부적합한 것을 팔았다는 이유로 식당 주인 2명을 체포하고, 그 송화단은 모두 폐기 처분했습니다. 이 일로 중국 사회는 분노했고, 외교 문제로까지 번졌습니다.

그런데 사실 송화단은 세계의 음식 중 혐오스러운 비주얼과 악취로는 랭킹에 들어가지도 못합니다. 이에 비교하면 참치 알을 염장하여 만든 이탈리아 요리 '보타르가'가 냄새로는 훨씬 더 악명이 높습니다. 게다가 중국의 송화단이나 취두부 정도로는 스웨덴의 청어요리 '수르스트뢰밍'이나 포르투갈의 대구요리 '바깔라우'에는 명함도 못 내밉니다. 적어도 우리나라의 삭힌 홍어쯤은 되어야 명함을 내밀 수 있을 것입니다.

《논어》 '향당鄕黨'에 공자는 "색깔이 나쁘면 먹지 않았고, 냄새가 안 좋으면 먹지 않았다(色惡不食 臭惡不食 색악불식 취악불식)."고 썼습니다.

정말 궁금해서 그러는데, 공자 선생님은 취두부나 송화단을 정말로 잡수지 않으셨을까요?

송화단도, 취두부도, 심지어 삭힌 홍어까지 거리낄 것 없이 좋아하는 저는 이번 생에서 공자 선생님을 닮아가기는 애당초 틀린 것 같습니다.

천하의 어려운 일도 반드시 쉬운 일에서 비롯되고, 천하의 큰일도 반드시 작은 일로부터 시작된다는 구절은 참으로 감동적입니다.

저도 한때 처마 위 빗방울이 바위를 뚫는다는 '수적천석水滴穿石'이라는 글을 좌우명으로 삼아 제 책상에 써 붙인 적이 있습니다. 알고 보니 이것도 매승이 쓴 글에서 따온 것이었습니다.

64장

其安易持 其未兆易謀 기안이지 기미조이모

안정되면 유지하기 쉽고, 조짐이 나타나기 전에는 도모하기 쉽다.

其脆易泮 其微易散 기취이반 기미이산

무르면 풀어지기 쉬우며, 작을 때는 흐트러뜨리기 쉽다.

爲之於未有 위지어미유 일은 생기기 전에 처리하고

治之於未亂 치지어미란 혼란스러워지기 전에 다스려야 한다.

合抱之木 生於毫末 합포지목 생어호말

아름드리 큰 나무도 털끝처럼 작은 싹에서 나오고

九層之臺 起於累土 구층지대 기어누토

아홉 층 높은 누대도 한 줌의 흙에서 일어나며

千里之行 始於足下 천리지행 시어족하

천릿길도 한 걸음으로 시작된다.

爲者敗之 위자패지 유위有爲로 하는 일은 실패하게 마련이고

執者失之 집자실지 집착하는 자는 잃을 수밖에 없다.

是以聖人 시이성인 이에 성인은

無爲 故無敗 무위 고무패 무위無爲로 함으로써 실패하지 않고,

無執 故無失 무집 고무실 집착하지 않음으로 잃을 일이 없다.

民之從事 常於幾成而敗之 민지종사 상어기성이패지

사람이 일을 하면 항상 거의 성공할 즈음까지 와서 실패하고 말지만,

愼終如始 則無敗事 신종여시 즉무패사

처음 시작할 때처럼 마무리를 신중하게 하면 실패하는 일이 없을 것이다.

是以聖人 시이성인

그러므로 성인은

欲不欲 不貴難得之貨 욕불욕 불귀난득지화

욕심을 없애려는 욕심만 있고, 얻기 어려운 재화를 귀히 여기지 않으며,

學不學 復衆人之所過 학불학 복중인지소과

배우지 않아야 함을 배우고, 많은 사람이 지나쳐 버리는 것으로 돌아간다.

以輔萬物之自然 而不敢爲 이보만물지자연 이불감위

만물의 자연스러움을 도울 뿐 감히 억지로 행하지 않는다.

앞 장에 이어서 이번 장은 마치 한 편의 성공학 교과서 같습니다. 《노자》특유의 상징적이고 은유적인 수사를 배제한 채 명쾌한 논리를 일관되게 풀었습니다. 《노자》는 이 장에서 화禍의 기원을 제시하고, 예방해야 하는 당위성을 역설합니다. 모든 큰일은 작은 일에서 비롯되어 커지며, 가까운 곳에서 시작되어 멀리 도달한다고 하는 논리는 앞 장과 별반 다르지 않습니다. 늘 그러했듯이 여기서도 무위無爲와 무집無執을 강조하면서, 성공은 처음의 마음을 포기하지 않는 데서 온다는 것을 역설했습니다. 그리고 헛된 욕심을 버리고 끝까지 신중하라고 덧붙였습니다.

"나의 글씨는 말할 것은 못 되지만, 70년 동안에 10개의 벼루를 갈아서 구멍을 내었고 천 자루의 붓을 몽당붓으로 만들었습니다(吾書雖不足言 七十年 磨穿十硏 禿盡千毫 오서수부족언 칠십년 마천십연 독진천호)."

저 위대한 추사 김정희는 말년에 이렇게 고백했습니다. 불경스럽게 제가 어찌 감히 옛 어른의 인품과 예술을 평가할 수 있겠습니까만, 적어도 이 학예연찬學藝硏鑽의 고백 앞에서는 절로 고개를 숙이지 않을 수 없습니다.

《중용》에서 공자는 이렇게 말했습니다.

有弗學 學之 弗能 弗措也	유불학 학지 불능 불조야
有弗問 問之 弗知 弗措也	유불문 문지 부지 불조야
有弗思 思之 弗得 弗措也	유불사 사지 부득 불조야
有弗辨 辨之 弗明 弗措也	유불변 변지 불명 불조야
有弗行 行之 弗篤 弗措也	유불행 행지 부독 불조야

308

배우지 않을지언정 배웠는데도 능하지 못한다면 그만두지 말며,

묻지 않을지언정 물었는데도 알지 못했다면 그만두지 말며,

생각하지 않을지언정 생각했는데도 깨닫지 못했다면 그만두지 말며,

분별하지 않을지언정 분별했는데도 분명하지 못한다면 그만두지 말며,

행하지 않을지언정 행했는데도 독실하지 못했다면 그만두지 말아

야 한다.

그리고 이어서 공자는 "다른 사람이 한 번에 능하면 나는 백 번을 하며, 다른 사람이 열 번에 능하면 나는 천 번을 한다(人一能之 己百之 人十能之 己千之 인일능지 기백지 인십능지 기천지)."라고 충격적인 자기 선언을 했습니다.

노자는 사람이 항상 성공할 즈음까지 다 와서 실패하고 마는 것을 관찰했고, '신종여시愼終如始'를 해결책으로 제시했습니다.

물은 100도에서 끓기 시작합니다. 100도를 임계점critical point이라고 합니다.

물리학에서 임계점은 기상gas과 액상liquid의 구분이 사라지는 압력과 온도를 일컫는 말입니다. 물은 불과 1도 차이일 뿐인데 99도에서

는 끓지 않고, 수증기가 될 수도 없습니다.

노자의 말을 구태여 빌리지 않더라도 많은 사람들이 성공의 직전에서 포기하고 좌절합니다. 이는 물을 끓이다가 2%가 부족한 98도나, 1% 모자라는 99도에서 가열 스위치를 끈 것과 다를 바 없습니다.

미국의 시인이자 사상가인 랄프왈도 에머슨Ralph Waldo Emerson 1803~1882은 이렇게 말했습니다.

"영웅이 일반인보다 더 용기 있는 것이 아니라, 5분쯤 더 오래 지속될 뿐이다(A hero is no braver than an ordinary man, but he is brave five minutes longer)."

에머슨의 이 말에 자극을 받은 탓인지, 5분 먼저 일어나고, 5분 먼저 출근하라는 등의 소위 '5분 성공학'이 등장하기도 했습니다. 5분은 인생에서 아주 짧은 시간에 불과합니다. 그런데 직장 생활 30여 년의 제 경험에 미루어 볼 때, 이 짧은 5분의 성공학은 다분히 설득력이 있습니다. 한 번 해보시면 5분의 효과를 분명히 느끼시게 될 겁니다.

'불귀난득지화不貴難得之貨' 이 구절은 3장과 12장에서도 나왔습니다.

이번 장에서는 '욕불욕欲不欲' 다음에 이어져 있습니다. 저는 '욕심을 없애려는 욕심이 있다.'라고 풀이했습니다.

이 대목에서 한비자의 인용은 가히 천재적입니다.

한비자는 그의 저서 《유로喩老 노자를 말하다》에서 자한子罕이 옥을 거절한 이야기를 통해 이를 설명했습니다.

"송宋나라의 한 시골 사람이 옥을 얻어 자한에게 바쳤으나 자한은 받지 않았다. 이에 시골 사람은 왜 귀한 사람이 귀한 보물을 받지 않느냐 물었다.

자한은 '당신은 옥을 보물로 여기지만, 나는 당신의 옥을 받지 않는 것을 보물로 여긴다(爾以玉爲寶 我以不受子玉爲寶 이이옥위보 아이불수자옥위보).'라고 대답하였다."

한비자는 이 일화를 소개하고 나서 이를 자한의 "옥을 바라지 않음 不欲玉 불욕옥"으로 설명했습니다. 그리고 이 구절을 인용했습니다.

65장

古之善爲道者 고지선위도자 옛날에 도를 잘 행한 사람은

非以明民 將以愚之 비이명민 장이우지

백성을 명민하게 하려고 하지 않고 어리석게 만들려고 했다.

民之難治 以其智多 민지난치 이기지다

백성을 다스리기가 어려운 것은 지모智謀가 많기 때문이었다.

故 以智治國 國之賊 고 이지치국 국지적

그러므로 지모로써 나라를 다스리는 것은 나라를 해치는 일이 되고

不以智治國 國之福 불이지치국 국지복

지모를 쓰지 않고 다스리는 것은 나라의 복이 된다.

知此兩者 亦稽式 지차량자 역계식

이 두 가지를 깨닫는 것이 바로 계식稽式이며,

常知稽式 是謂玄德 상지계식 시위현덕

이 계식을 항상 인식하는 것을 현덕玄德이라 한다.

玄德 현덕 현덕은

深矣 遠矣 與物反矣 심의 원의 여물반의

깊고도 아득하며, 만물과 더불어 회귀한다.

然後 乃至大順 연후 내지대순 그리고 이윽고 대순大順에 이르게 된다.

나이 일흔이 넘은 숙량흘叔梁紇이라
는 무사는 10대 중반에 불과한 친구의 어린 딸 안징재顔徵在를 들판에
서 임신시켜 공자를 낳았습니다.

사마천은 "숙량흘이 안씨顔氏와 야합하여 공자를 낳았다(叔梁紇與顔氏
野合而生孔子 숙량흘여안씨 야합이생공자)."라고 무덤덤하게 《사기史記》에 기
록했습니다. '야합'이라는 곱지 않은 말은 여기서 나왔습니다.

《공자가어》에는 "안징재가 어린 여자로 70세 된 사람에게 시집갔
으니, 이 때문에 부끄러워서 알릴 수 없었다(徵在以幼少之女 嫁七十之人 是以
羞慙不能告 징재이유소지녀 가칠십지인 시이수참불능고)."라며 좀 더 디테일한 기
록이 나옵니다.

공자도 스스로 "나는 어려서 빈천했다. 그런 까닭에 하찮은 일에 많
이 능할 수밖에 없었다(吾少也賤 故多能鄙事 오소야천 고다능비사)."라고 그의
불우했던 성장기를 털어놓은 적이 있습니다. 《논어》 '자한子罕'에 나옵
니다.

공자가 하늘에서 떨어진 듯한 신성한 인물로 부각된 것은 주자의
숭배와 집착 때문이었습니다.

주자는 위대한 역사학자 사마천이 죽고 난 후 1,000년도 더 지난 다
음에 태어났습니다. 그의 역사적 통찰이 사마천을 뛰어넘지 못한다는
것은 명확한 사실입니다. 그러나 그는 마치 공자의 머릿속에 들어갔다

나온 듯이 공자를 서술했습니다. 조선 시대 맹목적인 주자 학파의 행태를 고려한다면, 공자가 알에서 태어났다는 등의 탄생 설화를 만들지 않은 것만 해도 참 다행스럽습니다.

논어를 읽을 때 공자의 인간적인 면모를 발견하는 재미도 쏠쏠합니다.

그는 음악을 좋아했고, 음식에 무척 까다로웠으며, 심지어 술酒은 끝이 없는 주당이었습니다. 게다가 아마 보통의 사람처럼 돈도 많이 벌고 싶어 했던 것 같습니다. 더 막 나가자면, 그가 학문에 몰두하게 된 것도 마음먹은 대로 돈을 벌 수 없어서였을지도 모릅니다.

"부富가 원한다고 얻을 수만 있다면 마부라도 하겠지만 그러지 못할 바엔 내가 하고 싶은 일을 하겠다(富而可求也 雖執鞭之士 吾亦爲之 如不可求 從吾所好 부이가구야 수집편지사 오역위지 여불가구 종오소호)."라고 한 《논어》'술이述而'의 고백에는 가장의 애환이 그대로 녹아 있는 듯합니다.

또한, 13년 동안 70여 제후국을 떠돌며 쓴 그의 자기소개서에서는 구직의 고달픔이 그대로 묻어납니다. 《논어》'자로子路'에 나옵니다. "참으로 나를 쓰려는 사람이 있다면, 단 일 년으로도 해낼 수 있으며, 삼 년이면 완성할 수 있다(苟有用我者 朞月而已 可也 三年有成 구유용아자 기월이이 가야 삼년유성)."

언젠가 저는 공자가 실수를 하고 당황해하던 내용을 읽고, 제 책갈피에 스마일 그림을 그려 표시하고는 혼자 웃었습니다. 저는 공자의 이런 인간적인 면이 좋습니다.

공자는 제자 자유子游가 무성武城 고을의 수령이 되어 예악禮樂으로 다스리는 것을 보았습니다. 공자는 이를 두고 "닭 잡는 데에 어찌 소 잡는 칼을 쓰는가(割雞 焉用牛刀 할계 언용우도)."라고 하며 웃었습니다. 이에 자유는 군자가 도道를 배우면 사람을 사랑하게 되고, 소인이 도를 배우면 부리기가 쉽다고 했던 공자의 말을 상기시키며 반박했습니다.

당황한 공자는 자유의 말이 옳다고 인정하면서, "조금 전에 한 말은 웃자고 한 말(戱之 희지)이었다."고 서둘러 수습했습니다. 《논어》 '양화陽貨'에 나옵니다.

이 내용만 두고 보면, 공자에게는 천한 백성에게 예악을 가르치는 일이 '우도할계牛刀割鷄 소 잡는 칼로 닭을 잡는 일'이거나, 아니면 백성을 부리는 방편에 지나지 않았습니다. 공자도 이랬으니, 당시 위정자들에게 백성이 어떤 존재였는지는 알고도 남습니다.

《노자》의 이 장을 두고 후대 사람들은 노자가 우민 정책을 옹호했다고 생각했습니다. 이는 공자의 일화에서 본 것과 같이 당시 사회 지도층의 백성관을 전제로 한 성급한 일반화에 지나지 않습니다. 《노자》의 '우愚'는 순박하고 진실하다는 뜻입니다.

이번 장의 '명明'을 두고는 하상공과 왕필 모두 '교묘한 속임수(巧詐)'로 풀이했습니다.

다만 하상공은 우愚를 "순수하고 질박하여 속이거나 거짓이 없게 하는 것(使樸質 不詐僞也 사박질 불사위야)"이라 했고, 왕필은 "앎을 없애고 그 참됨을 지켜 자연을 따르는 것(無知 守其眞 順自然也 무지 수기진 순자연야)"이라 했지만, 그 말이 그 말입니다.

장자는 〈제물론(齊物論)〉에서 "성인은 어리석고 둔한 듯하다(聖人愚芚 성인우둔)."라고 썼습니다.

노자는 백성을 다스리기가 어려운 것은 백성에게 '지모(智謀)', 즉 꾀와 속임수가 많기 때문이며, 다스리는 사람은 지모를 쓰지 않고 순수하고 진실 되어야 한다고 했습니다. 또한 지모로써 나라를 다스리면 결국 나라를 해치게 되며, 지모를 쓰지 않고 다스리는 것이 나라의 복이 된다고 했습니다. 그리고 이 법칙을 인식하는 것을 현덕(玄德 현묘한 덕)이라고 정의했습니다.

현덕은 심원한 마음의 경지입니다. 노자는 현덕을 얻으면, 만물과 더불어 참된 본성으로 회귀하게 되어 결국은 '대순(大順)'에 이르게 된다고 했습니다.

이는 《장자》 '천지(天地)'의 "어리석은 듯, 어두운 듯하다. 이를 일러 현덕이라 하니, 대순과 동화된다(若愚若昏 是謂玄德 同乎大順 약우약혼 시위현덕 동호대순)."라고 한 대목과 똑 닮았습니다.

노자가 꿈꾸었던 대순은 무위 자연입니다.

66장

江海所以能爲百谷王者 강해소이능위백곡왕자

강과 바다가 백곡왕百谷王이 될 수 있는 까닭은

以其善下之 이기선하지 자신을 잘 낮추기 때문이다.

故 能爲百谷王 고능위백곡왕 그래서 뭇 골짜기의 왕이 된 것이다.

是以 欲上民 必以言下之 시이 욕상민 필이언하지

이로써 백성 위에 있고자 하면 오로지 말을 겸손하게 해야 하고

欲先民 必以身後之 욕선민 필이신후지

백성 앞에 서고자 하면 반드시 몸을 뒤로 두어야 한다.

是以聖人 處上而民不重 시이성인 처상이민부중

그러므로 성인은 위에 있어도 백성들이 무겁게 여기지 않고,

處前而民不害 처전이민불해

앞에 있어도 백성들이 해롭게 여기지 않는다.

是以天下 樂推而不厭 시이천하 낙추이불염

그래서 천하가 즐거이 그를 받들고 싫어하지 않는다.

以其不爭 이기부쟁 다투지 않기 때문에

故 天下莫能與之爭 고 천하막능여지쟁 천하도 그와 다툴 수 없다.

'백곡왕百谷王'을 직역하면 '뭇 골짜기 의 왕'이 됩니다. 여기서는 모든 하천이 모이는 곳이라는 의미로 썼습니다.

《노자》는 8장에서 물의 미덕을 찬미했습니다. 물은 만물을 이롭게 하면서도 만물과 다투지 않으며, 모두가 싫어하는 낮은 곳에 머무르는 덕목을 지녔으므로 '가장 훌륭한 선上善'이라고 했습니다. 이번 장의 '강과 바다江海'는 그 물의 궁극적인 종착지입니다. 32장에서 《노자》는 도가 천하에 존재한다는 것을 마치 내와 골짜기가 강이나 바다로 흘러드는 것으로 비유했습니다.

노자는 다툼이 없는 세상을 추구했습니다. 노자의 춘추 시대는 중원의 패권을 쟁취하려는 크고 작은 전쟁으로 혼란이 극심했습니다. 《춘추》에 의하면 242년간 일어난 전쟁의 횟수는 무려 483회에 이릅니다. 거듭된 전쟁으로 정의는 사라지고 백성들은 도탄에 빠져있었습니다. 22장에서 《노자》는 다투려고 하지 말고, 굽혀서 온전함을 회복할 것을 역설했습니다.

노자의 꿈은 평화였습니다.

똑같은 물을 두고서도 같은 시대를 살아온 노자와 공자의 유감에서

적지 않은 온도 차를 확인할 수 있습니다.

공자는 시냇가에서 흐르는 물을 보고 "가는 것이 이와 같구나. 밤낮으로 그침이 없도다(逝者如斯夫 不舍晝夜 서자여사부 불사주야)."라고 찬탄했습니다.

훗날 맹자는《논어》'자한子罕'에 나오는 이 말을 두고, "근원이 있는 샘물은 솟아 흘러 밤낮없이 구덩이가 파인 곳을 모두 채운 뒤에 앞으로 나아가 사해四海에 이르게 되는데, 근본이 있는 것은 이와 같다(源泉混混 不舍晝夜 盈科而後進 放乎四海 有本者如是 원천혼혼 불사주야 영과이후진 방호사해 유본자여시)."라고 공자의 말에 덧붙여 물의 덕성을 예찬했습니다.《맹자》'이루離婁'에 나옵니다.

여기서 이런 말을 쓰기는 좀 뭐 합니다만, 말을 겸손하게 하는 것은 모든 사람에게 요구되는 덕목입니다. 꼭 윗사람과의 관계가 아니더라도 언어생활에서 존댓말은 가장 효과적인 겸손한 말입니다. 그러나 잘못된 존댓말 사용은 듣는 사람을 매우 불편하게 합니다.

커피 전문점에서 "커피 나오셨습니다."라는 말을 듣는 것은 더이상 놀랍지도 않습니다.

고급 백화점의 직원이 "○○색깔의 옷도 계십니다."라고 얘기했을 때, 저는 차마 그 직원의 얼굴을 쳐다볼 수 없었습니다. 여기서 잘못을 지적하는 순간, 바로 '꼰대'가 되어버린다는 것쯤은 저도 잘 압니다.

제가 아끼는 유능한 젊은 학자는, 제게 예의를 차리기 위해 입버릇처럼 "제가 아시는…"이라는 어투로 말을 시작합니다. 다른 사람들에게도 똑같은 실수를 하지 않도록 하기 위해서라도 바로잡아 주고 싶습니다만, 무안해할까 봐 지금까지 그러지 못하고 있습니다.

그가 만약 이 글을 읽게 된다면, 제가 좋은 사이를 오래 이어가기 위해서 할 말을 못 했다는 사실을 꼭 알아주면 좋겠습니다.

67장

天下皆謂 我道大 似不肖 천하개위 아도대 사불초

천하 모든 사람이 이르기를, 나의 도는 광대하여 좇지 못할

듯하다고 한다.

夫唯大 故似不肖 부유대 고사불초

오로지 광대하므로 좇지 못할 것만 같다고 하는 것이다.

若肖 久矣 其細也夫 약초 구의 기세야부

만약 좇을 수만 있다면, 오래도록 지속될 텐데, 이렇게 드물구나.

我有三寶 持而保之 아유삼보 지이보지

나에게 세 가지 보물이 있어 이를 지니고 보존한다.

一曰 慈 일왈 자

첫째는 자애로움이고,

二曰 儉 이왈 검

둘째는 검약이며,

三曰 不敢爲天下先 삼왈 불감위천하선

셋째는 감히 천하 사람들의 앞에 나서지 않으려는 것이다.

慈故能勇 자고능용 자애로움으로 용감해질 수 있고,

儉故能廣 검고능광 검약으로 넉넉해질 수 있으며,

不敢爲天下先 故能成器長 불감위천하선 고능성기장

감히 천하 사람들의 앞에 나서지 않음으로써 만물의 으뜸이 될 수 있다.

今 舍慈且勇 금 사자차용 지금 자애로움을 버린 채 용감하기만 하고,

舍儉且廣 사검차광 검약을 저버리고 넉넉하려고 하며,

舍後且先 사후차선 뒤에 서려고 하지 않고 앞서려고만 한다면,

死矣 사의 죽고 말 것이다.

夫慈以戰則勝 以守則固 부자이전즉승 이수즉고

무릇 자애로움으로 싸우면 이기게 되고, 자애로움으로 지키면 공고해진다.

天將救之 천장구지

하늘이 누구를 구하려고 할 때는

以慈衛之 이자위지

자애로움으로 감싸는 것이다.

공자는 대주가大酒家였습니다. 《논어》'향당鄕黨'에는 "주량이 끝이 없었으나 어지러운 지경에 이르지는 않았다(唯酒無量 不及亂 유주무량 불급난)."라는 기록이 있습니다.

한문 문장에는 띄어쓰기가 없습니다. 그렇기에 어느 못된 사람은 띄어쓰기를 교묘하게 하여 점잖으신 공자 선생님을 순식간에 주폭으로 만들어 버렸습니다. 이 문장에서 '불급不及'과 '란亂' 사이를 띄워놓으면, 공자 선생님은 '주량이 끝이 없고, 술이 모자라면 난리를 부렸다.'로 해석됩니다.

이와 같은 극단적인 반전은 없지만, 노자 연구가들은 이번 장 첫 구절의 띄어쓰기를 두고 논쟁했습니다. '아도대我道大'에서 '도道'와 '대大' 사이를 붙이거나, 아니면 띄워놓고 풀이하면서 서로 자신이 옳다고 주장했습니다. 제 생각으로는, 이 두 글자를 띄우게 되면 다음 문장 전체의 풀이는 껄끄러워질 수밖에 없습니다. 그리고 동시대 사람인 공자가 "나의 도는 한 가지 이치로 관통한다(吾道 一以貫之 오도 일이관지)."라고 한 말의 어법으로 보더라도, 붙여서 풀이하는 것이 백번 옳습니다. 무엇보다도 띄워놓고 해석하게 되면, 이어 나오는 '불초不肖'의 해석에도 영향을 미치게 됩니다.

'불초不肖'를 직역하면 '닮지 않았다'라는 뜻입니다. 그래서 이 표현은 웃어른에게 자신의 역량이 그에 미치지 못한다는 겸손의 의미로 사용됩니다. 그리고 나아가서 덕이나 재능이 없다는 말로도 쓰입니다. 존경하는 스승님께 카톡을 보내게 되더라도, 저는 마지막에 꼭 불초라고 쓰고 있습니다.

이 말의 가장 정확한 용례는 아무래도 《노자》와 가장 가까운 시대에 쓰인 《맹자》 '만장萬章'에서 찾아야 할 것 같습니다.

중원의 역사를 통틀어 가장 위대한 왕위 승계는 태평성대를 구사했던 요堯·순舜임금이었습니다.

요임금은 아들 단주丹朱 대신 '순舜을 하늘에 천거薦舜於天 천순어천'했습니다.

순임금도 아들 상균商均 대신 '우禹를 하늘에 천거薦禹於天 천우어천'했습니다.

맹자는 "단주가 불초하였고, 순의 아들도 불초(丹朱之不肖 舜之子亦不肖 단주지불초 순지자역불초)"하였기 때문이라고 그 이유를 썼습니다. 여기서 '불초'는 의심할 바 없이 아버지의 뜻을 이어 펼칠 만큼 현명하지 않다는 의미로 쓰였습니다. 그래서 저는 우리말의 '좇다'로 풀이합니다.

'기세야부其細也夫'의 주어는 명확하지 않습니다. 저는 '나의 도'를 따르는 사람이 드물다는 의미로 읽었습니다. 예로부터 많은 이견이 존재하지만, 저에게는 어느 이론도 명쾌하지 않습니다.

'검 고능광儉 故能廣'의 해석을 두고 한비자는, '절약하면 부유해진다'라는 의미로 보았습니다. 이는 왕필이 '절약하고 검소하여 아끼면 천하가 궁핍하지 않게 되므로 넓어질 수 있다.'라고 한 것이나 별반 차이가 없습니다.

'세 가지 보물 三寶', 즉 '자애로움compassion, 검약frugality, 그리고 감히 나서지 않음placing oneself behind',은 노자 철학에서 매우 중요한 개념입니다. 노자는 이 중에서도 특히 자애로움을 강조했습니다. 처참한 전쟁과 혼란의 시대에 살았던 노자가 예찬한 덕목은 바로 자애로움이었습니다.

한비자는 자애로움을 모성의 덕으로 풀이했습니다.
세상에 자식이 위험에 처했을 때 어머니의 자애로움보다 용감한 것이 또 어디에 있겠습니까?

유태인의 속담에 이런 말이 있습니다.
"신은 모든 곳에 있을 수 없기에 어머니를 만들었다."

68장

善爲士者 不武 선위사자 불무

훌륭한 장수는 무력을 쓰지 않고,

善戰者 不怒 선전자 불노

싸움을 잘하는 사람은 화를 내지 않으며,

善勝敵者 不與 선승적자 불여

적과 싸워 잘 이기는 사람은 맞서 싸우려 들지 않고,

善用人者 爲之下 선용인자 위지하

사람을 잘 쓰는 사람은 스스로를 낮춘다.

是謂不爭之德 시위부쟁지덕

이것을 부쟁지덕不爭之德이라 하고,

是謂用人之力 시위용인지력

이것을 용인지력用人之力이라 하며,

是謂配天 시위배천

배천配天이라 하니,

古之極 고지극

예로부터 최고의 경지이다.

'부쟁지덕不爭之德'은 싸우지 않는 덕입니다. 《노자》는 부쟁지덕과 더불어 적재적소에 사람을 두고 잘 운용하는 능력인 '용인지력用人之力'을 겸비하는 것을 최고의 경지로 간주했습니다.

'배천配天'은 하늘과 짝을 이룬다는 의미입니다. 《중용》에서는 '고명高明', 즉 높고 크며 밝은 빛을 발하는 경지를 일컫는 말로 썼습니다.

동서고금을 막론하고 장수에게 있어 최고의 능력은 싸우지 않고 이기는 것입니다.

춘추 시대 그 유명한 천재 병법가 손무孫武 B.C545?~B.C.470?는 "용병에 있어 … 백전백승은 잘한 것 중에서 가장 잘한 것은 아니다. 싸우지 않고 남의 군대를 굴복시키는 것이 잘한 것 중에 가장 잘한 것이다(凡用兵之法 … 百戰百勝 非善之善者也 不戰而屈人之兵 善之善者也 범용병지법 … 백전백승 비선지선자야 부전이굴인지병 선지선자야)."라고 했습니다. 《손자병법》'모공謀攻'에 나옵니다.

《손자병법》이 지향한 병법의 궁극도 이렇게 《노자》와 다르지 않습니다.

저는 오늘날 세상을 사는 이치와 지혜를 깨닫게 해주는 책으로도 《손자병법》은 손색이 없다고 생각합니다.

오기^{吳起} B.C.440?~B.C.381는 전국 시대를 풍미한 전략가이자 정치가입니다. 그의 저서 《오자병법^{吳子兵法}》은 《손자병법》에 못지않은 병법서로 평가됩니다. 그는 "자주 싸워서 천하를 얻은 자는 드물고, 자주 싸워 천하를 잃은 자는 많다(數勝 得天下者稀 以亡者衆 삭승 득천하자희 이망자중)."라고 했습니다. 《오자병법》 '도국^{圖國}'에 나옵니다. 손무든 오기든 누구에게랄 것도 없이 피비린내 나는 전쟁은 필요악^{必要惡}에 지나지 않았습니다.

《손자병법》이라고 하면, 대뜸 "적을 알고 나를 알면 백번 싸워 백번 이긴다(知彼知己 百戰百勝 지피지기 백전백승)."라는 말부터 떠올리는 사람이 많습니다. 그런데 유감스럽게도 이 구절은 손자병법에 나오지 않습니다. 이 말은 아마도 "적을 알고 나를 알면 백번 싸워도 위태롭지 아니하다(知彼知己 百戰不殆 지피지기 백전불태)."라는 《손자병법》 '모공^{謀攻}'의 한 구절이 교묘히 왜곡되어 전해진 것 같습니다. 어찌 되었든 간에 이 말은 손자병법의 키워드가 되었습니다. 애초에 누가 그렇게 꾸몄는지는 모르지만 좀 씁쓸합니다.

이순신 장군은 절체절명의 국난에서 나라를 구한 위대한 영웅입니다. 이 어른의 업적은 전 세계 전쟁사에서 그 유례를 찾을 수 없을 만큼 뛰어납니다.

1597년 8월, 억울한 옥살이에서 풀려나 백의종군하던 이순신 장군은 삼도수군통제사에 복직했습니다. 그에게는 12척의 배 밖에 없었습니다. 그는 비장한 마음으로 선조에게 장계를 썼습니다.

"지금 신에게 전선이 아직 12척이 있습니다. 신이 만약 죽지 않는다면, 적이 감히 우리를 우습게보지 못할 것입니다(今臣戰船 尙有十二 臣若不 死 則賊不敢侮我矣 금신전선 상유십이 신약불사 즉적불감모아의)."

이 글을 읽을 때마다 저는 뜨거운 감동으로 마음이 숙연해지고 가슴이 뜁니다.

이순신 장군은 그해 9월 15일 싸움에 임함에 있어 "죽고자 하면 반드시 살고 살고자 하면 반드시 죽는다(必死則生 必生則死 필사즉생 필생즉사)."라는 유명한 말을 남겼습니다. 그리고 그 이튿날, 그의 수군은 133척의 왜군 함대를 상대로 역사에 빛나는 대승을 거두게 됩니다. 이 해전이 바로 명량대첩입니다.

그런데 사실 이순신 장군의 명언으로 전하는 "필사즉생 필생즉사"는 오자의 말을 인용한 것입니다. 《오자병법》'치병治兵'에는 "필사즉생 행생즉사必死則生 幸生則死"로 되어있어 한 글자가 다릅니다만, 그 뜻은 조금도 다르지 않습니다.

저는 저의 졸서 《다산과 추사, 유배를 즐기다》에서 훌륭한 위인의 행적을 쓸 때 신비스럽고 극적인 과잉 포장으로 마치 전설 속의 영웅처럼 보이게 하는 일은 절대 바람직하지 않다고 쓴 적이 있습니다.

이순신 장군은 하나의 병법에 불과한 오자의 이론을 전장에서 활용했습니다. 그리고 바람 앞의 등불 같았던 조국을 구해내었습니다. 학문과 언변, 그 무엇이 이 어른의 위대함을 따를 수 있겠습니까?

노자는 장수 중에서도 지장智將이나 용장勇將보다는 덕장德將을 으뜸으로 여겼습니다.

그런데 정말 죄송스러운 말씀입니다만, 저는 오랜 직장 생활을 하면서 운장만큼 대단한 리더는 없다는 것을 늘 목격했습니다. 소위 '운빨'이 충만한 상사 밑에서 같이 묻어가며 승승장구하는 동료들을 보며 정말이지 무척이나 부러웠습니다. 그래서 제가 상사로 있을 때 잘나가지 못한 부하를 볼 때면 속으로 얼마나 미안했는지 모릅니다.

69장

用兵 有言 용병 유언 용병用兵에 대해서 이러한 말이 있다.

吾不敢爲主 而爲客 오불감위주 이위객

나는 감히 주인이 되려 하지 않고 객客이 되며,

不敢進寸 而退尺 불감진촌 이퇴척

감히 한 치라도 나아가려고 하지 않고 한 자를 물러선다.

是謂 시위 이를 일러

行無行 행무행 '나아가지만, 나아감이 없는 듯하고,

攘無臂 양무비 소매를 걷어 올리지만, 팔이 없는 듯하며,

扔無敵 잉무적 쳐부수지만, 적이 없는 듯하고,

執無兵 집무병 무기를 잡고 있지만, 무기가 없는 듯하다'라고 하였다.

禍莫大於輕敵 화막대어경적

모든 재앙 중에 적을 가볍게 여기는 것보다 더 큰 것은 없으니

輕敵幾喪吾寶 경적기상오보

적을 가볍게 여기다가는 내 소중한 것을 잃을 수도 있다.

故 抗兵相加 고 항병상가 그러므로 두 군대가 서로 맞서 싸울 때에는

哀者勝矣 애자승의 자애로움이 승리하게 된다.

이번 장은 앞의 68장에 이어 용병用兵에 관하여 서술하고 있습니다.

여기서 '위주爲主'는 전쟁의 주체가 되지 않는다는 말입니다. 즉 전쟁을 먼저 일으키지는 않는다는 의미입니다. 그리고 '위객爲客'은 전쟁을 걸어오면 어쩔 수 없이 수세를 취한다는 표현으로 쓰였습니다.

왕필은 '행무행行無行'을 "군대의 항진行陣을 펼치지만, 없는 듯이 한다."라고 풀이했습니다. 이 경우에 '行'은 '대열 항'으로 읽어야 합니다. 저는 '나아가지만 나아감이 없는 듯하다.'라고 편하게 읽었습니다. 뜻은 그게 그겁니다.

'행무행行無行'부터 '집무병執無兵'까지를 읽으니 《숫타니파타Sutta-nipāta》경經의 저 유명한 구절이 생각났습니다.

如獅子聲不驚	여사자성불경
如風不繫於網	여풍불계어망
如蓮花不染塵	여연화불염진
如犀角獨步行	여서각독보행

사자처럼 소리에 놀라지 말고

바람처럼 그물에 걸리지 말고

연꽃처럼 진흙에 물들지 말고

무소의 뿔처럼 혼자 걸어가라.

‘애자승의哀者勝矣’의 ‘애哀’를 슬프다는 의미로 해석한 풀이를 보게 되면 황당하기 짝이 없습니다.

여기서 ‘애哀’는 ‘사랑 애愛’와 통하는 글자입니다. 《관자管子》 ‘치미侈靡’에 “나라가 비록 약할지라도, 령令은 반드시 사랑으로 공경하여야 한다(國雖弱 令必敬以哀 국수약 영필경이애).”라는 표현이 나오는 등, ‘애哀’가 ‘애愛’의 뜻으로 쓰인 예는 문헌에서 흔하게 보입니다. 율곡 이이栗谷 李珥 1536~1584와 우계 성혼牛溪 成渾 1535~1598을 비롯한 조선의 성리학자들은 ‘애哀’를 바로 측은지심惻隱之心으로 보았습니다.

노자는 여성스러운 부드러움과 자애로움을 도의 덕목으로 일관되게 강조했습니다. 그러므로 이 장에 나오는 ‘애자哀者’를, 한비자가 모성의 덕에 비유했던, ‘자애로움’으로 읽는 것은 당연합니다. 노자는 진정한 승자는 강한 힘으로 상대를 누르려 하지 않으며, 그 행동 속에는 자애로움이 담겨 있어야 한다고 누누이 역설하고 있습니다.

이 때문인지는 모르지만, 전통적으로 무림의 고수들도 여성스러우면서 곱상하고 부드러운 모습으로 묘사되어왔습니다. 고슴도치 같은 수염에 울퉁불퉁한 근육질로 철퇴나 휘둘러대는 사내는 애당초 무림 고수 쪽과는 한참 거리가 멀었습니다.

그래서 중국 무협 영화 속 강호고수江湖高手 역할은 이소룡이나 성룡, 이연걸같이 곱상하고 섬세하게 생긴 배우의 몫이었습니다.

그럼 홍금보 같은 사람은 뭐냐고요? 딱 잘라서 말할 수는 없지만, 저는 그가 주연으로 나온 영화 〈귀타귀〉를 개봉할 때 보았는데, 홍금보의 얼굴 속에 순진하고 귀여운 구석이 확실히 있었습니다.

물론 이건 전적으로 제 생각이지만 말입니다.

70장

吾言 甚易知 甚易行 오언 심이지 심이행

내 말은 매우 쉽게 알 수 있고, 실행하기도 매우 쉽지만

天下 莫能知 莫能行 천하 막능지 막능행

천하의 사람들은 알지 못하고, 실행하지도 못한다.

言有宗 事有君 언유종 사유군

말에는 근본 요지가 있고 일에는 주된 내용이 있는데

夫唯無知 是以不我知 부유무지 시이불아지

이것을 깨닫지 못하기 때문에 나를 알지 못하는 것이다.

知我者希 則我者貴 지아자희 칙아자귀

나를 아는 사람은 적고, 나를 본받으려는 사람은 드물다.

是以聖人 被褐懷玉 시이성인 피갈회옥

이런 까닭에 성인은 거친 베옷을 입고 있지만 구슬을 품고 있다.

노자는 자신이 말하는 도가 자연의
이치에 바탕을 두었기 때문에 사람들이 쉽게 깨달아 실행할 수 있다고
믿었습니다. 아니, 그렇게 믿고 싶었을지 모릅니다.

　그러나 사람들은 세상의 허황된 욕심에 빠져 질박하고 순수한 그의
도를 받아들이지 않았습니다. 그는 자기의 언행을 알아주는 사람을 찾
기 힘든 세상을 탄식했습니다.

　'언유종 사유군言有宗 事有君'에서 '종宗'은 종지宗旨, 즉 '근본 요지'를
뜻하는 글자입니다. '군君'은 여기서 '주主'의 뜻으로 쓰였습니다. 부혁
본에는 군君 대신 주主로 쓰여 있기도 합니다. '중심이 되는 내용'이라
는 의미로 읽으시면 됩니다.

　이 구절은 《중용》 앞머리에 "만물에는 근본과 말단이 있고, 모든 일
에는 시작과 끝이 있으니, 선과 후를 알면 도에 가깝다(物有本末 事有終始
知所先後 則近道矣 물유본말 사유종시 지소선후 즉근도의)."라는 구절과 많이 닮
았습니다.

　'지아자희 칙아자귀知我者希 則我者貴'는 풀이하기가 쉽지 않습니다.
다양한 해석을 보았지만, 딱히 제가 납득되는 해석을 찾지 못했습니
다. 이 구절의 해석은 왕필류王弼가 주를 이루고 있습니다. 즉 "나를 아

는 자가 드물면 나는 귀해지리라知我者希 則我者貴也." 식입니다.

그런데 이 풀이는 정말 너무나 '노자스럽지 않은' 해석입니다. 공경과 겸손을 달고 살았던 우리의 노자 할아버지가 스스로 귀해지려고 했다는 것을 어떻게 이해할 수 있겠습니까?

저는 이 구절을 기본 한문 문장으로 읽습니다. '지아자희'와 '칙아자귀'를 4언 대구對句로 보면 문장은 매끄럽고 깔끔해집니다. 즉 '지아자知我者는 희希하고, 칙아자則我者는 귀貴하다.'로 읽는 것인데, 이렇게 보면, 한문 문장의 기본 형식에 지나지 않습니다. 이러면 '칙則'은 법法과 같은 뜻으로 '본받는다'는 의미입니다. 물론 '귀貴'는 드물다는 뜻입니다.

명나라의 고승으로 정통 노장 연구가인 감산대사 덕청憨山 大師 德淸 1545~1623은 그의 저서 《노자도덕경해老子道德經解》에서 이 구절을 "칙則은 법칙으로 삼는 것이며 본받는 것을 말한다(則 謂法則 言取法也 칙 위법칙 언취법야)."라고 풀이했습니다.

'피갈회옥被褐懷玉'은 지혜와 덕을 갖추고 있으면서도 겉으로 드러내지 않음을 비유하는 사자성어로 널리 쓰이고 있는 말입니다. 왕필은 피갈회옥을 이렇게 풀이했습니다.

"'거친 베옷을 입는다'는 것은 세속과 같이한다는 뜻이요, '옥을 품는다'는 것은 그 참된 본성을 보배처럼 여긴다는 뜻이다(被褐者 同其塵 懷玉者 寶其眞也 피갈자 동기진 회옥자 보기진야)."

'갈褐'은 《설문해자》에 "아직 길쌈하지 않은 삼(未績之麻 미적지마)"으로 굵은 삼베를 뜻한다고 기술되어 있습니다. 갈옷은 옛날 비천한 사람이 입는 옷의 통칭입니다. 우리가 갈색이라고 하는 색깔은 바로 여기에서 비롯되었습니다.

색깔 얘기가 난 김에 몇 자 덧붙입니다.

저는 오래전부터 감색과 곤색이 헷갈렸습니다. 감색紺色은 검은빛을 띤 푸른색을 표현하는 한자어입니다. 그런데 알고보니 어처구니없게도 곤색의 '곤'은 감紺의 일본어 발음 '곤こん'을 옮긴 것에 지나지 않았습니다.

또 저는 소라색이 소라의 색깔인 줄 알았습니다. 그래서 고동과 소라의 색깔이 왜 다른지 의아했습니다. 사실 고동색은 '오래된 구리古銅고동'와 같은 적갈색赤褐色 brown을 뜻하는 한자어입니다. 그리고 소라색은 소라와는 아무 관계 없는 하늘의 빛깔과 같은 연한 파란색, 즉 하늘색skyblue에 해당합니다. 하늘을 뜻하는 한자 '공空'의 일본 발음 '소라そら'에다 색色 자를 붙인 것입니다.

낭만이라는 아주 낭만적인 단어도 이런 어이없는 예에 속합니다.

일본 사람이 프랑스어 '로망roman'을 한자를 빌려 발음대로 적다 보니, 낭만浪漫으로 적고 말았습니다. 그러니까 낭만이라는 단어는 원래 한문에는 족보도 없는 글자인 셈입니다.

그들은 '浪漫'이라고 써놓고 '로망ろうまん'이라고 읽고, 우리는 당연히 한자어인 줄 알고 '낭만'이라고 읽습니다. 시쳇말로 '낭만에 밥 말아 먹는' 꼬락서니입니다.

옥을 품었다는 뜻의 '회옥懷玉'이야 말로 참 로맨틱한 표현입니다.

두보는 그의 시, 〈봉화가지사인 조조대명궁奉和賈至舍人 早朝大明宮〉에서 "시를 짓노라면 주옥이 붓 휘두르는 데서 나오네(詩成珠玉在揮毫 시성주옥재휘호)."라고 하여 시구를 옥구슬에 비유했습니다.

시심이 넘치면, 시인들은 "옥가루가 시 주머니에 불룩하다(玉屑富詩囊 옥설부시낭)."라고 했고, "새로 지은 시는 옥을 깎은 듯(新詩如切玉 신시여절옥)"하다고 했습니다. 또 아름다운 시를 읽으며 "옥처럼 맑다(淸似玉 청사옥)"라고 표현했습니다.

41장에서 소개한 유명한 문인인 '판교 정섭'은 시詩·서書·화畵·삼절絶로 추사 김정희를 비롯한 조선 말 지식인 사회에 큰 영향을 끼쳤습니다. 그는 자기 뱃속에 시와 글을 천 권이나 품었다고 자부했습니다.

이 시는 그의 천재성과 유머러스한 성품을 가장 잘 보여주고 있습니다.

細雨濛濛夜沈沈　　　세우몽몽야침침

梁上君子進我門　　　양상군자진아문

腹內詩書有千卷　　　복내시서유천권

床頭金銀無半文　　　상두금은무반문

出門休驚黃尾犬　　　출문휴경황미견

越牆莫損蘭花盆　　　월장막손난화분

天寒不及披衣送　　　천한불급피의송

趁着月亮赶豪門　　　진착월량간호문

가는 비 내리고 밤은 깊어만 가는데
양상군자梁上君子가 내 집 문으로 들어오네.

내 뱃속에는 시와 글 천 권이나 담겼지만,

책상머리에 금과 은은 반 푼도 없다오.

문으로 나갈 때는 누렁이 보고 놀라지 말고

담 넘을 땐 난초 화분 깨뜨리지 마시오.

날씨가 추워서 옷 걸치고 전송하지는 못하오.

달빛 있을 때 부잣집 한 번 더 가보시구려.

'양상군자梁上君子'란 대들보 위의 군자라는 뜻으로, '도둑'을 점잖게 이르는 말입니다. '날씨가 추워서 옷 걸치고 전송하지 못한다.'는 구절은 변변한 외투 한 벌도 없다는 의미를 내포하고 있습니다.

저는 이십여 년 전, 국민대 중어중문학과 팽蟛 모 교수로부터 이 시를 듣고 너무 좋아서 그 날로 외워버렸습니다. 실명을 밝히긴 좀 뭐해서 '모 교수'라고 표기했습니다. 요즘은 실명 막 쓰기가 무서운 세상이라…. 이해해 주십시오.

어쨌든 이 시대를 살아가고 있는 서생으로서, 저는 시와 글을 천 권쯤 품었다는 판교의 배짱이 참 부럽습니다.

저는 언제쯤 되어야 피갈회옥의 경지에 이르게 될까요?

民不畏威

則大威至

無狹其所居

無厭其所生

夫惟不厭

是以不厭

是以聖人

自知不自見

自愛不自貴

故 去彼取此

71장 - 81장

知不知 上 지부지 상

알지 못한다는 것을 아는 것이 가장 훌륭하다.

不知知 病 부지지 병

알지 못하면서도 안다고 하는 것은 병이다.

夫唯病病 부유병병

오로지 병을 병으로 여긴다면

是以不病 시이불병

이로써 병이 되지 않는다.

聖人不病 성인불병

성인은 병이 없다.

以其病病 이기병병

병을 병으로 여기므로,

是以不病 시이불병

이런 까닭에 병이 아닌 것이다.

카이레폰은 소크라테스의 친구이며 제자였습니다. 그는 아테네에서 가장 현명한 사람을 찾기 위해 델포이 신전에서 신탁神託을 구했습니다. 아폴론 신의 여사제가 건넨 신탁에는 그가 바로 소크라테스라고 되어있었습니다. 그녀는 소포클레스, 에우리피데스 등 당대의 현인으로 추앙받는 사람들을 제치고, "소크라테스가 모든 사람 중에서 가장 현명하다."라고 선언한 것입니다.

이 말을 들은 소크라테스는 매우 놀랐습니다. 그는 '자신이 모른다'는 사실을 잘 알고 있었기 때문이었습니다. 그는 이 신탁의 진위를 확인하기 위해 자타가 인정하는 현인들을 찾아가서 만났습니다. 그리고 그는 그들이 '자신이 모른다는 사실을 모른다.'라는 기막힌 진실을 마주하게 되었습니다.

그는 시장 바닥으로 나갔습니다. 그리고 젊은이들을 모아놓고 당대 현인으로 불리는 사람들의 허상을 낱낱이 지적했습니다. 결국 그는 법정에 끌려갔고, 신성 모독, 허위 사실의 날조 및 유포와 선동 등의 죄명으로 재판을 받은 뒤 독배를 마셨습니다. 사실 그의 죄는 당대의 실력자들을 겨냥한 명예 훼손쯤이었을 겁니다. 기원전 399년의 일입니다.

이 이야기는 소크라테스의 제자인 플라톤B.C.428~B.C.348이 법정에서의 변론 내용을 기술한 《소크라테스의 변명Apologia Sokratous》에 그대로 나옵니다. 말 꾸미기 좋아하는 후세 사람들은 '자신이 모른다는 사실을 모른다.'는 말을 '무지의 역설'이라 하고, 소크라테스의 이름을 따서 '소크라테스의 아이러니Socratic irony'라고 이름 붙였습니다.

플라톤은 스승의 생애와 인격을 밝히기 위해 《향연Symposion》등 몇 편의 저서를 더 남겼습니다.

저는 대학 생활을 시작하면서 플라톤의 대화편을 열 번도 더 읽었습니다. 이유로는 제 인문학적 소양이 부족한 탓도 있겠지만, 그보다는 당시 번역의 문제 때문이기도 했습니다. — 저는 아직 그렇게 믿고 있습니다. — 저는 플라톤의 저서를 제대로 읽고 싶은 마음에, 철학과의 헬라어 수강 신청을 하기도 했습니다. 자못 비장했던 저의 젊은 날의 객기는 참혹한 학점을 남기며 장렬하게 끝이 났습니다.

그 이후 저는 칸트의 《순수이성비판》을 읽다가 제 '순수한 이성'을 잃고 칸트를 덮었습니다. 그리고 결심했습니다. 앞으로 제가 이해하지 못하는 책은 제 문제가 아닌, 그 책을 쓴 사람의 탓으로 믿자고 다짐한 겁니다.

혹시라도 제가 쓴 글이 이해되지 않으시면, 물론 전적으로 제 탓이라고 보셔도 할 말 없습니다.

플라톤을 읽으면서, 저는 "너 자신을 알라(γνῶθι σεαυτόν 그노티 세아우톤)."라는 말이 소크라테스가 한 말이 아님을 진즉에 알게 되었습니다. 굳이 밝히자면, 이 말은 델포이 신전의 비문碑文에 새겨져 있는 고대 그리스 격언입니다. "악법도 법이다."라는 그 유명한 말도 소크라테스의 말이라는 근거가 전혀 없습니다.

지금껏 우리가 진실이라고 알고 있는 지식은 과연 어디까지가 정말일까요?

이렇듯 《노자》 71장은 소크라테스의 철학과 놀랍게도 너무 닮았습니다.

《논어》 '위정爲政'에 공자는 제자 자로子路에게 "아는 것은 안다고 하고 모르는 것은 모른다고 하는 것이 아는 것이다(知之爲知之 不知爲不知 是知也 지지위지지 부지위부지 시지야)."라고 했습니다.

버전은 좀 다르지만, 이 또한 노자의 사상과 통하고 있습니다.

72장

民不畏威 則大威至 민불외위 즉대위지

백성들이 위엄를 두려워하지 않게 하면, 더 큰 위엄이 생긴다.

無狹其所居 무협기소거 백성들이 사는 곳을 옹색하게 만들지 말며

無厭其所生 무염기소생 그들의 삶을 억누르지 말라.

夫唯不厭 부유불염 억누르지 않아야만

是以不厭 시이불염 백성들이 싫어하지 않는다.

是以聖人 시이성인 그러므로 성인은

自知不自見 자지불자현 스스로 아는 것을 드러내려 하지 않고

自愛不自貴 자애불자귀 스스로 아끼면서도 귀하게 여기지 않는다.

故 去彼取此 고 거피취차 그래서 후자를 버리고 전자를 취한다.

노자는 통치자가 무위無爲의 덕으로
다스리는 나라를 꿈꾸었습니다.

노자가 주장한 '무위지치無爲之治'는 무력으로 강제하지 않는 다스림
입니다.

백성들이 자연스럽게 살아갈 수 있도록 '억지로 함이 없는' 다스림
을 베풀면, 백성들은 통치자의 위엄을 두려워하지 않지만, 그것이 오
히려 더 큰 위엄으로 다가오게 된다는 것을 이번 장에서 얘기하고 있
습니다. '대위大威'란 훌륭한 임금의 위엄을 말합니다.

조선 초 문신 서거정徐居正 1420~1488이 먼 곳에 부임하는 이에게 준
시에는 "그대는 지금 큰 위엄에 의지하였다(君今仗大威 군금장대위)."라는
구절이 있습니다. 큰 위엄은 백성들의 두려움을 요구하지 않고 존경과
흠모를 이끌어냅니다.

장온고는 〈대보잠〉에서 "백성들이 그 위엄을 두려워하면, 다스리는
사람의 덕을 느끼지 못하게 된다(民懼其威 未懷其德 민구기위 미회기덕)."라고
썼습니다.

제가 〈대보잠〉을 이렇게 자주 인용하는 것은 〈대보잠〉에 쓰인 성군
의 덕목이 노자의 가르침을 많이 닮아있기 때문입니다. 심지어 〈대보
잠〉에는 《노자》의 구절을 그대로 베낀 부분도 적지 않습니다. 장온고
가 활약한 당나라 시대에 노자의 위상이 어느 정도였는지 짐작하고도

남는 대목입니다.

맹자는 임금의 덕목으로 '여민동락與民同樂 백성들과 즐거움을 함께 한다'을 주창했습니다.

맹자는 음악을 연주하고 사냥을 하면 백성들이 모두 골치 아파하고 이마를 찌푸리게 하는 왕이 있는가 하면, 음악을 연주하고 사냥을 해서 오히려 백성들을 기쁘게 하는 왕도 있다고 했습니다.

이렇게 음악을 즐기고 사냥을 할 만큼 건강하여 백성들에게 즐거움을 주는 '우리 왕'의 위엄은 두려움의 대상이 아닙니다. 이것이 바로 노자가 말한 '더 큰 위엄', 즉 위대한 위엄인 것입니다.

노자는 통치자가 백성들이 사는 곳을 불편하게 해서는 안 되며, 백성들의 삶을 과도하게 억제해서도 안 된다고 했습니다. 여기서 '억누르다'라는 뜻으로 쓰인 '厭'은 '누를 엽'으로 읽어야 합니다. 《설문해자》에서 '厭'은 '억누를 착𨉪'으로 쓰였습니다. 물론 뒤에 나오는 '미워하다'라는 의미로 쓰인 '厭'은 당연히 '염'으로 읽습니다.

"성인은 '스스로 아는 것自知'을 '드러내려 하지自見' 않고, '스스로 아끼면서自愛' '귀하게 여기지自貴' 않는다."고 했습니다. '후자를 버리고 전자를 취한다.'고 한 것은, 즉 '자현自見과 자귀自貴를 버리고 자지自知와 자애自愛를 취한다.'는 뜻입니다.

통치자가 위력과 권세로 백성 위에 군림하여 공포로 다스리면 폭군이 됩니다. 노자가 살았던 시대에는 정치·경제·사회·문화의 모든 면에서 전제적專制的 국가 권력이 행사되었고 폭군이 많이 나타났습니다. 그리고 이러한 1인 통치의 시대는 최악의 경우 경찰국가警察國家 police state의 형태로 근대에 이르기까지 전 세계에 걸쳐 계속되었습니다.

선한 왕의 시대에 백성들은 임금의 존재조차 잊고 자연스럽게 생업에 종사하며 살았습니다. 그러나 폭군을 만났을 때는 백성들은 처절한 고통 속에서 그 폭군의 시대가 어서 끝이 나기만을 기다리며 숨죽이며 살 수밖에 없었습니다.

그렇다고 해서 마구 욕을 해댈 수도 없었습니다. 여기에는 욕을 많이 먹으면 오래 산다는 오랜 속설이 한몫했을 것입니다. 욕을 하면 할수록 이 야만의 세월이 오래갈까 봐 그랬을 것이라 하는 얘기도 있습니다.

그런데 '욕을 많이 먹으면 오래 산다는 말'은 알고 보면, 소위 '악마의 편집' 같은 못된 번역에서 탄생한 말입니다.

화華 땅의 국경을 지키는 사람이 요堯임금을 만나서 축원하려고 했습니다.

"아, 성인께 축복 드리기를 청합니다. 성인께서는 장수하고 부유하고 아들을 많이 두시옵소서(噫 請祝聖人 使聖人壽富多男子 희 청축성인 사성인수복다남자)."

이에 요임금은 "아들이 많으면 걱정이 많고, 부자가 되면 할 일이 많으며 장수하면 욕되는 일이 많으니, 이 세 가지는 덕을 기르는 것이 아니다(多男子則多懼 富則多事 壽則多辱 是三者 非所以養德也 다남자즉다구 부즉다사 수즉다욕 시삼자 비소이양덕야)."라고 하며 사양했습니다. 요임금은 장수와 부귀, 아들을 많이 두는 것이 좋은 일이기는 하지만, 덕으로 이들을 가져야 함을 완곡하게 말한 것입니다. 《장자》'천지天地'에 나옵니다.

그런데 《장자》에 나오는 이 "오래 살면 욕먹을 일이 많다(壽則多辱 수즉다욕)."라는 말을 "욕을 많이 먹으면 오래 산다(多辱則壽 다욕즉수)."는 말로 아주 오래전에 누군가가 순서를 살짝 바꾸어 놓았습니다. 그리고 이 말도 안 되는 말이 무책임한 입과 입을 통해 유전됐습니다.

욕을 많이 먹은 사람은 대체로 제 명을 다하지 못하고 죽었습니다. 모질게 오래 산 사람이 없지는 않지만, 결국에는 죽어서도 욕을 있는 대로 다 먹고 그 자손에게까지 험악한 업보를 유산으로 남겼습니다. 이건 제가 확실히 목격한 사실입니다.

대놓고 하지는 않겠지만, 나쁜 윗사람이나 사악한 위정자에게 서슴없이 욕을 하셔도 아무 문제 없습니다. 그냥 가슴속에다 두고 끙끙 앓기만 하면 그게 바로 병이 되는 겁니다.

그렇다고 해서 다른 사람들 앞에서 욕을 하는 것은 그다지 슬기로운 일이 못 됩니다.

살아가면서 보니까, 세상에 믿을 만한 사람 생각만큼 그리 많지 않았습니다.

미국의 정치가 벤자민 프랭클린Benjamin Franklin 1706~1790은 이렇게 말했습니다.

"세 사람이 완벽한 비밀을 지키려면 두 사람이 죽어야 한다(Three may keep a secret if two of them are dead)."

이래저래 속 시원하게 욕해가며 사는 일도 쉽지는 않습니다.

73장

勇於敢則殺 용어감즉살 과감한 데다 용맹하면 죽게 되고

勇於不敢則活 용어불감즉활 과감하지 않으면서 용감하면 살아남는다.

此兩者 或利或害 차량자 혹리혹해

이 둘 중에 어떤 것은 이롭고, 어떤 것은 해로운 것이다.

天之所惡 孰知其故 천지소오 숙지기고

하늘이 싫어하는 것에 대해 누가 그 이유를 알겠는가?

是以聖人 猶難之 시이성인 유난지 이 때문에 성인조차 이를 어려운 일

로 여겼다.

天之道 천지도 하늘의 도는

不爭而善勝 부쟁이선승 싸우지 않고도 잘 이기고

不言而善應 불언이선응 말하지 않아도 잘 응하며

不召而自來 불소이자래 부르지 않아도 저절로 오고

繟然而善謀 천연이선모 느슨하면서도 훌륭히 도모한다.

天網恢恢 천망회회 하늘의 그물은 크고 넓어

疏而不失 소이불실 성긴 듯하지만 빠뜨리는 일은 없다.

당나라 대문호 한유의 〈진학해進學解〉에는 "어려서부터 학문을 알기 시작하였고 과감한데다 용맹하여서 … 사람됨에 있어서 완성되었다고 할 수 있다(少始知學 勇於敢爲 … 於爲人 可謂成矣 소시지학 용어감위 … 어위인 가위성의)."라는 내용이 있습니다.

《노자》는 '용어감勇於敢'하면 죽는다고 했는데, 한유에게 '용어감'은 사람됨을 완성하는 요소가 됩니다.

"일찍 일어난 새가 벌레를 잡는다(An early bird catches the worm)."라는 서양 격언을 소위 그 잘난 수동태로 바꾸면, "일찍 일어난 벌레가 새한테 잡아먹힌다(The early worm is caught by the bird)."라는 불쌍한 말이 되고 맙니다.

어디 여기뿐이겠습니까만, 우리 인생살이가 그러하듯, 《노자》의 구절들은 이렇게 헷갈리는 구석이 참 많습니다.

《노자》는 '과감한 데다 용맹하면 죽게 되고, 과감하지 않으면서 용감하면 살아남는다.'라고 썼습니다. 이 둘의 차이를 구분하기도 딱히 어렵습니다.

이 구절에 대한 《회남자》의 풀이도 궁색하기는 마찬가지입니다.

"정말로 용맹한 사람은 오히려 용맹함을 드러내지 않는다(大勇 反爲不 勇耳 대용 반위불용이)."

그래도 북경대 철학과 교수 진고응陳鼓應의 해설은 눈여겨 볼 만합니다.

"'용어감'은 강함을 드러내고 다투며 거리끼는 바가 없는 것이고, '용어불감'은 유약하고 자애로우며 매사에 신중히 행하는 것이다."

둘 중 어떤 것이 더 바람직한지, 하늘의 호불호好不好를 제대로 아는 일은 이래서 어렵고 어렵습니다. 오죽하면 '성인조차 이를 어려운 일로 여겼다聖人 猶難之.'라고 했겠습니까.

공자는 자로를 향해 "나는 맨손으로 범을 잡고, 맨몸으로 강을 건너다 죽어도 후회하지 않는 자와 함께 하지 않을 것이다. 나는 반드시 일에 임하여 두려워하고, 도모한 일은 성취하기를 좋아하는 자와 함께 할 것이다(暴虎馮河 死而無悔者 吾不與也 必也臨事而懼 好謀而成者也 포호빙하 사이무회자 오불여야 필야임사이구 호모이성자야)."라고 했습니다.

공자가 경계했던 자로의 성품이 《노자》가 말한 바로 이 '용어감勇於敢'일지도 모를 일입니다. 《논어》'술이述而'에 나옵니다.

'하늘이 쳐놓은 그물코는 크고 넓어 성긴 듯하지만, 빠뜨리는 일은 없다天網恢恢 疏而不失.'라는 구절은 《노자》의 대표적인 구절로 잘 알려져 있습니다. 대체로 하늘이 악인을 잡기 위해 쳐놓은 그물의 눈은 크고 넓지만 하나도 놓치지 않는다는 뜻으로 읽고, 종종 자신의 행실을 경계하는 교훈의 의미를 담아서 읽기도 합니다.

이 구절은 무엇보다 나쁜 사람에게 상처받고, 억울하고 서러운 일을 겪었을 때, 속 시원하게 하는 명언으로도 잘 알려져 있습니다. 나를 힘들게 한 악인惡人은 반드시 하늘의 벌罰을 받게 되고, 원통하여 응어리진 내 마음이 풀릴 날은 꼭 올 것이라는 위로와 믿음이 담겨 있기 때문입니다.

"어느 젊은 상인이 사랑하는 아내를 두고 집을 떠났다가 하룻밤 묵었던 여관에서 일어난 살인 사건의 범인으로 누명을 썼습니다. 그는 무기 징역 선고를 받고 시베리아로 끌려갑니다. 죽음의 땅에서 그는 죄인의 몸으로 한평생을 보냅니다. 백발의 나이가 되었을 때 옆에 있던 동료 죄수로부터 그가 그때 그 살인 사건의 범인이라는 고백을 듣습니다. 그는 재심을 신청했고 사면령이 내려졌습니다. 그러나 안타깝게도 사면령은 그가 세상을 떠난 다음에 감옥에 도착하였습니다."

톨스토이의 소설 《신은 진실을 알고 계시지만 기다리신다God sees the truth but waits》를 요약해보았습니다. 저는 고등학교 때 영어로 이 소설을 읽었습니다. 생각나는 대로 정리해보았습니다만, 원본의 내용과 크게 다르지는 않을 것입니다.

저는 이 소설을 읽었을 때 뭔가 싱겁고 답답하다는 느낌 외에는 아무 감동도 받지 못했습니다. 《노자》의 이 구절처럼 하늘의 그물이 제아무리 놓치지 않는다고 하더라도, 속절없이 시간이 흘러버렸다면 그 그물이 무슨 소용이 있겠습니까.

니체는 《차라투스트라는 이렇게 말했다Also sprach Zarathustra》에서 "정의가 다리를 절며 그대를 뒤따라올 것이다. 나의 형제여, 그대의 눈물과 함께 고독 속으로 들어가라"고 외쳤습니다. 아마도 이 책을 쓸 당시 니체가 마주한 상황도 바로 이랬던 것은 아닐까요?

어쨌든 '천망회회 소이불실 天網恢恢 疏而不失'은 만고의 진리입니다.

저는 다만 신의 시간과 인간의 시간이 같지 않다는 것으로 위로를 삼겠습니다.

74장

民不畏死 민불외사 백성들이 죽음을 두려워하지 않는데

奈何以死懼之 내하이사구지

어떻게 죽음으로 그들을 두렵게 할 수 있겠는가?

若使民常畏死 而爲奇者 약사민상외사 이위기자

만약 백성에게 죽음을 늘 두려워하게 했음에도 불구하고 사악한 짓을

하는 사람이 있다면,

吾得執而殺之 오득집이살지 나는 그를 잡아 죽이게 될 것이다.

孰敢 숙감 누가 감히 그럴 수 있겠는가?

常有司殺者殺 상유사살자살

항상 사살자司殺者가 있어서 사람을 죽이거니와

夫代司殺者殺 부대사살자살 사살자를 대신해서 사람을 죽인다면,

是謂代大匠斲 시위대대장착 이를 일컬어 대대장착代大匠斲이라고 한다.

夫代大匠斲者 부대대장착자 대대장착代大匠斲으로서

希有不傷其手矣 희유불상기수의 그 손을 다치지 않는 사람은 드물다.

'기자欺詐'는 사악한 행위를 하는 것을 가리킵니다. 왕필은 '기欺'를 '괴이하게 사람들을 어지럽히는 것詭異亂郡 궤이란군'이라고 했습니다.

　　'사살자司殺者'는 사람 죽이는 일을 맡은 사람을 말합니다. 보통의 정통 해설서에는 이를 '하늘의 도'로 정의하고 있습니다.

　　조선 후기의 문신이자 학자인 연천 홍석주淵泉 洪奭周 1774~1842는 그의 《노자》 주석서 《정로訂老》에 "사살자司殺者는 법을 말하는 것이다. 당연히 법에 의해 죽여야 한다(司殺者 法也 法當殺之 사살자 법야 법당살지)."라고 이 구절을 풀이했습니다.

　　홍석주는 사살자를 법 자체로 풀이했습니다. 이런 논리대로라면 나아가 도를 의미한다고 풀이한다고 해도 무리가 없을 것 같습니다.

　　백성들이 죽음을 두려워하지 않는 까닭에 대해서는 다음 장으로 이어집니다.

　　맹자는 왕이 "만약 사람 죽이는 것을 좋아하지 않는다면 … 백성들이 물이 아래로 내려가듯이 귀의해올 것이다(如有不嗜殺人者 … 民歸之 由水之就下 여유불기살인자 … 민귀지 유수지취하)." 라고 했으며, 이러한 왕만이 '천하를 통일'할 수 있다고 했습니다. 《맹자》 '양혜왕梁惠王'에 나옵니다.

또한 《맹자》 '공손추公孫丑'에 살인을 한 사람을 "사사上師 법관는 죽일 수 있다(爲士師 則可以殺之 위사사 즉가이살지)."라고 하여 부득이한 경우에는 법에 따라 사형을 집행할 수 있는 여지를 남겨두었습니다.

저 혼란했던 춘추 전국 시대에도 나라를 다스리는 사람에게 사형은 극도로 민감했던 뜨거운 감자였습니다. 수천 년이 지난 현대에도 사형에 관한 의견은 여전히 갑론을박 상태입니다. 무엇이 옳은지는 저도 잘 모르겠습니다.

공자는 위정자가 먼저 선善해진 다음에 백성들을 교화하여 사형당할 일이 없게 해야 한다고 했고, 맹자는 사형의 요건을 현실적으로 정의했습니다. 그러나 이면을 들여다보면 당시 모든 선각자의 생각이 노자의 견해와 크게 다르지 않았음을 알 수 있습니다.

'대대장착代大匠斲'은 '대장大匠을 대신하여 나무를 깎는다.'라는 뜻입니다. 여기서 '대장大匠'은 뛰어난 목수를 말합니다.

노자는 장인匠人의 대표로 목수를 내세워 전문성과 정통성의 표상으로 삼았습니다.

《장자》 '천도天道'에서는 수레바퀴를 깎는 노인輪扁 윤편이 책을 읽고 있는 왕과 맞짱을 뜨는 장면을 서술하면서, 살아 있는 기술의 위대함을 부각했습니다. 심지어 노인은 왕이 읽고 있는 책을 '옛사람들의 술찌꺼기占人之精魄 고인지조백'로 매도하기까지 했습니다. 기술과 예술에 정통하고 경험이 풍부한 것을 이르는 '착륜斲輪'이라는 말은 여기에서 나왔습니다.

불과 얼마 전까지만 해도 사농공상의 성리학적 틀에 갇혀 신분 계급의 금을 그었던 우리네 사고방식을 뒤돌아보게 하는 부끄러운 예입니다.

저는 손재주가 있는 사람이 참 부럽습니다. 제가 선망하는 장인은 전각자와 목수입니다. 전각을 배우려고 시도하지 않은 것은 아니지만, 오랜 주당 생활로 인한 손 떨림으로 포기하고 대신에 옛 도장을 감식하는 일로 만족해야 했습니다.

요즈음은 목수가 예술가로 인정받고, 그 손끝에서 만들어진 가구가 예술 작품이 되어 빛나는 시대입니다. 그들이 결이 고운 나무를 다듬고 붙여 예쁜 가구를 뚝딱 만들어내는 모습은 정말 경이롭기만 합니다.

저도 아주 예전에 이 일을 시도해본 적이 있습니다. 손가락에 나무가시가 박히고 손등에 피멍이 들도록 대패질, 끌질을 해봤습니다. 그런데 참 이상하게도, 남들과 달리 저는 손을 대면 댈수록 상태를 나쁘게 만드는 이상한 재주가 있습니다. 아까운 재료만 여러 번 버리고 나서야 목수가 제 길이 아님을 일찌감치 깨닫게 되었습니다.

아무리 애써 본들 이번 생에서 제가 장인이 되기는 완전히 글렀습니다.

턱도 없는 자리에 올라, 해서는 안 될 일을 주저 없이 하는 '높은 분'들을 보며 대대장착代人匠斲의 의미를 되새겨봅니다.

75장

民之饑 민지기 백성이 굶주리는 까닭은

以其上食稅之多 이기상식세지다 위에서 세금을 많이 받아먹기 때문이다

是以饑 시이기 이에 굶주리는 것이다.

民之難治 민지난치 백성을 다스리기 어려운 까닭은

以其上之有爲 이기상지유위 위에서 유위有爲로 하기 때문이다.

是以難治 시이난치 이에 다스리기 어려운 것이다.

民之輕死 민지경사 백성이 죽음을 가벼이 여기는 까닭은

以其上求生之厚 이기상구생지후 위에서 부유한 삶을 추구하기 때문이다.

是以輕死 시이경사 이에 죽음을 가벼이 여기는 것이다.

夫唯無以生爲者 부유무이생위자

무릇 부유한 삶을 추구하지 않는 사람이

是賢於貴生 시현어귀생

삶을 귀하게 여기는 사람보다 현명하다.

'상上'은 윗사람이라는 뜻입니다. 여기서는 나라를 다스리는 통치자나 정책을 펴는 위정자로 보는 것이 옳습니다.

'무이생위자無以生爲者'는 '삶을 위해 무언가를 하지 않는 사람'이라는 뜻입니다. 여기서는 부유한 삶을 추구하지 않는 사람을 의미합니다.

《노자》는 이번 장에서 위정자의 가혹한 착취와 억압이 백성들의 삶에 끼치는 영향에 대하여 언급했습니다. 그리고 위정자가 세금을 과중하게 부과하고, 백성들을 권력으로 억압하며, 백성들의 빈궁한 삶을 외면하고 호사스럽게 사는 행위에 대해 경고하고 있습니다.

《노자》는 바로 앞 장에서 백성들이 죽음을 두려워하지 않는 것에 관하여 썼습니다. 그리고 이번 장에서는 백성이 죽음을 가벼이 여기는 까닭은 가난한 백성들의 위에 군림하여 그들만의 부유한 삶을 추구하기 때문이라고 그 원인을 밝혔습니다. 백성들이 가장 참기 어려운 것은, 그들을 궁핍의 구렁텅이로 몰아넣고 자신들만 호의호식하는 권력층을 바라보는 일일 것입니다.

빈곤 중에서 사람을 가장 비참하게 만드는 것은 상대적 빈곤입니다.

형제가 모두 가난하고 물려받은 재산조차 없을 때는 대체로 사이가 좋습니다.

그러나 형제들 간에 빈부의 차이가 있으면, 형제 사이가 살얼음판으로 변합니다. 여기에다 쥐꼬리만 한 상속 재산이라도 끼어들게 되면 형제가 원수로 변하게 되는 것은 시간문제입니다. 피와 살을 나눈 형제 사이에도 상대적 빈곤 때문에 느끼게 되는 박탈감은 이렇게 참기 어려운 감정입니다. 그래서 변호사 비용을 빼고 나면 몇 푼 남지도 않을 유산을 가지고도 형제간에 피 튀기는 분쟁도 마다하지 않는 것입니다.

영국 작가 조지 오웰George Orwell, 1903~1950이 쓴 《동물농장》은 입으로는 프롤레타리아 혁명을 외치면서 실상은 그들만의 부유한 삶을 추구하는 자들의 자기모순을 고발하고 있습니다. 이 책에는 농장 주인인 인간을 내쫓고 농장을 장악한 세 마리의 돼지가 등장합니다. 세 마리의 돼지는 모든 동물의 평등과 복지를 내세우며 혁명을 완수해갑니다. 그리고 마침내 절대 권력을 손에 쥔 돼지에 의해 동물농장은 지배층과 피지배층으로 나뉘게 되고, 지배층은 동물농장의 모든 권력을 장악하고 그들만의 부귀영화를 누립니다.

그들은 혁명 공약으로 7계명을 내세웠습니다. 그리고 그들은 자신들이 내세운 그 계명을 스스로 어기면서 그 공약을 하나씩 지워갑니다. 마지막까지 남아있었던 계명은 "모든 동물은 평등하다."였습니다. 그러나 오래지 않아 이 계명은 이렇게 수정되어 헛간의 벽에 쓰였습니다.

"어떤 동물은 평등하다. 하지만 어떤 동물은 다른 동물보다 더욱 평등하다."

'후(厚)'는 넉넉하고 사치스럽다는 의미입니다.

굶주리고 있는 백성들의 고통 위에 펼쳐진 '그들만의 풍요로운 삶'을 《노자》는 후(厚) 자로 표현했습니다.

권력을 가진 이들의 호사스러움의 배후에는 '가렴주구(苛斂誅求)'가 존재합니다.

가렴주구는 세금 따위를 가혹하게 거두어들여 백성을 못살게 들볶는 것을 뜻하는 말입니다. 동서고금을 막론하고 가혹한 세금은 백성들을 도탄에 빠뜨리는 중요한 원인으로 손꼽힙니다.

적절한 세금에 대한 논의는 시대를 떠나 언제나 핫이슈hot issue였습니다.

《논어》 '안연(顏淵)'에는 노나라 애공이 흉년으로 재정이 부족하여 세금을 올리려고 할 때, 공자의 제자 유약(有若)은 철법(徹法)을 쓰라고 강권하는 장면이 등장합니다. 철법(徹法)은 농사 수확의 10분의 1을 징수하는 세법입니다.

맹자는 "요·순의 도보다 세금을 더 무겁게 매기는 자는 큰 걸(桀)왕의 작은 걸왕이다(欲重之於堯舜之道者 大桀小桀也 욕중지어요순지도자 대걸소걸야)."라고 했습니다. 요·순의 도는 10분의 1 세법을 말합니다. 과한 세금을 징수하는 통치자를 천하의 폭군 걸에 비유한 장면이 인상적입니다. 이 세법은 《맹자》 '고자(告子)'에도 나오고, '등문공(滕文公)'에도 나옵니다.

성리학에 영향을 받은 우리나라에서도 고려에서 조선 초기까지는 수확량의 10분의 1을 징수하는 것을 기본으로 한 십일조(什一租 tithe) 제도를 기본으로 운용했습니다.

십일조 제도는 현재 기독교 교회에서만 그대로 존속되고 있습니다. 민감한 종교문제라 언급하는 것이 무척 조심스럽습니다만, 오랫동안 논란의 중심에 있는 기독교의 십일조도 사실은 이러한 세법에 기원을 두고 있다고 보아야 할 것 같습니다.

십일조는 구약 성경《창세기》14장에 믿음의 조상으로 일컬어지는 아브라함이 자신이 가진 것 전부에서 10분의 1을 사제이며 동시에 살렘의 왕이었던 멜기세덱에게 준 일에서 그 유래를 찾을 수 있습니다.

이후 이스라엘의 12지파支派 중에서 생업에 종사하지 않고 오로지 제사와 교육을 담당했던 레위 지파의 생계를 목적으로 이 제도가 이어졌습니다. 즉 레위 지파를 제외한 나머지 11개 지파가 각자 소득의 10분의 1을 레위 지파에게 주어 레위 지파가 생계를 위한 일에 종사하지 않고 '성막 일'에만 전념하도록 한 것입니다. 이 내용은 구약 성경《민수기》18장에 나옵니다.

기독교가 유럽 전역에 전파되면서 십일조는 기독교인의 의무로 자리 잡게 되었습니다. 심지어 16세기에는 로마 가톨릭교회에서도 십일조를 받았다고 합니다. 그러나 십일조는 유럽 사회의 심한 저항에 부딪혔습니다. 결국 십일조는 프랑스는 대혁명 기간에, 아일랜드는 1871년, 이탈리아는 1887년, 영국은 1936년에 완전히 폐지되었습니다.

현대 교회의 십일조는 성직자들의 생계를 해결하고, 교회를 유지하며, 가난한 사람들을 구제하기 위한 용도로 봉헌하는 것입니다. 숭고한 신앙을 가진 분들이 하는 일에 세속적인 잣대로 평가할 일은 아니겠지만, 재벌 기업을 방불케 하는 초대형 교회에서 일어나고 있는 불편한 일들을 보면서 십일조의 정신에 의구심이 들기도 합니다.

옛날 조세의 원칙으로 십일조를 선택한 것은 무엇보다도 인간의 상식에서 비롯된 것입니다. 10분의 1 세율은 당시 국가의 역할에 비추어 가장 합리적이라는 믿음을 전제로 정해진 것입니다.

복지 국가welfare state는 국민의 기본 생존권을 보장하면서, 복리를 증진하며 행복을 추구하는 것을 국가의 중요한 임무로 합니다. 다양하고 복잡한 정치·사회적 상황을 고려할 때, 고전적인 형태의 십일조가 현대적 조세의 원칙이 될 수 없다는 것은 확실합니다. 복지 국가를 유지하고 발전시키기 위해서는 한층 다양한 조세 부담은 필연적이라는 데는 누구라도 이견이 없을 것입니다.

하지만 수십 년 동안 끙끙거리며 모은 돈에 대출을 보태어 겨우 집 한 채 장만했는데, 그 집의 가격이 올랐다고 누진율을 적용해서 세금 폭탄을 퍼붓는 일은 은퇴자에게 너무 가혹합니다.

거기다가 생활고를 이기지 못해 이 집을 팔게 되면 또 양도 소득세 등을 물어야 합니다. 이처럼 불합리한 조세 제도는 바꿀 필요가 있습니다. 참고로 우리나라에는 현재 국세와 지방세를 합쳐 현재 30가지가 넘는 세금이 있습니다. 게다가 준조세 형식의 건강 보험료 등 4대 보험이나 벌과금 따위도 숨 막히게 하는 데 한몫을 하고 있습니다.

중요한 전화를 받느라 제가 사는 아파트 지하 주차장 앞에 5분 남짓 차를 세웠다가 인정사정없는 CCTV에 딱 걸려 벌금을 내던 날, 저는 '세금의 역사가 혁명의 역사'라는 말의 의미를 다시 한번 생각하게 되었습니다.

人之生也柔弱 인지생야유약

사람이 살아 있을 때는 부드럽고 약하지만

其死也堅强 기사야견강 죽으면 단단하고 강해진다.

草木之生也柔脆 초목지생야유취

풀과 나무도 살아 있으면 부드럽고 연하지만

其死也枯槁 기사야고고 죽으면 바짝 말라 버린다.

故 堅强者 死之徒 고 견강자 사지도

그러므로 단단하고 강한 것은 죽음의 무리이고

柔弱者 生之徒 유약자 생지도

부드럽고 약한 것은 삶의 무리인 것이다.

是以兵强則滅 시이병강즉멸 이 때문에 군대는 강하기만 하면 멸망하고

木强則折 목강즉절 나무는 강하면 꺾이고 만다.

强大處下 柔弱處上 강대처하 유약처상

강대한 것은 아래에 처하고, 유약한 것은 윗자리를 차지한다.

76장은 판본마다 유난히 다양하게 쓰여 있습니다. 그렇지만 살펴보면 의미에서 차이는 거의 발견되지 않았습니다. 그래서 저는 《열자》 등을 위주로 가장 읽기 쉬운 쪽을 선택했습니다.

《노자》는 시종일관 '유柔, 약弱'의 효용에 가치를 부여했습니다.

36장에서 "부드럽고 약한 것은 단단하고 강한 것을 이긴다(柔弱勝剛強 유약승강강)."라고 했고, 40장에서는 "유약柔弱함은 도의 쓰임이다(弱者道之用 약자 도지용)."라고 썼습니다.

《노자》는 이처럼 성인과 남성의 강대함보다 아이와 부드러움과 여성스러운 자애를 상위에 두었습니다.

6장에서 《노자》는 오묘하고 깊은 도를 '현빈玄牝'으로 은유했습니다. 현빈은 만물을 생성하고 기르는 '신비한 암컷'이라는 의미입니다. 《노자》는 이 현빈을 죽지 않는 골짜기의 신으로 정의했습니다.

《공자세가孔子世家》, 《공자가어孔子家語》, 《중니제자열전仲尼弟子列傳》, 《공총자孔叢子》 등은 공자의 페르소나를 만날 수 있는 책으로 꼽힙니다.

이들 중 "죄는 미워하되 사람은 미워하지 말라."라는 구절 등으로 잘 알려진 《공총자孔叢子》는 공자의 9대손인 공부孔鮒가 편찬한 것으로 알려져 있습니다.

이 책의 '항지抗志' 편에는 유약과 건강의 차이를 적나라하게 대비시킨 구절이 있습니다.

"치아는 건강하여 마침내 다 닳아 없어지고, 혀는 유순柔順하여 끝까지 해지지 않는다(齒堅剛 卒盡相磨 舌柔順 終以不弊 치견강 졸진상마 설유순 종이불폐)."

《회남자》는 '범론훈氾論訓'에 "지나치게 굳세면 꺾이고, 지나치게 부드러우면 말려버린다(太剛則折 太柔則卷 태강즉절 태유즉권)."라고 썼습니다.

《회남자》는 지나친 굳셈은 당연히 경계해야 하지만, 그렇다고 해서 지나친 부드러움도 바람직하지 않다고 하면서 한층 나아갔습니다.

저는 게가 탈피하는 순간을 지켜본 적 있습니다.

딱딱한 껍질을 비집고 말랑말랑한 상태의 게가 나오는 장면은 경이롭기 그지없었습니다.

이전보다 한 배 반 넘게 커진 게는 마치 실리콘 모형 같다가 서서히 단단해집니다.

그런데 게에게 있어 이때는 포식자의 손쉬운 먹잇감이 될 수 있는 절체절명의 순간입니다.

우리나라 서해 연평도 인근에서는 꽃게가 집단으로 탈피할 때 조기가 떼로 몰려들어 어장을 형성합니다. 그래서 1960년대 이 지역에서는 개도 팔뚝만 한 조기를 물고 다닐 만큼 어마어마한 양의 조기가 잡혀 바다 위 시장인 '파시波市'가 형성되기도 했었습니다.

게가 생장하기 위해서는 부드러워진 몸으로 탈피를 해야 합니다.

그리고 살기 위해서는 다시 딱딱해져야 합니다. 《회남자》는 바로 이런 얘기를 해주고 있는 것 같습니다.

무슨 일을 하든지 자연스러우려면 힘을 빼야 합니다.

손가락에 힘을 빼지 못하면 쇼팽이나 라흐마니노프를 피아노로 연주하는 일은 꿈도 못 꿀 일입니다. 노래를 부를 때 목에 힘이 들어가 있으면 바이브레이션은 물 건너갔다고 봐도 됩니다.

어떤 운동이든 다치지 않고 제대로 하려면 힘부터 빼야만 합니다. 그래서 골프를 배울 때 '힘 빼기 3년'이라는 말은 공식으로 내려오고 있습니다. 제 지인은 한겨울에 몸도 풀지 않은 상태에서 뒤땅을 힘껏 쳤다가 갈비뼈에 금이 갔습니다. 힘센 장사들이 하는 것만 같은 유도에서 '유' 자는 '부드러울 유柔'입니다. 유도는 최대한 부드러움을 유지하다가 한순간에 힘을 집중하여 상대를 넘어뜨리는 것이 포인트입니다. 처음부터 뻣뻣하게 힘을 주었다가는 허리 나가기 십상입니다.

좀 잘나간다고 목에 힘주고 다녔던 사람치고 목 디스크로 고생 안 하는 사람을 저는 본 적이 없습니다.

77장

天之道 其猶張弓與 천지도 기유장궁여

하늘의 도는 활시위를 당기는 것과 같지 않겠는가.

高者抑之 下者擧之 고자억지 하자거지

높은 것은 누르고 낮은 것은 올리며,

有餘者損之 不足者補之 유여자손지 부족자보지

남은 것은 덜어내고 부족한 것은 보탠다.

天之道 損有餘而補不足 천지도 손유여이보부족

하늘의 도는 남는 데서 덜어내어 부족한 곳에 보태지만,

人之道 則不然 인지도 즉불연

사람의 도는 그렇지 않으니,

損不足 以奉有餘 손부족 이봉유여

부족한 곳에서 덜어내어 남아도는 곳에 바친다.

孰能有餘 以奉天下 숙능유여 이봉천하

그 누가 남는 것을 덜어내어 천하를 위해 바칠 수 있겠는가?

唯有道者 유유도자

오로지 도를 지닌 사람만이 할 수 있다.

是以聖人 시이성인

그러므로 성인은

爲而不恃 위이불시

베풀었지만 보답을 기대하지 않고,

功成而不處 공성이불처

공을 이루었으나 자처自處하지 않으며,

其不欲見賢 기불욕현현

스스로 자신의 현명함을 드러내려고 하지 않는다.

저는 활을 쏘아본 일이 없어서 '억抑, 거擧, 손損, 보補'가 실제로 무슨 동작을 의미하는지 알지 못합니다. 이럴 때는 늘 그러했듯이 직역으로 가겠습니다. 여러 해설서를 읽어봤는데, 대부분은 저처럼 활을 쏘아본 적도 없으면서 아는 것처럼 풀이하려고 애쓴 억지 흔적만 남겼습니다. 어쨌든 이 부분은 독자 여러분의 몫입니다.

중국 주周나라에서 선비를 육성하는 커리큘럼은 6가지였습니다. 이를 '육예六藝'라고 합니다. 육예는 '예禮, 악樂, 사射, 어御, 서書, 수數'를 말합니다. 선비의 필수 과목에 말을 모는 기술을 뜻하는 어御와 수학이 포함되어있는 것이 재미있습니다. 마치 영국 신사의 자격 요건에 요리가 포함된 것을 보는 것과 비슷한 느낌입니다.

당대 모범생이었을 공자는 이들 과목 중에서 사射와 어御에도 무척 능통했습니다. 《논어》 등에서는 공자가 이 두 기술을 언급한 글을 여러 번 볼 수 있습니다.

공자는 활쏘기를 군자의 덕목으로 비유했습니다.
"활쏘기는 군자와 닮은 점이 있으니, 정곡을 맞추지 못하면 돌이켜 자신에게서 문제점을 찾는다(射有似乎君子 失諸正鵠 反求諸其身 사유사호군자실저정곡 반구저기신)."라고 했습니다.

《중용》에 나옵니다.

《노자》는 활쏘기를 빈부 불균형 등 사회 문제를 제기하기 위해 인용했습니다.

활쏘기 한 가지를 가지고 《노자》는 사회 정의, 공자는 선비 정신의 상징으로 제시한 것입니다. 《노자》와 공자의 사상은 이렇게 차이가 있습니다.

《노자》는 인간의 본성을 정확히 꿰뚫어 보았습니다.

그리고 사람의 도人之道와 하늘의 도天之道를 적나라하게 구분하여 정의했습니다.

《노자》는 가지지 못한 자들의 쌈짓돈이 모여 가진 자를 살찌우는 인간 사회의 병폐를 지적하고, 분배의 정의가 실현되는 성인聖人의 국가를 꿈꾸었습니다.

탐욕貪慾과 분노憤怒, 어리석음愚痴. 불가에서는 이 세 가지를 '삼독三毒'이라고 하고, 이를 사람의 마음을 해치는 번뇌煩惱의 근원으로 규정하고 있습니다. 또한 이 중에서 가장 경계해야 할 대상으로 '탐욕'을 꼽습니다.

많이 가지면 가질수록 더 가지고 싶어 하는 것은 인간의 본성입니다. 아흔아홉 칸 가진 부자가 백 칸을 채우려고 발버둥 치고, 백 마리 양을 가진 부자는 가난한 자의 양 한 마리를 빼앗으려고 눈에 불을 켜고 설쳐대는 것이 세상인심입니다.

사회 갈등의 원인은 대부분 가진 자와 가지지 못한 자 사이의 불평등에서 비롯됩니다.

《노자》는 '성인에 의한, 하늘의 도'를 실현함으로써 이 문제가 해결될 수 있다고 생각했습니다. 이 사상은 노자 이후 백여 년쯤 뒤에 등장한 — 적어도 이렇게 믿어지고 있는 — 플라톤의 '철인정치'에서 한 걸음 더 나아간 것입니다.

18세기 이후 세계는 프랑스 대혁명 등 여러 차례 변혁을 거치면서 자본주의를 탄생시켰습니다. 자본주의의 발전은 필연적으로 빈부의 격차를 초래했고, 사회적 불평등은 점점 더 심화됐습니다.

이때 등장한 생시몽C. H. Saint-Simon 1760~1825, 푸리에C. Fourier 1772~1837, 오웬R. Owen 1771~1858 같은 공상적 사회주의자들은 사회적 불평등을 해소할 수 있는 다양한 해결책을 제시했습니다.

이들 중 푸리에는 재산의 공유를 원칙으로 한, 가난한 자들과 함께하려는 사회 공동체 건설을 모색했습니다. 그는 세상의 모든 사람들이 사회적 변혁을 위한 자신의 주장에 당연히 동조할 것이라고 확신했습니다. 그렇게 그는 생애 마지막 10년 동안, 그의 공동체 실현을 지원하기 위해 돈 보따리를 싸 들고 오는 사람들을 기다리다가 자신의 집 앞에서 생을 마감했습니다.

공상적 사회주의자들은 부를 공평하게 배분하여 빈부의 격차를 해소할 수 있는 세상을 꿈꾸었습니다. 그러나 인간의 본성을 간과한 그들의 몽상은 인간성의 벽을 넘지 못하고 무참히 좌절되었습니다.

이런 면에서 볼 때, 2,000년도 훨씬 전에 인간의 기본적인 욕망을 정확히 간파하고 그 해결책을 모색하려고 한 《노자》의 통찰은 그 자체로 중요한 의미가 있다고 할 수 있습니다.

국제연합의 교육·연구기관인 '유엔대학UNU, United Nations University'은 2006년 12월, 세계 인구의 1%가 전 세계 재산 총액의 40%를 차지하고 있으며, 부유한 상위 10%가 전 세계 자산의 85%를 독점하고 있다는 충격적인 연구 결과를 발표했습니다.

이 연구 결과에 의하면, 당시 세계 인구의 42%에 해당하는 26억 명은 하루에 2달러도 안 되는 돈으로 생활하며, 심지어 그 가운데 3분의 1정도는 1달러 미만으로 하루를 버텨내고 있다고 합니다. 더욱 충격적인 것은 불과 상위 0.14%에 해당하는 사람들의 자산 합계가 세계 인구의 40%가 24년 동안 살아갈 수 있는 금액이라는 사실입니다.

노자의 시대에도 그러하였던 것처럼, 부유층과 극빈층 간의 양극화는 인류가 존재하는 한 영원히 안고 가야 할 문제일 것입니다. 그러나 이보다 더 중요한 문제는 가진 자의 도덕성입니다.

'있는 놈이 더 무섭다.'라는 말만 안 하게 된다 해도, 세상은 그래도 정의롭다고 할 수 있을 것입니다.

78장

天下莫柔弱於水 천하막유약어수

천하에 물보다 더 부드럽고 약한 것은 없지만,

而攻堅强者 莫之能勝 이공견강자 막지능승

단단하고 강한 것을 치는데 있어, 물보다 더 나은 것은 없으니,

以其無以易之 이기무이역지 무엇으로도 물을 대신할 만한 것은 없다.

弱之勝强 약지승강 약함은 강함을 이기고,

柔之勝剛 유지승강 부드러움이 단단함을 이기는 것을

天下莫不知 莫能行 천하막부지 막능행

천하에 모르는 사람이 없지만, 아무도 행하지 못한다.

是以聖人云 시이성인운 이에 성인이 말하길,

受國之垢 是謂社稷主 수국지구 시위사직주

나라의 더러운 일을 받아들여야 한 나라의 주인이라고 하고,

受國不祥 是謂天下王 수국불상 시위천하왕

나라의 상서롭지 못한 일을 받아들여야 천하의 왕이라 한다.

正言若反 정언약반

바른 말은 마치 역설적으로 들리기도 하는 것이다.

물의 덕은 8장에서 읽었습니다. 8장의 '상선약수_{上善若水}'는《노자》를 대표하는 명구로 보아도 손색이 없습니다. '유약_{柔弱}'과 '견강_{堅强}'의 상대적 관계는 지난 76장에서 이미 보았습니다.

'수국지구_{受國之垢}'는 나라를 지키면서 당하게 되는 굴욕을 의미하고, '사직_{社稷}'의 주인은 한 나라의 군주를 뜻합니다.

기원전 15~12세기경. 지금의 산시성_{陝西省} 지역에는 후직_{后稷}의 11대손 고공단보_{古公亶父}가 다스리는 빈_邠이라는 제후국이 있었습니다.

이 나라에 북방의 부족인 적_狄이 침공했습니다. 무엇으로든 이 전쟁을 피할 수 없다는 것을 잘 알았던 고공단보는 나라의 원로들을 모아놓고 "적인이 원하는 것은 우리의 토지다. 군자는 사람을 먹여 살리는 토지 때문에 사람을 해치지 않는다."라고 말하고는 백성을 살리기 위해 스스로 빈 땅을 떠나 기산_{岐山}으로 갔습니다. 그리고 오래지 않아 그는 그의 덕을 좇아 모여든 백성들과 더불어 주_周나라의 기틀을 갖추었습니다. 그의 손자가 문왕_{文王}이고, 문왕의 아들이 무왕_{武王}, 주공_{周公}입니다. 기원전 1046년부터 기원전 256년까지, 주나라는 중국 역사에서 가장 오래 유지된 나라로 기록되었습니다.

우리나라에도 전란을 피해 궁궐을 떠났던 임금이 있었습니다. 그러나 그들의 피난은 제 몸 하나 살아보겠다는 야반도주였습니다. 임진왜란 때 선조는 서울을 버리고 의주로 가서 명나라에 망명을 요청했습니다. 경복궁을 비롯한 궁궐에 불을 지른 것은 백성들을 사지에 내팽개치고 도망한 왕을 향한 백성들의 분노였습니다.

성을 점령하고 나면 성주의 자결이나 항복으로 전쟁을 마무리했던 일본의 사무라이들은 선조의 도망으로 적잖이 당황했을 것입니다. 그래서 이 상황이 이런 것을 노린 선조의 고도화된 전략이었을 거라고 하는 정신 나간 사람이 있긴 합니다.

그의 손자 인조는 중원의 정세에 귀를 막고 있다가 병자호란을 자초하고 남한산성으로 도주했습니다. 그의 무지와 무능으로 비롯된 이 전쟁은 한민족 역사상 가장 참혹한 전란으로 기록됐습니다. 불과 두 달이 채 안 되어 끝이 났지만, 무려 7년 동안 두 차례에 걸쳐 이어진 임진왜란과는 비교가 되지 않을 만큼 참혹했습니다.

당시 공조참의 나만갑羅萬甲 1592~1642이 쓴 《병자록丙子錄》에 의하면 당시 약 1,100만 명에 불과했던 조선 인구의 5%가 넘는 60만 명 정도가 혹은 노예로, 혹은 성 노리개로 청나라에 끌려가서 여기저기 팔려다녔다고 합니다. 인조는 쇄환刷還 문서에 서명하는 만행도 서슴지 않았습니다. 그래서 천신만고 끝에 압록강을 넘어 탈출한 백성은 다시 청나라로 끌려갔습니다.

"현명한 군주는 잘못이 있으면, 자신의 책임으로 돌리고, 좋은 일이 있으면 백성들에게 돌린다(明王有過 則反之於身 有善 則歸之於民 명왕유과 즉반지어신 유선 즉귀지어민)."

제齊나라 관중이 지은 《관자管子》 '소칭小稱'에서 찾았습니다.

탕 임금은 하夏나라를 이기고 돌아와 이렇게 말했습니다.

"너희 모든 백성에 죄가 있다면, 그 책임은 나 한 사람에게 있다(其爾 萬方有罪, 在予一人 기이만방유죄 재여일인)."

《서경》 '탕고湯誥'에 나옵니다.

노자는 한 나라를 지키고 천하를 다스리는 사람은 온갖 굴욕과 상서롭지 못한 고초를 온몸으로 감당해내어야 한다고 말합니다.

실정失政을 할 때마다 이를 국민 탓으로 돌리는 위정자들에게 꼭 들려주고 싶은 말입니다.

79장

和大怨 必有餘怨 화대원 필유여원

깊은 원한은 화해하더라도 남은 원한이 꼭 있게 되어있다.

報怨以德 安可以爲善 보원이덕 안가이위선

덕으로 원한을 갚는다고 해도 어찌 잘했다고 할 수 있겠는가?

是以聖人 시이성인

그러므로 성인은

執左契 而不責於人 집좌계 이불책어인

좌계左契를 쥐고 있어도 사람을 다그치지 않는다.

有德司契 유덕사계 덕이 있는 사람은 계약을 공정하게 관리하고

無德司徹 무덕사철 덕이 없는 사람은 세금을 받아낸다.

天道無親 천도무친 하늘의 도는 사사로이 하는 법이 없이

常與善人 상여선인 언제나 선한 사람과 함께 한다.

49장을 풀이하면서 《논어》 '헌문憲
問'에 나오는 "정직함으로써 원한을 갚고, 덕으로써 덕을 갚아야 한다
(以直報怨 以德報德 이직보원 이덕보덕)."는 공자의 말을 이미 인용했습니다.

63장을 풀이하면서 '보원이덕報怨以德'은 63장의 다른 구절과 연관
성이 없으며, 이 구절은 79장과 연결되어야 한다는 제 생각을 썼습니
다. 그래서 다수의 보수적인 정통 노자학자들의 이론을 참고하여 '필
유여원必有餘怨' 뒤에다 붙였습니다.

'좌계左契'는 계약서의 왼쪽 조각을 말합니다. 요즈음으로 치자면 차
용증서의 부본副本에 해당합니다.

'사철司徹'은 세금을 걷는 관리를 일컫는 말입니다. '철徹'이 농사 수
확의 10분의 1을 징수하는 세법이라는 것은 75장에서 설명했습니다.

전국 시대 제齊나라 재상 맹상군은 자신의 식객食客 풍환馮驩을 시켜
자신의 영지인 설薛 땅에 가서 빌려준 돈의 이자를 받아오도록 했습니
다. 그런데 풍환은 설 땅에 가자마자 이자를 낼 능력이 없는 백성들의
차용증을 모두 불태워 버렸습니다. 맹상군이 화를 내자 풍환은, "설 땅
백성들로 하여금 공을 친애하도록 한 것입니다."라고 했습니다. 1년
후 맹상군이 제나라 왕의 노여움을 사 관직을 박탈당하고 설 땅으로

돌아가게 되었을 때, 그곳 백성들의 도움을 받아 재기의 기틀을 다질 수 있었습니다.

풍환은 "영리한 토끼는 몸을 숨길 세 개의 굴을 가지고 있다."고 하고는 다시 두 가지 대책을 내어놓았습니다. 풍환의 이러한 계책으로 맹상군은 아무런 화액을 당하지 않고 순조롭게 제나라 재상을 지낼 수 있었습니다. 영리한 토끼는 몸을 숨길 굴을 셋이나 가지고 있다는 뜻의 교토삼굴狡兎三窟은 여기에서 나온 말입니다. 이 이야기는《전국책戰國策》'제책齊策'에 실려 있습니다.

1671년 삼남三南 지방에 큰 흉년이 들었을 때 경주 최 부자는 곳간을 열었습니다. 굶주린 사람들에게 먹을 것을 나눠주고 헐벗은 자에게는 옷을 주었습니다. 그리고 아들에게 서궤書櫃에 있는 빚 문서를 모두 가지고 오게 하여 땅이나 집문서 등 담보 서류는 모두 주인에게 돌려주고 나머지 서류는 모두 불태우게 했습니다.

풍환이 불태운 것은 제 것이 아닌, 맹상군의 채권이었습니다.

그러나 최 부자의 빚 문서는 자기 재산이었습니다.

'부자 삼대 못간다富不三代 부불삼대.'라고 하지만, 최 부잣집은 10대 이상 부를 이어왔습니다. 12대손 최준1884~1970은 안희제를 도와 일제 강점기 국내 독립운동의 기지 역할을 한 백산주식회사를 만들었고, 임시정부를 비롯한 국내외 독립운동 단체에 군자금을 지원했습니다. 이후 그는 재산을 모두 투자해 청구대학과 영남대학 전신인 대구대학을 설립했습니다. 대를 이어 노블레스 오블리주Noblesse oblige의 정신이 꽃을 피운 것입니다.

그는 말했습니다.

"재물은 분뇨와 같아서 한 곳에 모아 두면 악취가 나서 견딜 수 없으나, 골고루 사방에 흩어 뿌리면 거름이 되는 법이다."

《노자》는 말합니다.

"천도무친 상여선인 天道無親 常與善人"

하늘의 도는 편애하는 법이 없습니다. 그리고 언제나 꼭 선한 사람과 함께합니다.

80장

小國寡民 소국과민

나라를 작게 하고 백성의 수를 적게 하여

使有什佰之器而不用 사유십백지기이불용

온갖 기물이 있다고 하여도 쓰지 않게 하며

使民重死而不遠徙 사민중사이불원사

백성들이 죽음을 중히 여겨 멀리 옮겨 다니지 않게 하여야 한다.

雖有舟輿 無所乘之 수유주여 무소승지

비록 배와 수레가 있어도 탈 일이 없고

雖有甲兵 無所陳之 수유갑병 무소진지

갑옷과 무기가 있다 하여도 펴놓을 일이 없으며,

使人復結繩而用之 사인부결승이용지

백성들이 다시 노끈을 메어 쓰도록 한다.

甘其食 감기식

음식을 맛있게 여기고

美其服 미기복

의복을 아름답게 생각하며

安其居 안기거

거처를 편안하게 느끼고

樂其俗 낙기속

풍속을 즐기도록 하라.

隣國相望 鷄犬之聲相聞 린국상망 계견지성상문

이웃 나라가 서로 바라다보이고, 닭 울고 개 짖는 소리가

서로 들릴 만큼 가까워도

民至老死 不相往來 민지로사 불상왕래

백성들은 늙어 죽을 때까지 서로 왕래하지 않을 것이다.

'십백지기^{什佰之器}'는 열 가지, 백 가지 편리한 기물을 뜻합니다. '佰'을 '百', 혹은 '伯'으로 쓴 판본도 있지만 모두 똑같은 글자입니다.

편리한 기물이 있어도 쓰지 않는다는 구절은 57장에서 인용한,《장자》'천지^{天地}'의 두레박^{桿 고} 이야기를 생각하시면 이해가 쉬울 것입니다.

'결승이용지^{結繩而用之}'는 문자나 부호 대신 새끼줄을 묶어서 뜻을 전달한다는 의미입니다.

《주역》'계사전^{繫辭傳}'에 "상고 시대에는 새끼줄을 묶어서 다스렸는데 후세에 성인이 글자나 부호로 바꾸었다(上古結繩而治 後世聖人 易之以書契 상고결승이치 후세성인 역지이서계)."고 한 내용이 있습니다.

《장자》'거협^{胠篋}'에는 '결승이용지'를 포함하여, '감기식^{甘其食}'부터 '불상왕래^{不相往來}'까지 노자의 내용을 거의 똑같이 옮겨 놓았습니다.

장자와 단지 세 살 터울인 맹자가 "닭 우는 소리, 개 짖는 소리가 서로 들릴 만큼(鷄鳴狗吠相聞 계명구폐상문)"이라는 표현을 쓴 것도 재미있습니다. 이 내용은 조금 뒤에 쓰겠습니다.

'감기식^{甘其食}'은 맛있는 음식을 먹는 것이 아니라 음식을 맛있게 여긴다는 의미입니다. '미기복^{美其服}'은 어떤 옷을 입어도 아름답게 여긴

다는 것이며, '안기거安其居'는 초가삼간이라도 편안하게 거한다는 뜻
입니다. 《논어》'술이述而'에 공자가, "거친 밥을 먹고 물을 마시며, 팔을
굽혀 베고 자더라도 즐거움이 또한 그 가운데 있다(飯疏食飮水 曲肱而枕之
樂亦在其中矣 반소사음수 곡굉이침지 낙역재기중의)."고 한 말과 그 맥락이 다르
지 않습니다.

남송의 애국 시인 방옹 육유放翁 陸游 1125~1210는 악부시樂府詩, 〈비가
행悲歌行〉에서 이렇게 읊었습니다.

紫駝之峰玄熊掌　　　　　　자타지봉현웅장

不如飯豆羹芋魁　　　　　　불여반두갱우괴

밤색 털 낙타의 육봉과 검은 곰 발바닥 요리라도

콩죽과 토란 덩어리보다 못하리.

그는 망국의 설움 속에서 매일 죽만 끓여 먹고도 당시로서는 장수
를 누리고 86세에 죽었습니다.

노자보다 150년쯤 뒤에 아테네에서 태어난 플라톤은, '지혜를 갖춘
철인이 통치하는 정의로운 국가'를 꿈꾸었습니다. 그의 이상 국가는
재산을 소유하지 않고, 공동 식사 등 생활 방식도 공유하는 국가였습
니다. 그는 사적 소유로 말미암은 분쟁과 갈등을 없애고 평화를 유지
하기 위해 남녀평등, 배우자와 자식의 공유까지 주장했습니다. 플라톤
은 이러한 이상 국가를 건설하려는 꿈을 실현하기 위해 기원전 360년
경 이탈리아 남부에 있는 작은 도시 국가 시라쿠사이Syracusae를 세 번

이나 방문했습니다만, 그의 시도는 실패로 끝났습니다. 플라톤은 결국 이 지구상에 완전한 국가가 실현될 수 있는 곳은, '유토피아Utopia'라는 말의 원래 의미대로 '아무 데도 없다.'라는 결론을 내렸습니다. 그의 저서 《국가Politeia》에는 완전하고 정의로운 공동체에 대한 그의 염원이 이루지 못한 꿈으로 남아있습니다.

맹자는 플라톤의 이상 국가가 실패로 끝날 즈음에 태어났습니다. 플라톤이 지혜를 갖춘 철인 왕의 정치를 주장했다면, 맹자는 인정(仁政)이 행해지는 왕도정치를 주장했습니다.

맹자는 "하夏·은殷·주周의 전성기에도 땅이 천 리를 넘는 경우가 있지 않다(夏后殷周之盛 地未有過千里者也 하후은주지성 지미유과천리자야)."라고 하며 광대한 국토가 이상적인 국가의 전제가 아님을 밝혔습니다.

그러나 "닭 우는 소리와 개 짖는 소리가 사방의 국경까지 도달할(鷄鳴狗吠 相聞而達乎四境 계명구폐 상문이달호사경)" 정도로 밀집된 인구를 왕도정치의 대상으로 삼았다는 점은 노자와 같았습니다.

《노자》가 지향한 나라는 먹고사는 걱정 없이 평화롭고 안전한, 규모는 작고 백성은 적은 무릉도원武陵桃源이었습니다.

81장

信言不美 美言不信 신언불미 미언불신

미더운 말은 아름답지 않으며, 아름다운 말은 미덥지 않다.

善者不辯 辯者不善 선자불변 변자불선

선한 사람은 말재주가 없고, 말주변이 있는 사람은 선하지 않다.

知者不博 博者不知 지자불박 박자부지

지혜로운 사람은 박식하지 못하고, 박식한 사람은 지혜롭지 못하다.

聖人不積 성인부적 성인은 쌓아두지 않는다.

旣以爲人 已愈有 기이위인 이유유

이미 남을 위하였으므로 도리어 더 가지게 되고,

旣以與人 已愈多 기이여인 이유다

다른 사람에게 줌으로써 더욱 많아지게 된다.

天之道 利而不害 천지도 리이불해

하늘의 도는 만물을 이롭게만 할 뿐 해치지 않고

聖人之道 爲而不爭 성인지도 위이부쟁

성인의 도는 어떤 일을 하더라도 다투지 않는다.

'신언불미信言不美'는 믿음직스러운 말은 화려하게 꾸미지 않는다는 뜻입니다.

'미언불신美言不信'은 미사여구로 과도하게 포장된 말은 믿음직스럽지 않다는 말입니다.

믿음직스러운 말은 진실에 바탕을 두고 있어 소박한 법입니다.

숨이 막히도록 사랑스러운 연인을 만나면 두근거리는 가슴으로 말을 더듬게 되어있습니다.

유창하고 화려한 언변으로 여인을 미혹시킨다면 그 사람은 당연히 선수입니다.

'지자불박知者不博'은 정말 지혜로운 사람은 잡다하고 해박한 지식의 소유자가 아니라는 의미로 읽어야 합니다. 얕고 넓은 잡학에 두루 능한 사람이 실제로 깊이가 있는 경우는 거의 없다고 봐야 실망할 일이 없습니다.

마지막 구절의 '성인지도聖人之道'를 앞 구절 '천지도天之道'의 대구對句로 의식하여 '인지도人之道'로 정리한 해설서도 있습니다. 이 견해는 백서 을본을 바탕으로 한 것입니다.

그러나 앞서 77장에서 '인지도는 천지도와 같지 않다.'고 하여 인지도를 천지도와 반대되는 개념으로 제시한 것을 보더라도, 이 같은 주장은 설득력이 없습니다.

무엇보다도 '사람의 도'로 읽고 나면 다음에 나오는 구절, '위이부쟁 爲而不爭'의 풀이가 억지스러워질 수밖에 없습니다.

이번 장은 마치 《노자》의 에필로그인 듯합니다.

《노자》는 첫 세 구절로 사람들의 삶에 필요한 지혜를 제시했습니다.

그리고 뒷부분에서 인간이 본받아야 할 성인의 아름다운 덕을 펼쳐 놓았습니다.

저는 《노자》의 마지막 장을 읽으면, 마음 깊은 곳에서 우러나오는 경건한 감동이 느껴집니다. 여기에 어찌 감히 제 생각을 더 얹을 수 있겠습니까?

그저 이 감동을 저와 함께 해주시기 바랄 뿐입니다.

숨 고르기가 필요한 당신에게

지금, 노자를 만날 시간

초판 1쇄 발행   2021년 4월 19일

지은이   석한남

펴낸이   신민식
펴낸곳   가디언
출판등록   제2010-000113호

주소   서울시 마포구 토정로 222 한국출판콘텐츠센터 306호
전화   02-332-4103
팩스   02-332-4111
이메일   gadian7@naver.com
홈페이지   www.sirubooks.com

ISBN 979-11-89159-90-0   03150